Kohlhammer *Krankenhaus*

CampusHealth
Service GmbH
Wilmersdorfer Straße 126-127 · 10627 Berlin
Tel.: 030 - 37 59 21 62 · Fax: 030 - 37 59 21 64
E-Mail: info@campus-health-service.com

Angaben zu den Autoren

UNIV.-PROF. DR. DR. h. c. JOACHIM HENTZE
ist Leiter der Abteilung Unternehmensführung
des Instituts für Wirtschaftswissenschaften
an der Technischen Universität Braunschweig.

DR. ERICH KEHRES
ist Prokurist der WRG – Wirtschaftsberatungs- und
Revisionsgesellschaft mbH in Hannover.

Joachim Hentze
Erich Kehres

Kosten- und Leistungsrechnung in Krankenhäusern

Systematische Einführung

4., überarb. Auflage

Verlag W. Kohlhammer

Die Deutsche Bibliothek – CIP-Einheitsaufnahme

Hentze, Joachim:
Kosten- und Leistungsrechnung in Krankenhäusern : systematische Einführung / von Joachim Hentze und Erich Kehres. –
4., überarb. Aufl. – Stuttgart ; Berlin ; Köln : Kohlhammer, 1999
(Krankenhausrecht)
ISBN 3-17-016091-5

Dieses Werk einschließlich aller seiner Teile ist urheberrechtlich geschützt. Jede Verwertung außerhalb der engen Grenzen des Urheberrechts ist ohne Zustimmung des Verlages unzulässig und strafbar. Das gilt insbesondere für Vervielfältigung, Übersetzungen, Mikroverfilmungen und für die Einspeicherung und Verarbeitung in elektronischen Systemen.

4., überarb. Auflage
Alle Rechte vorbehalten
© 1999 W. Kohlhammer GmbH
Stuttgart Berlin Köln
Verlagsort: Stuttgart
Umschlag: Data Images GmbH
Gesamtherstellung: W. Kohlhammer
Druckerei GmbH + Co. Stuttgart
Printed in Germany

VORWORT ZUR 4. AUFLAGE

Der Schwerpunkt der Überarbeitung im Rahmen der 4. Auflage der Kosten- und Leistungsrechnung in Krankenhäusern lag im Bereich der Kostenträgerrechnung. Hier wurde durch Differenzierung in Kalkulation der Betriebsleistungen und Kalkulation der Marktleistungen die Steuerungs- und Kontrollfunktion der Kostenträgerrechnung betont.

Die sich abzeichnende weitere Entwicklung der patientenbezogenen Leistungsvergütung erhöht die Bedeutung der Kostenträgerrechnung im Krankenhaus.

Das in der 4. Auflage zur Verfügung gestellte kostenrechnerische Instrumentarium ist methodisch geeignet, auch künftig Fragestellungen im Rahmen der Kostenträgerrechnung zu lösen.

Braunschweig und Hannover, im August 1999

Joachim Hentze Erich Kehres

VORWORT ZUR 3. AUFLAGE

Die zweite Auflage der Kosten- und Leistungsrechnung in Krankenhäusern entstand zu einer Zeit, in der die Bundespflegesatzverordnung 1995 erst im Entwurf vorlag. Die endgültige Fassung machte für die dritte Auflage einige Ergänzungen und Modifikationen erforderlich, die insbesondere die innerbetriebliche Leistungsverrechnung für Zwecke der Leistungs- und Kalkulationsaufstellung betreffen.

Auch die Bundespflegesatzverordnung 1995 ist kein Rechtsrahmen der Krankenhausfinanzierung, der auf Dauer Bestand haben wird. Änderungsverordnungen für die BPflV 1995 lagen bereits dem Bundesrat zur Entscheidung vor. Derzeit wird der Referentenentwurf eines Gesetzes zur Neuordnung der Krankenhausfinanzierung 1997 – Krankenhaus-Neuordnungsgesetz 1997 (KHNG 1997) diskutiert und zum 1. Januar 1996 soll ein „Gesetz zur Stabilisierung der Krankenhausausgaben 1996" in Kraft treten, das als Vorschaltgesetz zur BPflV 1995 gilt. Das Krankenhausfinanzierungsrecht als Rahmenbedingung für die Kosten- und Leistungsrechnung bleibt also in Bewegung.

Unabhängig davon, wie sich die weitere Entwicklung des Krankenhausfinanzierungsrechts vollzieht, bleibt eines festzustellen: Transparenz des Kosten- und Leistungsgeschehens im Krankenhaus als Voraussetzung für Wirtschaftlichkeit und Leistungsabrechnung gewinnen noch mehr an Bedeutung und damit auch die Kosten- und Leistungsrechnung, die hierfür die Voraussetzungen schafft.

Braunschweig und Hannover, im November 1995

Joachim Hentze Erich Kehres

VORWORT ZUR 2. AUFLAGE

Mit der zweiten neubearbeiteten Auflage wird zum einen der Entwicklung der Kosten- und Leistungsrechnung im Krankenhaus Rechnung getragen, die geprägt ist durch die zunehmende Bedeutung des instrumentalen Charakters der Kosten- und Leistungsrechnung. Zum anderen werden Fragestellungen der Kostenträgerrechnung aufgegriffen, die sich aus der Novellierung des Krankenhausfinanzierungsrechts durch das Gesundheitsstrukturgesetz (GSG) und durch die erwartete Novellierung der Bundespflegesatzverordnung ergeben.

Mit dem vorliegenden Buch wird eine systematische Einführung in die Kosten- und Leistungsrechnung in Krankenhäusern gegeben. Dabei wird der praktischen Umsetzbarkeit besondere Beachtung geschenkt, so daß dieses Lehrbuch vor allem für die Anwender der Kosten- und Leistungsrechnung im Krankenhaus gedacht ist. Daneben ist es auch für diejenigen geeignet, die sich in Studium oder Selbststudium mit den Aufgaben und der Methodik der Kosten- und Leistungsrechnung in Krankenhäusern vertraut machen wollen.

Wir sind uns der Tatsache bewußt, daß die Rahmenbedingungen für die Kosten- und Leistungsrechnung in Form des Krankenhausfinanzierungsrechts derzeit noch in Bewegung sind. Aber gerade in einer derartigen Situation gewinnt die Auseinandersetzung mit dem Instrument Kosten- und Leistungsrechnung, mit dessen Hilfe das Leistungs- und Kostengeschehen im Krankenhaus transparent gemacht und abgebildet wird, an Bedeutung, denn nur bei Kenntnis der Zusammenhänge zwischen Leistungen und Kosten lassen sich Bestimmungen des Krankenhausfinanzierungsrechts in ihren möglichen materiellen Auswirkungen abschätzen und so umsetzen, daß die wirtschaftliche Sicherung der Krankenhäuser gewährleistet wird.

Unser Dank gilt Frau Brigitte Kier für die mühevolle Schreibarbeit und Herrn Christian Kier für die Anfertigung der Abbildungen.

Braunschweig und Nienburg

Joachim HentzeErich Kehres

INHALTSVERZEICHNIS

	Seite
Vorwort zur 4. Auflage	V
Vorwort zur 3. Auflage	V
Vorwort zur 2. Auflage	VI
Abkürzungsverzeichnis	X
Abbildungsverzeichnis	XI
Literaturverzeichnis	XIII

I.	Aufgaben der Kosten- und Leistungsrechnung im Krankenhaus	1
II.	**Grundlagen der Kosten- und Leistungsrechnung im Krankenhaus**	**8**
1.	Grundbegriffe des betrieblichen Rechnungswesens	8
2.	Spezielle Kostenbegriffe	12
3.	Teilgebiete der Kosten- und Leistungsrechnung	15
4.	Prinzipien der Kostenzuordnung und Kostenverteilung	17
5.	Systeme der Kostenrechnung	20
5.1	Überblick	20
5.2	Ist-, Normal- und Plankostenrechnung	21
5.2.1	Istkostenrechnung	21
5.2.2	Normalkostenrechnung	21
5.2.3	Plankostenrechnung	22
5.3	Vollkostenrechnung und Teilkostenrechnung	24
III.	**Kostenerfassung und Kostenverteilung**	**27**
1.	Kostenartenrechnung	27
1.1	Gliederung der Kostenarten	27
1.2	Erfassung der Kostenarten	30
1.2.1	Allgemeine Hinweise	30
1.2.2	Erfassung der Personalkosten	31
1.2.3	Erfassung der Sachkosten	36
1.2.4	Erfassung der Zinsen für Betriebsmittelkredite	40
1.3	Abgrenzung zwischen Finanzbuchführung und Kostenrechnung	40
2.	Kostenstellenrechnung	40
2.1	Aufgaben der Kostenstellenrechnung	40
2.2	Die Gestaltung der Kostenstellenrechnung	41
2.2.1	Überblick	41
2.2.2	Bildung und Einteilung von Kostenstellen	42
2.2.3	Kostenstellenkontierung	53
2.2.4	Verteilung der Kosten innerhalb des Kostenstellensystems	56
2.2.4.1	Inhalt und Aufgaben	56
2.2.4.2	Leistungsrechnung	57
2.2.4.3	Verfahren der innerbetrieblichen Umlagen- und Leistungsverrechnung	73
2.2.4.4	Umlagenrechnung und innerbetriebliche Leistungsrechnung im Krankenhaus	86

Inhaltsverzeichnis

2.2.4.5	Betriebsabrechnungsbogen	88
3.	Kostenträgerrechnung	88
3.1	Aufgaben und Grundbegriffe der Kostenträgerrechnung	88
3.2	Verfahren der Kostenträgerstückrechnung (Kalkulation)	91
3.2.1	Überblick	91
3.2.2	Divisionskalkulation	91
3.2.3	Zuschlagskalkulation	94
3.2.4	Verrechnungssatzkalkulation	97
3.2.5	Kuppelkalkulation	99
3.3	Kostenträger im Krankenhaus	101
3.3.1	Überblick	101
3.3.2	Basispflegesatz und Abteilungspflegesätze	106
3.3.3	Sonderentgelte	108
3.3.4	Fallpauschalen	109
3.4	Nettoprinzip	110
3.5	Kalkulation der Betriebsleistungen	116
3.5.1	Überblick	116
3.5.2	Diagnostische und therapeutische Leistungen des Untersuchungs- und Behandlungsbereichs	118
3.5.3	OP-Leistungen	121
3.5.4	Stationsleistungen auf Normal- und Intensivpflegeeinheiten	131
3.6	Kalkulation der Marktleistungen	135
3.6.1	Basispflegesatz	135
3.6.2	Abteilungspflegesätze, Fallpauschalen und Sonderentgelte	135
3.7	Wertung von Sonderentgelten und Fallpauschalen im Hinblick auf die Erhöhung der Wirtschaftlichkeit	137
3.8	Kurzfristige Erfolgsrechnung (Kostenträgerzeitrechnung, Betriebsergebnisrechnung)	138
3.8.1	Überblick	138
3.8.2	Erlösarten des Krankenhauses	139
3.8.3	Verfahren der kurzfristigen Erfolgsrechnung	142
IV.	**Kostenplanung und Kostenkontrolle**	144
1.	Aufgaben und Überblick	144
2.	Kostenplanung	145
2.1	Produktions- und kostentheoretische Grundlagen	145
2.1.1	Produktions- und Kostentheorie sowie Kosten- und Leistungsrechnung	145
2.1.2	Hauptkosteneinflußgrößen	147
2.1.3	Kostenverhalten bei Beschäftigungsänderungen	150
2.2	Teilschritte der Kostenplanung	155
2.2.1	Überblick und Verfahren der Kostenplanung	155
2.2.2	Leistungsplanung	157
2.2.3	Planung der Personalkosten	160
2.2.3.1	Planung des Personaleinsatzes	160
2.2.3.2	Planung der Kosten des Personaleinsatzes	167
2.2.3.3	Dienstplangestaltung und Personalkosten	168
2.2.4	Planung der Sachkosten	168
2.2.4.1	Leistungsbezogene Kostenplanung	168
2.2.4.2	Zeitraumbezogene Kostenplanung	174
2.2.5	Bereitschaftskosten und Leistungskosten	174
3.	Kostenkontrolle	178

Inhaltsverzeichnis

3.1	Grundlagen der Kostenkontrolle	178
3.2	Abweichungen beim Soll-Ist-Vergleich	181
3.2.1	Preisabweichungen	181
3.2.2	Verbrauchsabweichung	182
3.2.3	Beschäftigungsabweichung	184
3.3	Abweichungsauswertung	184
4.	Plankalkulation und Planerfolgsrechnung	185
4.1	Plankalkulation	185
4.2	Planerfolgsrechnung	186
5.	Kostenplanung, externes Budget und Kostenkontrolle	187

Anhang ... 191

1. Aufwendungen lt. Kontenrahmen ... 191
2. Leistungs- und Kalkulationsaufstellung ... 198

Stichwortverzeichnis ... 223

ABKÜRZUNGSVERZEICHNIS

AVR	Richtlinien für Arbeitsverträge in den Einrichtungen des Deutschen Caritasverbandes
BAB	Betriebsabrechnungsbogen
BAT	Bundes-Angestelltentarifvertrag
BfuP	Betriebswirtschaftliche Forschung und Praxis
BG-T	Krankenhaus-Nebenkostentarif für die Abrechnung mit den gesetzlichen Unfallversicherungsträgern
BGBl	Bundesgesetzblatt
BMA	Bundesministerium für Arbeit und Soziales
BMÄ	Bewertungsmaßstab für kassenärztliche Leistungen
BPflV	Bundespflegesatzverordnung
CTG	Cardiotokogramm
DBW	Die Betriebswirtschaft
DKG	Deutsche Krankenhausgesellschaft
DKG-NT	Tarif der Deutschen Krankenhausgesellschaft für die Abrechnung erbrachter Leistungen unf für die Kostenerstattung vom Arzt an das Krankenhaus
DRG	Diagnosis Related Group
EEG	Elektroenzephalogramm
EGO	Ersatzkassen-Gebührenordnung
EKG	Elektrokardiogramm
EMG	Elektromyogramm
f & w	führen und wirtschaften im Krankenhaus
GOÄ	Gebührenordnung für Ärzte
GSG	Gesundheitsstrukturgesetz
HWR	Handwörterbuch des Rechnungswesens
ICPM	International Classification of Procedures in Medicine
KHBV	Krankenhaus-Buchführungsverordnung
KHG	Krankenhausfinanzierungsgesetz
KLN	Kosten- und Leistungsnachweis
LKA	Leistungs- und Kalkulationsaufstellung
OP	Operation, Operationssaal
PMC	Patient Management Category
PPR	Pflege-Personalregelung
SGB V	Sozialgesetzbuch, Fünftes Buch – Gesetzliche Krankenversicherung –
SR	Sonderregelung
ZfB	Zeitschrift für Betriebswirtschaft
ZfbF	Zeitschrift für betriebswirtschaftliche Forschung
ZfhF	Zeitschrift für handelswissenschaftliche Forschung
ZögU	Zeitschrift für öffentliche und gemeinwirtschaftliche Unternehmen

ABBILDUNGSVERZEICHNIS

                                                                                                          Seite

Abb. 1: Input und Output des Krankenhausprozesses 4

Abb. 2: Abgrenzung von Kosten und Aufwand 11

Abb. 3: Stufen und Phasen der Kostenrechnung 16

Abb. 4: Kostenrechnungssysteme 21

Abb. 5: Soll- und Plankostenkurven auf der Basis von Vollkosten in einer
         flexiblen Plankostenrechnung 23

Abb. 6: Soll- und Plankostenkurven auf Teilkostenbasis
         (Grenzplankostenrechnung) 25

Abb. 7: Kostenarten und Kostenstruktur 28

Abb. 8: Struktur der Personalkosten nach Dienstarten 34

Abb. 9: Struktur der Sachkosten lt. LKA 36

Abb. 10: Struktur des medizinischen Bedarfs 37

Abb. 11: Beispiele zur weiteren Differenzierung des medizinischen Bedarfs 37

Abb. 12: Kostenstellenrahmen für die Kosten- und Leistungsrechnung nach KHBV
         (Anlage 5) 44

Abb. 13: Kostenstellenplan 46–52

Abb. 14: Kostenstellenkontierungskatalog 54–56

Abb. 15: Belegungsdaten lt. LKA 59/60

Abb. 16: Versorgungsleistungen lt. KLN 62

Abb. 17: Leistungsstatistik für medizinische Institutionen lt. KLN 63–65

Abb. 18: Grundtypen innerbetrieblicher Leistungsverflechtungen 74

Abb. 19: Summarische Kostenstellenumlage 77

Abb. 20: Kostenstellenumlage unter Beibehaltung der Kostenartenstruktur 78

Abb. 21: Kostenverteilungsschlüssel 79/80

Abb. 22: Personalbedarf als Grundlage zur Verteilung der Arztkosten im Rahmen
         der innerbetrieblichen Leistungsverrechnung 81/82

Abb. 23: Beispiel für die innerbetriebliche Leistungsverrechnung nach dem
         Stufenleiterverfahren 83

Abb. 24: Beispiel für gegenseitige Leistungsbeziehungen 84

Abb. 25: Äquivalenzziffernkalkulation zur Ermittlung der Kosten gesondert
         berechenbarer Unterkunft 93

Abb. 26: Allgemeines Kalkulationsschema der
         differenzierenden Zuschlagskalkulation 96

Abb. 27: Kostenträger und Zielerreichung der Kostenträgerrechnung 102

Abb. 28: Zuordnung der Kosten zu den Entgeltformen 104

Abbildungsverzeichnis

Seite

Abb. 29: Vergütungsformen für Leistungen der Krankenhausbehandlung 105

Abb. 30: Nettokosten am Beispiel der Kostenstelle Mammographie 112/113

Abb. 31: Leistungsrechnung Mammographie 113

Abb. 32: Umsetzung des Nettoprinzips 114/115

Abb. 33: Bezugsgrößen und Verrechnungssätze 116/117

Abb. 34: Nettokosten der Kostenstelle Endoskopie 118

Abb. 35: Leistungen der Endoskopie 119

Abb. 36: Kostenträgerbezogenes Kostenstellenblatt 121

Abb. 37: Artikelgruppen der Stücklisten des medizinischen Bedarfs 128

Abb. 38: Kostenstruktur einer operativen Leistung 130

Abb. 39: Pflegeminuten differenziert nach Pflegekategorien 132

Abb. 40: Verrechnungssatz Intensivpflege 133/134

Abb. 41: Kostenstellenbzogenes Kostenträgerblatt 136

Abb. 42: Die kurzfristige Erfolgsrechnung als erweiterte Kostenträgerzeitrechnung 138

Abb. 43: Gesamtkostenverlauf 151

Abb. 44: Stückkostenverlauf bei linearem Gesamtkostenverlauf 152

Abb. 45: Nutz- und Leerkosten 153

Abb. 46: Sprungfixe Gesamtkosten 153

Abb. 47: Sprungfixe Stückkosten 154

Abb. 48: Zeitliche Anpassung bei Überstunden 154

Abb. 49: Marktleistungsmatrix 158

Abb. 50: Kostenauflösung unter Verwendung des proportionalen Satzes 175

Abb. 51: Fixe und variable Kosten im Krankenhaus 176

Abb. 52: Break-even-Analyse mit Kosten- und Erlösfunktion 187

Abb. 53: Kostenplanung und Budgetierung 188

Abb. 54: Flexibles Budget 189

LITERATURVERZEICHNIS

Adam, D.: Die Abhängigkeit der Wirtschaftlichkeit in Krankenhäusern vom Preisrecht, in: KU, 1979, S.15–19

Adam, D.: Die Bedeutung der gesetzlichen Regelungen für die Rechnungslegung und Wirtschaftlichkeit im Krankenhaus, in: DBW 1979, S.237–246

Adam, D.: Krankenhausmanagement im Konfliktfeld zwischen medizinischen und wirtschaftlichen Zielen, Wiesbaden 1972

Adam, D.: Wirkung von Beschäftigungsänderungen im Rahmen flexibler Budgetierung, in: das Krankenhaus, 3/1987, S.119–123

Adam, D.: Die Bedeutung der Kostenspaltung im Rahmen des neuen Pflegesatzrechtes für die wirtschaftliche Lage von Krankenhäusern, in: das Krankenhaus, 10/1987, S.415–422

Arbeitsgemeinschaft DKI-GmbH/GEBERA: Forschungsprojekt „Entwicklung und Kalkulation eines erweiterten Sonderentgeltkatalogs zur Erprobung im Modellversuch", Schlußbericht, Düsseldorf und Köln, Juli 1991, veröffentlicht durch: Krankenhausgesellschaft Nordrhein-Westfalen e.V., Rundschreiben Nr. 197/19, Anlage 2

Arbeitsgemeinschaft für Gemeinschaftsaufgaben der Krankenversicherung (Hrsg.): Anhaltszahlen für die Krankenhausverweildauer, 3. Aufl., Essen 1989

Arbeitsgruppe „Entgeltsysteme" im Bundesgesundheitsministerium (Hrsg.): Grundkonzeption eines neuen Entgeltsystems, Bonn 16.02.93, veröffentlicht durch: Niedersächsische Krankenhausgesellschaft e.V., Mitteilung 75/93, Anlage 1

Arnold, M.: Die Verzahnung zwischen ambulanter und stationärer Versorgung in der Bundesrepublik Deutschland (I), in: das Krankenhaus, 5/1987, S.178–182

Arnold, M.: Die Verzahnung zwischen ambulanter und stationärer Versorgung in der Bundesrepublik Deutschland (II), in: das Krankenhaus 6/1987, S.230–235

Arnold, M.: Möglichkeiten der Verzahnung des ambulanten und stationären Sektors, in: das Krankenhaus, 3/1988, S.98–103

Asmuth, M.: Vorstationäre Diagnostik und nachstationäre Behandlung im Krankenhaus, in: das Krankenhaus, 6/1989, S.299–304

Axtner, W.: Krankenhausmanagement, Baden-Baden 1978

Bayrischer kommunaler Prüfungsverband (Hrsg.): Die Personalbemessung im Krankenhaus – Anhaltszahlen und Erfahrungswerte –, München 1984

Bölke, G.: Auswirkungen der derzeitigen Finanzierung der Krankenhäuser in der Bundesrepublik Deutschland, in: das Krankenhaus, 8/1990, S.303–310

Bölke, G.: Erfahrungen mit der neuen Bundespflegesatzverordnung, in: das Krankenhaus, 6/1987, S.214–219

Bölke, G.: Schmidt-Rettig, B.: Leistungsrechnung – Leistungsstatistik, in: Handwörterbuch Krankenhaus Rechnungswesen, hrsg. von Eichhorn, S., 2. Aufl., Wiesbaden 1988

Borzutzki, R.: Die Erarbeitung von Personalkennzahlen im Krankenhausbetrieb, Schriftenreihe der Deutschen Krankenhausgesellschaft, Band 11, Köln 1983

Literaturverzeichnis

Braunschweig, B., Abel, K.: Richtlinien für die Gebäudereinigung in Krankenhäusern der Freien und Hansestadt Hamburg, in: das Krankenhaus 2/1975, S.61–65

Brede, H.: Die Eignung des kostenrechnerischen Konzepts der Deckungsbeitragsrechnung für Krankenhäuser, in: ZögU, 1.Jg. (1978), Heft 3, S.1–15

Breitmeier I. u.a.: Düsseldorfer Kommentar zur BPflV 1995, Düsseldorf 1995

Bundesminister für Arbeit und Sozialordnung Bonn (Hrsg.): Einsatz der Kosten- und Leistungsrechnung nach § 8 KHBV für Analysen und Entscheidungen im Krankenhaus, Forschungsbericht, Gesundheitsforschung Bd. 93

Bundesminister für Arbeit und Sozialordnung (Hrsg.): Kalkulation der Sonderentgelte für die Leistungen gemäß § 6 (1) lfd. Nr. 1 bis 16 BPflV., Forschungsbericht 167, Köln und Düsseldorf 1988.

Bundesminister für Gesundheit (Hrsg.): Entwurf eines erweiterten Sonderentgeltkataloges, Stand: Mai 1992

Bundesminister für Gesundheit (Hrsg.): Leitfaden zur Einführung von Fallpauschalen und Sonderentgelten gemäß Bundespflegesatzverordnung 1995: Datenbedarf, Kalkulationsgrundlagen, Abrechnungsmodalitäten, Kostenausgliederung, Schriftenreihe des Bundesministeriums für Gesundheit Band 44, Baden-Baden 1995

Bundesministerium für Gesundheit (Hrsg.): Kalkulation von Fallpauschalen und Sonderentgelten für die Bundespflegesatzverordnung 1995, Bericht zu den Forschungsprojekten im Auftrag des Bundesministeriums für Gesundheit, Baden-Baden 1995

Daul, G., Vahlpahl, B.: Praktikerhandbuch zur Krankenhausbewertung, Hannover 1988, Stand: Juli 1991

Deutsche Krankenhausgesellschaft (Hrsg.): Auswertung von Kosten- und Leistungsnachweisen 1988, Düsseldorf 1990

Deutsche Krankenhausgesellschaft (Hrsg.): DKG-NT, Bd. I, Tarif der Deutschen Krankenhausgesellschaft für die Abrechnung erbrachter Leistungen und für die Kostenerstattung vom Arzt an das Krankenhaus, zugleich BG-T, vereinbarter Tarif für die Abrechnung mit den gesetzlichen Unfallversicherungsträgern, 21. Auflage, Stuttgart 1991

Deutsche Krankenhausgesellschaft (Hrsg.): DKG-NT, Bd. II, Tarif der Deutschen Krankenhausgesellschaft für die Kostenerstattung des Krankenhausarztes bei BMÄ/E-GO-Leistungen und zugleich Überleitungstabelle für die L2-Leistungsstatistik nach § 16, Abs.4, Satz 2 Nr. 2 BpflV, Stuttgart 1989

Deutsche Krankenhausgesellschaft (Hrsg.): Hinweise der DKG zum Rechnungswesen der Krankenhäuser, Düsseldorf 1992

Dietz, O./Bofinger, W.: Krankenhausfinanzierungsgesetz, Bundespflegesatzverordnung und Folgerecht, Kommentare, Wiesbaden

DKi – GmbH/GEBERA: Kalkulation von Bewertungsrelationen für Sonderentgelte in der Einstiegsversion des Kataloges (Stufe I). Bericht zu dem Forschungsprojekt im Auftrag des Bundesministeriums für Gesundheit, Düsseldorf und Köln 1994

DKi – GmbH/GEBERA/GSbG/IfG: Definition und Kalkulation von Fallpauschalen für die Einstiegsversion des Kataloges (Stufe I). Bericht zu dem Forschungsprojekt im Auftrag des Bundesministeriums für Gesundheit, Düsseldorf, Köln, Kiel, Neubiberg 1994

Ehrt, R.: Die Zurechenbarkeit von Kosten und Leistungen auf der Grundlage kausaler und finaler Beziehungen, Stuttgart 1967

Literaturverzeichnis

Eichhorn, S.: Das Zielsystem im Krankenhaus, in: Betriebswirtschaftliche Information, Entscheidung und Kontrolle, Festschrift für Hans Münstermann, hrsg. von Busse von Colbe, W. und Sieben, G., Wiesbaden 1969, S.211–238

Eichhorn, S.: Krankenhausbetriebslehre. Theorie und Praxis des Krankenhausbetriebes, Bd.1, 3. Aufl., Stuttgart 1975

Eichhorn, S.: Krankenhausbetriebslehre. Theorie und Praxis des Krankenhausbetriebes, Bd.2, 3. Aufl, Stuttgart 1976

Eichhorn, S.: Krankenhausbetriebslehre. Theorie und Praxis der Krankenhausleistungsrechnung, Bd. 3, Stuttgart 1987

Eichhorn, S.: Zur Problematik fallpauschalierter Krankenhaus-Entgelte, in: f&w 2/1993, S.117–132

Eichhorn, S.: (Hrsg.): Handbuch Krankenhaus-Rechnungswesen, 2. Aufl. Wiesbaden 1988

Eiff, W. von (Hrsg.): Kompendium des Krankenhauswesens, Band 3, Bad Homburg v.d.H. 1985

Engelke, D.-R.: Prospektives Entgeltverfahren in den USA – Eine Wertung, in: das Krankenhaus, 2/1985, S.45–51

Ey, H.: Entwurf eines entscheidungsorientierten Kostenrechnungsmodells für ambulant und stationär erstellte Krankenhausleistungen, Europäische Hochschulschriften, Reihe V, Volks- und Betriebswirtschaft, Bd.777, Frankfurt a.M. 1987

Fink, G.: Das Augsburger Pflegesatz-Modell, in: f&w, 2/1992, S.83–86

Fuchs, M.: Grundlagen des betrieblichen Rechnungswesens, in: Handbuch Krankenhausrechnungswesen, hrsg. von S. Eichhorn, 2.Aufl., Wiesbaden 1988, S. 29–70

Gesetz zur Sicherung und Strukturverbesserung der gesetzlichen Krankenversicherung (Gesundheitsstrukturgesetz vom 21. Dezember 1992 (BGBl.I, S.2266, 2309)

Gesetz zur wirtschaftlichen Sicherung der Krankenhäuser und zur Regelung der Krankenhauspflegesätze (Krankenhausfinanzierungsgesetz – KHG) in der Fassung vom 10. April 1991, (BGBl. I S. 886) zuletzt geändert durch das Zweite Gesetz zur Neuordnung von Selbstverwaltung und Eigenverantwortung in der gesetzlichen Krankenversicherung (2. GKV-Neuordnungsgesetz – 2. GKV-NOG) vom 23. Juni 1997 (BGBl I. S.1520)

Gutenberg, E.: Grundlagen der Betriebswirtschaftslehre, 1. Bd.: Die Produktion, 22. Aufl., Berlin 1976

Haberstock, L.: Kostenrechnung, Bd. 1: Einführung mit Fragen, Aufgaben und Lösungen, 8. Aufl., Wiesbaden 1987

Haberstock, L.: Kostenrechnung, Bd. 2: Grenzplankostenrechnung, 7. Aufl., Hamburg 1986

Halen, v. U.: Entwurf eines dispositions- und kontrollbezogenen Rechnungswesens für Krankenhäuser, Diss., Münster 1977

Hausladen, K.-H.: Entscheidungsorientierte Kostenrechnung im Krankenhaus – Empirische Untersuchungen am Stadt- und Kreiskrankenhaus Kulmbach – , Diss., Hamburg 1975

Heinen, E.: Produktions- und Kostentheorie, in: Allgemeine Betriebswirtschaftslehre. Handbuch für Studium und Prüfung, Hrsg. Jacob, H., 4. Aufl., Wiesbaden 1981, S.205–296

Literaturverzeichnis

Heinen, E.: Betriebswirtschaftliche Kostenlehre. Kostentheorie und Kostenentscheidungen, 6. Aufl., Wiesbaden 1983

Heisler, W.: Personalrechnung, in: Eichhorn, S. (Hrsg.): Handbuch Krankenhaus-Rechnungswesen, 2. Aufl., Wiesbaden 1988, S.321–342

Hentze, J.: Kosten- und Leistungsrechnung als Führungsinstrument des Krankenhausbetriebs, in: Verwaltungsmanagement, Handbuch für öffentliche Verwaltungen und öffentliche Betriebe, Mai 1989, Kap.I 16.1, S.1–17

Hentze, J.: Die Funktionen des Krankenhausmanagements, in ZögU, Beiheft 6, 1984, S.31–53

Hentze, J.: Probleme der Personalplanung im Pflegedienst von Krankenhäusern, in ZögU, Band 7, 1984, S.20–38

Hessische Krankenhausgesellschaft e.V. (Hrsg.): Informationsveranstaltung zum Gesundheitsstrukturgesetz 1993, Frankfurt 1992

Höhn, H.-G.: Operationskatalog für Betriebsvergleiche, in: Krankenhausumschau 2/1972, S.51–56

Hildebrand, R.: Kostenrechung, in: Eichhorn, S. (Hrsg.): Handbuch Krankenhaus-Rechnungswesen, 2. Aufl., Wiesbaden 1988, S.343–456

Hoffmann, H.: Möglichkeiten und Chancen diagnosebezogener Fallpauschalen und anderer alternativer Entgeltsysteme, in: das Krankenhaus, 7/1989, S.365–377

Hübner, H.: Kostenrechnung im Krankenhaus. Grundlagen – Wirtschaftlichkeitsanalyse – Betriebsvergleich. 2. Aufl., Stuttgart 1980

Hummel, S.: Entscheidungsorientitierter Kostenbegriff, Identitätsprinzip und Kostenzurechnung, in: ZfB,. 53. Jg. (1983), S. 1204 f.

Hummel, S., Männel, W.: Kostenrechnung Bd. 1: Grundlagen, Aufbau und Anwendung, 4. Aufl., Wiesbaden 1986

Hummel, S., Männel, W.: Kostenrechnung Bd. 2: Moderne Verfahren und Systeme, 3. Aufl., Wiesbaden 1983

Jung, K.: Vorstellungen des Gesetzgebers zur künftigen Krankenhausfinanzierung, in: Krankenhausumschau, 8/1990, S.591–602

Kehres, E.: Kosten und Kostendeckung der ambulanten Behandlung im Krankenhaus, Essen 1994

Keun, F.: Einführung in die Krankenhauskostenrechnung, 2. Aufl., Wiesbaden 1997

Kilger, W.: Flexible Plankostenrechnung und Deckungsbeitragsrechnung, 10. Aufl., Wiesbaden 1993

Klockhaus, H. E.: Kosten- und Leistungsrechnung im Krankenhaus, München 1997

Koch, H.: Grundprobleme der Kostenrechnung, Köln und Opladen 1966

Koch, H.: Zur Diskussion über den Kostenbegriff, in: ZfhF, 10.Jg. 1958, S.355–399

Kosiol, E.: Kosten- und Leistungsrechnung, Berlin 1979

Kracht, P./Weigel, W.: Entscheidungshilfen und Lösungen für die Einrichtung einer Controllingfunktion im Krankenhaus, in: Krankenhausumschau, 5/189, S.366–371

Kracht, P.J.: Die Problematik der Leistungsmessung und die Leistungsbeurteilung im Krankenhaus unter Berücksichtigung von Möglichkeiten der internen und externen Steuerung der Leistungserbringung, in: BFuP, 34. Jg. (1982), S.121–136

Literaturverzeichnis

Küpper, H.-U.: Fixe und variable Kosten, in: HWR, 3. Aufl., hrsg. von Chmielewicz/ Schweitzer, Stuttgart 1993, Sp.647–656

Küpper, H.-U.: Kosten- und entscheidungstheoretische Ansatzpunkte zur Behandlung des Fixkostenproblems in der Kostenrechnung, in: ZfbF, 36. Jg. (1984), S.794–811

Küpper, H.-U.: Teilkostenrechnung bei zunehmender Fixkostenbelastung, in: ZfB, 53. Jg. (1983), S.71–75

Lauffer, E., Rossels, H.: Patientenbezogene Kostenträgerrechnung in: f&w Mai/Juni 1988, S.19–23 und f&w Juli/August 1988, S.32–35

Leonhardt, J.: Aufbau und Anwendungsmöglichkeiten einer Grenzplankostenrechnung in Krankenhausbetrieben, Hamburg 1988

Luithlen, E., Tuschen, K.H.: Weiterentwicklung des Entgeltsystems der Krankenhäuser, – Erfahrungsbericht des BMA zu KHG und BPflV –, in: das Krankenhaus, 4/1989, S..151–156

Martius, G.H.: Die Patientenkalkulation im Krankenhausbetrieb, Diss., Berlin 1989

Mellerowicz, K.: Kosten und Kostenrechnung, Bd. 1: Theorie der Kosten, 4. Aufl., Berlin 1963

Mellerowicz, K.: Kosten und Kostenrechnung, Bd. 2: Verfahren, 4.Aufl., Berlin 1966

Mellerowicz, K.: Neuzeitliche Kalkulationsverfahren, 6. Auflage, Freiburg i.B. 1977

Ministerium für Wirtschaft, Mittelstand und Technologie des Landes Baden-Württemberg (Hrsg.): Richtlinien für die Prüfung der wirtschaftlichen und sparsamen Betriebsführung der Krankenhäuser vom 18. Juli 1984 – Az. IV 3817.321/346, in: Gemeinsames Amtsblatt vom 31. 8. 1984, S.705–722

Mohr, F. W., u.a.: Praktikerhandbuch zur BPflV 1995 und zur LKA, Kulmbach 1995

Möhlmann, E.: Neue Wege in der Leistungs- und Kostenrechnung, Modellversuch des Landes Baden-Württemberg für ein alternatives Entgeltsystem, in: f&w, 2/1992, S.87–92

Muschter, W./Lohfert, Ch.: Fixkostenpolitik bei veränderten wirtschaftlichen Rahmenbedingungen, in: das Krankenhaus 10/1985, S.395–401

Neubauer, G./Günther, E.: Krankenhausausgaben und deren Finanzierung im internationalen Vergleich, in: das Krankenhaus 12/1988, S.552–585

Neubauer, G., Rehermann, P.: Alternative Entgeltverfahren in der Diskussion, 1. Neubiberger Krankenhausforum, in: f&w, 4/1992, S.313–317

Niedersächsische Krankenhausgesellschaft e.V. (Hrsg.): Wegweiser durch den Kosten- und Leistungsnachweis, Hannover 1991

Oberender, P.: Krankenhausfinanzierung aus volkswirtschaftlicher Sicht, in: Krankenhausumschau 8/90, S.597–601

Prößdorf, K.: Investitionsförderung der Krankenhäuser – Anspruch und Wirklichkeit –, in: das Krankenhaus 12/1989, S.615–620

Prößdorf, K.: Zwischen Budgetverhandlungen und Kostenerstattung, in: das Krankenhaus 12/1985, S.483–492

Regelung über Maßstäbe und Grundsätze für den Personalbedarf in der stationären Krankenhauspflege (Pflege-Personalregelung-Pflege-PR), Artikel 13 des Gesundheitsstrukturgesetzes vom 21. Dezember 1992 (BGBl.I S.2266,2316)

Literaturverzeichnis

Regler, K.: Die veränderte Bevölkerungsstruktur als Kostenfaktor, in: Arzt und Krankenhaus, 9/1986, S.288–290

Riebel, P.: Einzelkosten- und Deckungsbeitragsrechnung, 7. überarb. Aufl., Wiesbaden 1994

Röhrig, R.: Die Entwicklung eines Controllingsystems für Krankenhäuser, Darmstadt 1983

Saul, H.-J.: Materialkosten, in: Chmielewicz, K., Schweitzer, M. (Hrsg.): Handwörterbuch des Rechnungswesens, 3. Aufl., Stuttgart 1993, Sp. 1394 ff.

Schmalenbach, E.: Kostenrechnung und Preispolitik, 8. Aufl., Köln, Opladen 1963

Schmidt, K.-J.: Der Einsatz von Fallpauschalen auf der Basis von PMCs in der Praxis, in: f&w, 1/1992, S.6–9

Schönfeld, H.-M.: Kostenrechnung I, Stuttgart 1972

Schönfeld, H.-M.: Kostenrechnung II, Stuttgart 1975

Schuchart, G.: Die kurzfristige Erfolgsrechnung im Krankenhaus, Diss., Braunschweig 1982

Schütz, G./Stiegler, H.: Normleistungs- und Normkostenrechnung im Krankenhaus, in: KU, 5/1988, S.350–370

Schweitzer, M., Küpper, H.-U.: Systeme der Kostenrechnung, 6. Aufl., Landsberg 1995

Sieben, G. (Hrsg.): Interne Budgetierung im Krankenhaus. Bericht von der GEBERA-Tagung am 3. Mai 1988 in Köln, Köln 1988

Tauch, J.-G.: Budgetierung im Krankenhaus, Gütersloh 1986

Tauch, J.-G.: Entscheidungsorientiertes Informations- und Berichtswesen, 3. Fallbeispiel: Entscheidungsorientiertes Informations- und Berichtswesen, in: Eichhorn, S. (Hrsg.): Handbuch Krankenhaus-Rechnungswesen, 2. Aufl., Wiesbaden 1988

Tauch, J.-G.: Kosten- und Leistungsrechnung im Krankenhaus, Gütersloh 1987

Thiemeyer, Th.: Finanzierungsstrategische „Deformation" der Kostenrechnung von Krankenhäusern zum Zwecke der Bildung des Pflegesatzes? in: Gronemann, J., Keldenick, K. (Hrsg.): Krankenhausökonomie in Wissenschaft und Praxis, Festschrift für Siegfried Eichhorn, Kulmbach 1988

Tuschen, K.H.: Die Kosten- und Leistungsrechnung, in: f&w, Januar/Februar 1988, S.23–26 und f&w, März/April 1988, S.14–16

Tuschen, K.H.: GSG '93: Die neuen Vergütungsformen und ihre Anforderungen an das Krankenhaus, in: f&w, 1/1993, S.2–9

Unterhuber, H.: Preissteuerung in der Krankenhausversorgung – Möglichkeiten und Grenzen der Anwendung von Preisen zur Steuerung der Versorgung mit Krankenhausleistungen, Diss., München 1986

Verordnung über die Abgrenzung der im Pflegesatz nicht zu berücksichtigenden Investitionskosten von den pflegesatzfähigen Kosten der Krankenhäuser (Abgrenzungsverordnung – AbgrV) vom 12.Dezember 1985 (BGBl. I, S.2255) zuletzt geändert durch Artikel 3 Fünfte Verordnung zur Änderung der Bundespflegesatzverordnung vom 9. Dezember 1997 (BGBl vom 16. Dezember 1997 I S. 2874)

Verordnung über die Rechnungs- und Buchführungspflichten von Krankenhäusern (Krankenhaus-Buchführungsverordnung – KHBV) in der Fassung der Verordnung zur Neuordnung des Pflegesatzrechts vom 26. September 1994 (BGBl. I S. 2750)

Literaturverzeichnis

Verordnung zur Regelung der Krankenhauspflegesätze (Bundespflegesatzverordnung – BPflV) vom 21. August 1985, (BGBl. I, S.1666), zuletzt geändert durch Artikel 12 des Gesundheitsstrukturgesetzes (GSG) vom 21. Dezember 1992 (BGBl I, S.2266, 2311)

Verordnung zur Regelung der Krankenhauspflegesätze (Bundespflegesatzverordnung – BPflV) vom 26. September 1994 (BGBl. I S. 2750), zuletzt geändert durch die Fünfte Verordnung zur Änderung der Bundespflegesatzverordnung vom 9. Dezember 1997 (BGBl I S. 2874)

Vollmer, R.-J.: Die Verzahnung zwischen stationärer und ambulanter Behandlung, f&w, Heft 6/1986, S. 51ff. und Heft 1/1987, S.49ff.

Weber, H.: Konzept eines integrierten Management-Systems für die Krankenhausverwaltung, Diss., Konstanz 1983

WRG Wirtschaftsberatung und Revisionsgesellschaft (Hrsg.): Externe und interne Budgetierung. Fortbildungsveranstaltung für Mitarbeiter von Krankenhäusern der Landeshauptstadt Hannover und des Landkreises Hannover, unveröffentlichtes Manuskript, Gütersloh 1986

Zuck, R.: Das Krankenhaus im Gesundheitswesen der Bundesrepublik Deutschland, in: Krankenhausumschau, 6/1989, S.456–464

I. Aufgaben der Kosten- und Leistungsrechnung im Krankenhaus

Hauptaufgabe der Krankenhäuser ist die stationäre Behandlung von Patienten, die neben der Diagnose und Therapie auch Unterkunft und Pflege der Patienten umfaßt.

Daneben werden in unterschiedlichem Umfang ambulante Patienten behandelt sowie Forschung und Lehre betrieben. Die ambulante Behandlung im Krankenhaus ergänzt die ambulante Behandlung durch niedergelassene Ärzte.

Vor- und nachstationäre Behandlung im Krankenhaus verbinden die ambulante Behandlung durch niedergelassene Ärzte und die stationäre Behandlung im Krankenhaus.

Rechtsgrundlage für den Umfang der von Krankenhäusern wahrzunehmenden Aufgaben und ihrer Finanzierung bilden das **Krankenhausfinanzierungsgesetz (KHG)**[1]) und die **Bundespflegesatzverordnung (BPflV)**[2]).

Krankenhäuser sind überwiegend gemeinwirtschaftliche Betriebe, die durch die Wahrnehmung der ihnen zugeordneten Aufgaben öffentliche Bedürfnisse befriedigen.

Die gesellschaftliche Bedeutung des Angebotes von Krankenhausleistungen hat zur Folge, daß im Krankenhaus die **Bedarfsdeckung** oberste Maxime wirtschaftlichen Handelns ist. Das bedeutet eine Dominanz des Sachziels.

Krankenhäuser werden wirtschaftlich dadurch gesichert, daß ihre Investitionskosten im Wege öffentlicher Förderung übernommen werden, „leistungsgerechte" Erlöse aus Pflegesätzen sowie Vergütungen für vor- und nachstationäre Behandlung und für ambulantes Operieren erhalten **(Duale Finanzierung)**.[3])

Der Krankenhausprozeß zur Erreichung seines Sachziels ist ein Entscheidungsprozeß, der Planung, Durchführung und Kontrolle umfaßt, Informationen benötigt und sich in Zahlen niederschlägt.

---

1) Gesetz zur wirtschaftlichen Sicherung der Krankenhäuser und zur Regelung der Krankenhauspflegesätze (Krankenhausfinanzierungsgesetz - KHG) in der Fassung der Bekanntmachung vom 10. April 1991 (BGBl. I S.886), zuletzt geändert durch das Zweite Gesetz zur Neuordnung von Selbstverwaltung und Eigenverantwortung in der gesetzlichen Krankenversicherung (2. GKV-Neuordnungsgesetz - 2. GKV-NOG) vom 23. Juni 1997 (BGBl. I S.1520)
2) Verordnung zur Regelung der Krankenhauspflegesätze (Bundespflegesatzverordnung - BPflV) vom 26. September 1994 (BGBl. I S.2750), zuletzt geändert durch die Fünfte Verordnung zur Änderung der Bundespflegesatzverordnung vom 9. Dezember 1997 - 5. ÄndV (BGBl. vom 16. Dezember 1997 I S.2874)
3) Vgl. § 4 KHG

I · Aufgaben der Kosten- und Leistungsrechnung

Das **betriebliche Rechnungswesen** umfaßt sämtliche Verfahren, die dazu dienen, das betriebliche Geschehen zahlenmäßig zu erfassen, zu planen und zu kontrollieren.[4])

Aus der Verschiedenheit der Aufgaben des betrieblichen Rechnungswesens ergibt sich eine Zweiteilung in **externes Rechnungswesen** (Finanzbuchführung und Jahresabschluß) und **internes Rechnungswesen** (Kosten- und Leistungsrechnung). Eine besondere Stellung nimmt die Leistungs- und Kalkulationsaufstellung (LKA) ein, mit der die Krankenhäuser gegenüber den Krankenkassen Budget und Pflegesätze beantragen.

Gegenstand der **Finanzbuchführung** sind alle monetären Vorgänge zwischen dem Krankenhaus und der Umwelt. Die **Kosten- und Leistungsrechnung** erfaßt hingegen den Prozeß der Leistungserstellung und Leistungsverwertung, insbesondere innerhalb des Krankenhauses.

Während bei der nach außen gerichteten Finanzbuchführung die **Rechenschaftslegungs-** und **Informationsaufgabe** im Vordergrund steht, bildet die Kosten- und Leistungsrechnung den Betriebsprozeß in Kosten- und Leistungsgrößen ab. Damit wird vor allem auf zwei Zwecke abgestellt[5]):
- **Steuerung und Kontrolle des Betriebsgeschehens**,
- **Preisbildung**.

Haberstock ergänzt diese beiden Hauptaufgaben um eine dritte Aufgabe, nämlich das Bereitstellen von Zahlenmaterial für **dispositive Zwecke**.[6]) Diesen Aspekt der Kosten- und Leistungsrechnung stellt auch Kosiol heraus, wenn er den instrumental-pragmatischen Charakter der Kosten- und Leistungsrechnung im Zusammenhang mit unternehmerischen Entscheidungs- und Steuerungsaufgaben betont.[7])

Für das Krankenhaus muß die Kosten- und Leistungsrechnung im Rahmen der Planung, Steuerung und Kontrolle des Betriebsprozesses insbesondere Informationen über die Wirtschaftlichkeit zur Verfügung stellen. An die Stelle der Preisermittlung tritt die **Ermittlung der Selbstkosten**, die Ausgangspunkt sind für die Beantragung medizinisch leistungsgerechter Entgelte im Sinne des § 3 BPflV.[8])

Die Aufgaben der Kosten- und Leistungsrechnung im Krankenhaus stehen in engem Zusammenhang mit dem Krankenhausfinanzierungssystem. Daher enthält das Krankenhausfinanzierungsrecht im § 16 Abs. 1 Nr. 7 KHG die Rechts-

---

4) Vgl. Haberstock, L.: Kostenrechnung I., 8. Aufl., Hamburg 1987, S.7
5) Zu den Zwecken (Aufgaben) der Kosten- und Leistungsrechnung vgl. insbesondere Schweitzer, M., Küpper, H.-U.: Systeme der Kostenrechnung, 6. Aufl., Landsberg/Lech 1995, S.38. Schweitzer/Küpper formulieren nicht nur selbst Rechnungszwecke, sondern geben auch einen Überblick über die von anderen Autoren genannten Rechnungszwecke.
6) Haberstock, L.: Kostenrechnung I, 8. Aufl., Hamburg 1987, S.18 u. 21
7) Kosiol, E.: a.a.O., S.3
8) Zum Grundprinzip „medizinisch leistungsgerechte Entgelte" vgl. Seite 7 und Seite 41

Aufgaben der Kosten- und Leistungsrechnung · I

grundlage für die Verordnung über die Rechnungs- und Buchführungspflichten von Krankenhäusern (Krankenhausbuchführungsverordnung – KHBV).[9])
Die materielle Bedeutung erhält die KHBV durch § 17 Abs. 2 KHG, der festlegt, daß die Kosten der Krankenhausleistungen nach Maßgabe der KHBV auf der Grundlage der kaufmännischen Buchführung und einer Kosten- und Leistungsrechnung zu ermitteln sind.

Hinsichtlich der Kosten- und Leistungsrechnung konkretisiert § 8 KHBV die Bestimmungen des KHG und legt die **Aufgaben der Kosten- und Leistungsrechnung im Krankenhaus** fest:

(1) Betriebsinterne Steuerung

(2) Beurteilung der Wirtschaftlichkeit und Leistungsfähigkeit des Krankenhauses

(3) Ermittlung der pflegesatzfähigen Kosten sowie die Erstellung der Leistungs- und Kalkulationsaufstellung (LKA) nach den Vorschriften der Bundespflegesatzverordnung

Zu (1): Betriebsinterne Steuerung

Die betriebsinterne Steuerung stellt ab auf das Erreichen von Zielen, die operational, d.h. nach Zielinhalt, Zielausmaß und zeitlichem Bezug vorgegeben sind.

Die Kosten- und Leistungsrechnung als Kontroll- und Steuerungsinstrument erfüllt nur dann die ihr gestellte Aufgabe, wenn sie sich nicht auf die Analyse der Vergangenheit beschränkt, sondern die Kostenplanung einbezieht. Dieser Forderung wird nur eine zukunftsorientierte (Plan-)Kostenrechnung gerecht, die auch zum Erstellen der LKA unerläßlich ist.

Zu (2): Beurteilung der Wirtschaftlichkeit und Leistungsfähigkeit des Krankenhauses

Entsprechend der Aufgabenstellung der Krankenhäuser, nämlich Krankheiten festzustellen, zu heilen oder zu lindern, kommt die Leistungsfähigkeit eines Krankenhauses primär darin zum Ausdruck, inwieweit es gelingt, den Gesundheitszustand von Patienten positiv zu verändern (Primärleistung).[10])

Da sich die so verstandene Primärleistung nur schwer messen läßt und noch schwerer ein ursächlicher Zusammenhang herzustellen ist zwischen ärztlichem und pflegerischem Bemühen und der Verbesserung des Gesundheitszustandes von Patienten, kommt die Leistungsfähigkeit eines Krankenhauses durch die erbrachten oder möglichen Leistungen insbesondere in den Bereichen Diagnostik und Therapie (Sekundärleistungen) zum Ausdruck.

---

9) Verordnung über die Rechnungs- und Buchführungspflichten von Krankenhäusern (Krankenhausbuchführungsverordnung-KHBV) in der Fassung der Verordnung zur Neuordnung des Pflegesatzrechts vom 26. 09. 1994 (BGBl. I S.2750).
10) Vgl. Eichhorn, S.: Krankenhausbetriebslehre. Theorie und Praxis der Krankenhausleistungsrechnung, Bd. 3, Stuttgart 1987, S.28–31

I · Aufgaben der Kosten- und Leistungsrechnung

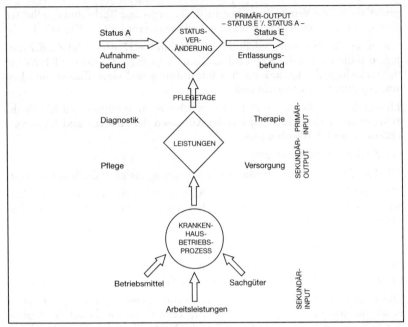

Abb.1: *Input und Output des Krankenhausprozesses*

Den Zusammenhang zwischen Primär- und Sekundärleistung im Rahmen des Krankenhausprozesses zeigt die Abbildung 1:[11])

Praktische Bedeutung für die Kosten- und Leistungsrechnung im Krankenhaus haben nur meßbare Leistungen und zwar **Betriebsleistungen,** die in den verschiedenen Kostenstellen (Leistungsbereichen) des Krankenhauses erbracht werden und **Marktleistungen**[12]), die gegenüber den Patienten abrechenbar sind und eine Vielzahl von Betriebsleistungen beinhalten bzw. beinhalten können.

Im Krankenhaus ist die Leistungsfähigkeit immer gekoppelt mit der Forderung nach wirtschaftlicher Leistungserbringung und der Beschränkung auf medizinisch notwendige und zweckmäßige Leistungen.

Das Wirtschaftlichkeitsprinzip hat im Hinblick auf die Erreichung des Formalzieles Kostendeckung instrumentalen Charakter, dessen Bedeutung dadurch noch herausgehoben wird, daß Wirtschaftlichkeit Voraussetzung für die Kostendeckung ist.

---

11) Vgl. Eichhorn, S.: Krankenhausbetriebslehre. Theorie und Praxis des Krankenhausbetriebes, Bd.1, 3. Aufl., Stuttgart 1975, S.12
12) Die Marktleistungen werden beschrieben durch die Entgeltformen der Krankenhausleistungen, die Kostenträger im Sinne der Kostenrechnung darstellen (vgl. Abschnitt III 3.3.1).

Aufgaben der Kosten- und Leistungsrechnung · I

Das **Wirtschaftlichkeitsprinzip** greift im Krankenhaus hinsichtlich der Leistungserbringung in der Regel in Form des Minimumprinzips, d.h. die medizinisch notwendigen und zweckmäßigen Leistungen sollen mit möglichst geringen Kosten erbracht werden.[13])

Schwierig ist die Messung und Beurteilung der Wirtschaftlichkeit im Krankenhaus. § 13 BPflV a.F. nannte in diesem Zusammenhang die Kosten und Leistungen vergleichbarer Krankenhäuser sowie die Maßstäbe und Grundsätze zur Beurteilung der Wirtschaftlichkeit und Leistungsfähigkeit der Krankenhäuser nach § 19 KHG[14]), die jedoch bisher nur für Teilbereiche existieren bzw. existierten[15]). Auch nach Wegfall des Selbstkostendeckungsprinzips und dessen Ersatz durch das Prinzip „medizinisch leistungsgerechter Entgelte" hat das Wirtschaftslichkeitsprinzip unverminderte Bedeutung als „Finanzierungsvorraussetzung".

Die Wirtschaftlichkeit als Relation von Sollkosten zu Istkosten zu definieren, verlagert das Problem der Messung der Wirtschaftlichkeit lediglich in Richtung der Ermittlung der (vorzugebenden) Sollkosten. Diese wiederum kann sich orientieren an:

- dem Zeitvergleich, d.h. den Kosten und Leistungen vorangegangener Perioden,
- dem zwischenbetrieblichen Vergleich, d.h. den Kosten und Leistungen vergleichbarer Krankenhäuser,
- überbetrieblichen Vorgabewerten, wie sie in § 19 KHG angesprochen und – ohne die dort vorgesehene bindende Wirkung – bei Wirtschaftlichkeitsprüfungen[16]), insbesondere hinsichtlich des Personaleinsatzes und der Personalkosten, entwickelt und praktiziert werden.

Zu (3): Ermittlung der Selbstkosten sowie Erstellung der Leistungs- und Kalkulationsaufstellung (LKA) nach den Vorschriften der Bundespflegesatzverordnung

Entsprechend dem dualen Fiananzierungssystem im Krankenhaus werden die Investitionskosten im Wege öffentlicher Förderung übernommen und die übrigen Kosten über Budget und Pflegesätze sowie durch die Vergütungen für vor- und nachstationäre Behandlung und ambulantes Operieren gedeckt.

---

13) Zum instrumentalen Charakter des Wirtschaftlichkeitsprinzips vgl. Gutenberg, E.: Grundlagen der Betriebswirtschaftslehre I. Bd.: Die Produktion, 22. Aufl., Berlin 1976, S.457ff.
14) § 19 KHG sieht vor, daß die Deutsche Krankenhausgesellschaft und die Spitzenverbände der gesetzlichen Krankenversicherung Empfehlungen über Maßstäbe und Grundsätze für die Wirtschaftlichkeit der Krankenhäuser, insbesondere für den Personalbedarf und die Sachkosten, erarbeiten.
15) z.B. für den Pflegedienst in Form der Pflege-Personalregelung (PPR), die mit der Änderung der BPflV ihre Verbindlichkeit verloren hat.
16) Rechtsgrundlage hierfür war in der Vergangenheit insbesondere § 16Abs. 6 BPflV a. F. Mit Wegfall des Selbstkostendeckungsprinzips erübrigen sich diese externen Wirtschaftlichkeitsprüfungen im Auftrag von Krankenhaus und Krankenkassen. An ihre Stelle tritt die Prüfung von Fragen hinsichtlich der medizinisch leistungsgerechten Vergütung (§ 17 Abs. 6 BPflV).

I · Aufgaben der Kosten- und Leistungsrechnung

Krankenhausleistungen im Sinne der Bundespflegesatzverordnung umfassen allgemeine Krankenhausleistungen und Wahlleistungen.[17]) Allgemeine Krankenhausleistungen sind die Krankenhausleistungen, die unter Berücksichtigung der Leistungsfähigkeit des Krankenhauses für eine nach Art und Schwere der Erkrankung des Patienten medizinisch zweckmäßige und ausreichende Versorgung notwendig sind.[18])

Allgemeine Krankenhausleistungen werden vergütet durch:

(1) Pflegesätze nach § 11 BPflV (Fallpauschalen und Sonderentgelte),

(2) einen Gesamtbetrag nach § 12 BPflV (Budget), der über tagesgleiche Pflegesätze nach § 13 BPflV (Abteilungspflegesätze, Basispflegesatz) den Patienten oder ihren Kostenträgern[19]) anteilig berechnet wird.

Mit den **Fallpauschalen** werden die allgemeinen Krankenhausleistungen (im Sinne von Betriebsleistungen) für einen nach Diagnose und Therapie bestimmten Behandlungsfall[20]) (Patienten) vergütet.

Mit den **Sonderentgelten** wird ein Teil der allgemeinen Krankenhausleistungen für einen bestimmten Behandlungfall[20]) vergütet. Im wesentlichen betreffen die Sonderentgelte operative Leistungen, d.h. Leistungen, die im Operationsbereich (OP) eines Krankenhauses erbracht werden.

Für Leistungen die nicht über Fallpauschalen oder Sonderentgelte vergütet werden, wird als Entgelt für ärztliche und pflegerische Tätigkeit und die durch diese veranlaßten Leistungen für jede organisatorisch selbständige Abteilung ein **Abteilungspflegesatz** vereinbart.

Als Entgelt für nicht durch ärztliche und pflegerische Tätigkeit veranlaßte Leistungen wird ein **Basispflegesatz** vereinbart.

Wahlleistungen (§ 22 BPflV) sind neben den allgemeinen Krankenhausleistungen auch Krankenhausleistungen. Zu den Wahlleistungen gehören insbesondere die wahlärztlichen Leistungen, d.h. die Behandlung durch den liquidationsberechtigten Chefarzt und die gesondert berechenbare Unterkunft im Einbett- oder Zweibettzimmer.

Welche Kosten des Krankenhauses zu den Kosten der allgemeinen Krankenhausleistungen gehören und durch Budget und Pflegesätze gedeckt werden und

---

17) § 2 Abs. 1 BPflV
18) Vgl. § 2 Abs. 2 BPflV
19) Kostenträger in diesem Sinne sind, abweichend von der Definition dieses Begriffes in der Kostenrechnung, die Krankenkassen oder sonstige Einrichtungen, die die Kosten der ambulanten Behandlung „tragen".
20) Die Behandlungsfälle, für die eine Berechnung von Fallpauschalen und Sonderentgelten in Frage kommt, sind in Anlage 1 und 2 der Bundespflegesatzverordnung genannt.

Aufgaben der Kosten- und Leistungsrechnung · I

welche Kosten auf andere Weise zu decken sind, regelt § 7 BPflV in Verbindung mit § 2 BPflV. Danach dürfen insbesondere folgende Kosten des Krankenhauses nicht durch Budget und Pflegesätze gedeckt werden:

- die Kosten der vor- und nachstationären Behandlung,
- Kosten der ambulanten Leistungen des Krankenhauses,
- die Kosten für im Krankenhaus erbrachte ambulante ärztliche Leistungen von Ärzten des Krankenhauses,
- die Kosten wahlärztlicher Leistungen,
- die Kosten sonstiger Wahlleistungen, insbesondere die Kosten für gesondert berechenbare Unterkunft.

Die Deckung der Kosten dieser Leistungen ist wie folgt geregelt:

Leistungen	Kostendeckung durch:
vor- und nachstationäre Behandlung	Vergütung lt. § 115a SGB V
ambulante ärztliche Leistungen des Krankenhauses	Gebühren nach der jeweils geltenden Gebührenordnung
ambulante ärztliche Leistungen der Ärzte des Krankenhauses	Kostenerstattung durch die Ärzte
wahlärztliche Leistungen	Kostenerstattung durch die Ärzte
gesondert berechenbare Unterkunft	tagesbezogenes Leistungsentgelt

Der Antrag des Krankenhauses auf medizinisch leistungsgerechte Entgelte für die Krankenhausleistungen erfolgt in Form der Leistungs- und Kalkulationsaufstellung (LKA), die als Anlage 3 Bestandteil der BPflV ist.

Nach Wegfall des Selbstkostendeckungsprinzips kommt es bei der Leistungsvergütung nicht mehr primär auf die Kosten des einzelnen Krankenhauses an, denn die **geforderte** Vergütung muß medizinisch leistungsgerecht sein, d.h. ein (unbestimmtes) Krankenhaus muß die Leistung mit dieser Vergütung erbringen können. Trotzdem sind die geplanten Kosten des einzelnen Krankenhauses Ausgangspunkt für das Erstellen der LKA. Der Antrag (Forderung) beschränkt sich auf die Kosten der stationären Leistungen (Nettoprinzip); d.h. aus den Gesamtkosten des Krankenhauses (Bruttokosten) sind die Nettokosten differenziert nach Kostenarten abzuleiten. [21]

---

21) Vgl. Abschnitt 2.2.4.3

II. Grundlagen der Kosten- und Leistungsrechnung im Krankenhaus

1. Grundbegriffe des betrieblichen Rechnungswesens

In den verschiedenen Teilgebieten des betrieblichen Rechnungswesens wird mit unterschiedlichen ökonomischen Größen gerechnet, die teils übereinstimmende und teils abweichende Inhalte haben und für die sich spezifische Begriffe herausgebildet haben.

Die Begriffe der Kosten- und Leistungsrechnung sind zu definieren und inhaltlich abzugrenzen von den Begriffen des externen Rechnungswesens, insbesondere der Finanzbuchführung.

Kosten sind bewerteter Verzehr von Gütern und Dienstleistungen, der zur Erreichung des Betriebszweckes sowie zur Aufrechterhaltung der erforderlichen Kapazitäten entsteht.

Diese Definition des sogenannten **wertmäßigen Kostenbegriffes**[1]) enthält drei Merkmale:

(1) Güterverbrauch

Zum Güterverbrauch zählt nicht nur der Verbrauch an Roh-, Hilfs- und Betriebsstoffen, sondern auch die Nutzung von Betriebsmitteln, die Inanspruchnahme von Dienstleistungen sowie die Entrichtung öffentlicher Abgaben.

(2) leistungsbezogen

Nicht jeder Güterverbrauch stellt Kosten dar, sondern nur der Güterverbrauch, der im Zusammenhang mit der Erstellung betrieblicher Leistungen anfällt, d.h. der Leistungen, die in Erfüllung des Sachzieles des Betriebes erbracht werden.

(3) Bewertung

Durch die Bewertung werden aus Mengengrößen Geldgrößen (Wertgrößen). Wie die Bewertung zu erfolgen hat (z.B. Anschaffungspreise, Wiederbeschaf-

---

1) Der wertmäßige Kostenbegriff geht auf Schmalenbach zurück. Für Schmalenbach steht der mengenmäßige Güterverbrauch im Vordergrund. Die Bewertung der leistungsbezogenen Verbräuche hat sich am Rechnungszweck zu orientieren, der den Wertansatz bestimmt. Vgl. Schmalenbach, E.: Kostenrechnung und Preispolitik, 8. Aufl., Köln, Opladen 1963, S.15ff.
Im Gegensatz dazu stehen beim pagatorischen Kostenbegriff von Koch die leistungsbezogenen Ausgaben im Vordergrund. Damit entfallen rechnungszweckorientierte Wertansätze und das Rechnen mit kalkulatorischen Kosten, insbesondere jenen kalkulatorischen Kosten, denen keinerlei Ausgaben gegenüberstehen, wie z.B. kalkulatorische Zinsen auf das Eigenkapital und kalkulatorischer Unternehmerlohn. Vgl. dazu insbesondere Koch, H.: Zur Diskussion über den Kostenbegriff, in: ZfhF, 10.Jg., (1958), S.355–365

fungspreise, Festpreise), richtet sich nach dem Zweck der Rechnung. „Die völlige Offenheit des die Menge bewertenden Preisansatzes"[2]) ist charakteristisch für den wertmäßigen Kostenbegriff.

Häufig wird die den Kosten gegenüberstehende Rechengröße als **Leistung** bezeichnet.

Der Leistungsbegriff wird jedoch nicht ausschließlich wertmäßig, sondern auch mengenmäßig gebraucht.[3])

Die Leistungsrechnung im Krankenhaus ist in erster Linie eine Mengenrechnung. Der Begriff der Leistung wird daher im folgenden im Sinne von Mengenleistung gebraucht. Für die Wertleistung[4]) wird der Begriff Erlös benutzt[5]).

Die Begriffe Kosten und Leistungen (Erlös) sind Begriffe des internen Rechnungswesens oder, wie Kosiol sagt, der kalkulatorischen Rechnung,[6]) bei der Realgüterbewegungen im Vordergrund stehen. Diese Begriffe sind abzugrenzen von Begriffen der pagatorischen Rechnung, die auf die Erfassung von Zahlungsströmen abstellt.[7]) Bei den von den „Kosten" abzugrenzenden Begriffen handelt es sich um:

Auszahlungen, Ausgaben, Aufwand.

Vom Begriff der Leistung (Erlös) sind zu trennen:

Einzahlungen, Einnahmen, Ertrag.

Auszahlungen und **Einzahlungen** betreffen den Abfluß bzw. Zufluß liquider Mittel. **Ausgaben** und **Einnahmen** umfassen zusätzlich Kreditvorgänge. Entsprechend gelten folgende Beziehungen:

Ausgabe = Auszahlung + Forderungsabgang + Schuldenzugang

Einnahme = Einzahlung + Forderungszugang + Schuldenabgang

Aufwand ist ein zentraler Begriff der Finanzbuchführung.

---

2) Kosiol, E.: Kosten- und Leistungsrechnung, Berlin 1979, S.27. Kosiol benutzt nicht den Begriff „wertmäßig". Für ihn gibt es einen allgemeinen Kostenbegriff; die Bezeichnung „wertmäßig" geht seiner Ansicht nach auf Koch zurück, der dem „wertmäßigen" Kostenbegriff seinen „pagatorischen" Kostenbegriff gegenüberstellt, der nach Auffassung Kosiols nichts anderes darstellt als Zweckaufwand, vgl. Kosiol, E.: ebenda, S.28f.
3) Vgl. Schmalenbach, E.: a.a.O., S.12, Kosiol, E.: Kosten- und Leistungsrechnung, Berlin 1979, S.13, Hummel, S., Männel, W.: Kostenrechnung 1, a.a.O., S.84
4) Vgl. Schmalenbach, E.: a.a.O., S.12
5) Der Begriff der wertmäßigen Leistung ist im allgemeinen umfassender als der Begriff Erlös. Es gilt folgende Beziehung:
Leistung = Erlöse + Lagerbestandsveränderungen
Da jedoch im Krankenhaus als Dienstleistungsbetrieb Lagerbestandsveränderungen entfallen, ist die Gleichsetzung von wertmäßiger Leistung und Erlös vertretbar und ein praktikabler Weg, um Wertleistung und Mengenleistung zu unterscheiden.
6) Im Gegensatz zur pagatorischen Rechnung, vgl. Kosiol, E.: Kosten- und Leistungsrechnung, a.a.O., S.5
7) Vgl. Hummel, S., Männel, W.: Kostenrechnung 1, a.a.O., S.8

II · Grundlagen der Kosten- und Leistungsrechnung

„Der Aufwand eines bestimmten Zeitabschnittes stellt sich als periodisierte, erfolgswirksame Ausgabe dar. Er ist der Wertverzehr oder der Wertverbrauch einer bestimmten Abrechnungsperiode, der in der Finanz- und Geschäftsbuchhaltung erfaßt und am Jahresende in der Gewinn- und Verlustrechnung ausgewiesen wird."[8])

Der größte Teil der Aufwendungen fällt im Zusammenhang mit der Erfüllung des Betriebszweckes an. Es handelt sich um **Zweckaufwand,** der von der Aufwandsrechnung unmittelbar als Grundkosten in die Kostenrechnung übernommen werden kann.

Keinen Kostencharakter haben die sogenannten **neutralen Aufwendungen.** Es handelt sich dabei um

- **betriebsfremde Aufwendungen,** d.h. Aufwendungen, die nicht den Betriebszweck betreffen,

- **außerordentliche Aufwendungen,** die zwar im Zusammenhang mit dem Betriebszweck entstehen, wegen ihrer außerordentlichen Höhe oder ihres Anfalls in schwankender Höhe die Aussagefähigkeit der Erfolgsrechnung beeinträchtigen, wenn sie in ihrer tatsächlichen Höhe erfaßt und berücksichtigt werden,

- **periodenfremde Aufwendungen,** die frühere Perioden betreffen und deswegen die Erfolgsrechnung der laufenden Periode nicht beeinträchtigen sollen.

Nach der bisherigen Betrachtung ist der Aufwand gegenüber den Kosten der umfassendere Begriff.

Diese Aussage wird relativiert, wenn man berücksichtigt, daß es Kosten gibt, die deswegen nicht gleichzeitig Aufwand darstellen, weil sie nicht von Ausgaben oder von Ausgaben in abweichender Höhe begleitet sind.

Diese **(kalkulatorischen) Kosten** dienen dazu, die in der Kostenrechnung anzusetzenden Werte zu normalisieren **(Anderskosten)** und Betriebe kostenrechnerisch vergleichbarer zu machen **(Zusatzkosten).** Ersteres betrifft abweichende Wertansätze für in der Finanzbuchführung verarbeitete Aufwendungen, z.B. Abschreibungen und/oder bestimmte außerordentliche Aufwendungen. Letzteres bezieht sich insbesondere auf kalkulatorische Eigenkapitalzinsen, kalkulatorische Eigenmiete und kalkulatorischen Unternehmerlohn, denen keine Aufwendungen gegenüberstehen.

Soweit im Krankenhaus entstehende Kosten durch Budget und Pflegesätze gedeckt werden, sind sie „aus der Buchführung nachprüfbar herzuleiten".[9])

---

8) Hummel, S., Männel, W.: Kostenrechnung 1, a.a.O., S.69
   Der Ausweis in der Gewinn- und Verlustrechnung bedeutet, daß Aufwendungen erfolgswirksame Ausgaben sind. Erfolgsneutrale Ausgaben schlagen sich in der Bilanz nieder.
9) § 8 Abs.1 Nr.2 KHBV

Grundlagen der Kosten- und Leistungsrechnung · II

Diese Formulierung macht deutlich, daß **Kosten im Sinne des Krankenhausfinanzierungsgesetzes** Zweckaufwand (= Grundkosten) bzw. pagatorische Kosten darstellen.[10] Diese Aussage schließt jedoch nicht aus, für Zwecke der Betriebssteuerung und Kontrolle auch von einem anderen (wertmäßigen) Kostenbegriff auszugehen.[11]

Die Abgrenzung zwischen den Begriffen Kosten und Aufwand wird in der nachfolgenden Abbildung 2 veranschaulicht:

Aufwand					
Neutraler Aufwand			Zweckaufwand		
Betriebsfremder Aufwand	Periodenfremder Aufwand	Außerordentlicher Aufwand			
			Grundkosten	Anderskosten	Zusatzkosten
				Kalkulatorische Kosten	
			Kosten		

(handschriftliche Notiz bei Grundkosten: "werden 1:1 aus FiBu übernommen")

Abb. 2: Abgrenzung von Kosten und Aufwand

Die in der **Erfolgsrechnung** der Finanzbuchführung dem Aufwand gegenüberstehende Größe ist der Ertrag. Die Abgrenzung zwischen Ertrag und wertmäßiger Leistung erfolgt in gleicher Weise wie die Abgrenzung zwischen Aufwand und Kosten.

---

10) Vgl. hierzu auch Hildebrand, R.: Kostenrechnung, in: Eichhorn, S. (Hrsg.): Handbuch Krankenhaus-Rechnungswesen, 2. Aufl., Wiesbaden 1988, S.376, Hübner, H.: Kostenrechnung im Krankenhaus, 2. Aufl., Stuttgart 1980, S.29. Obwohl die pagatorischen Kosten lt. Kosiol – vgl. Fußnote 3 – einen Spezialfall im Rahmen der Definition des allgemeinen Kostenbegriffes darstellen, ist die Unterscheidung in einen wertmäßigen und einen pagatorischen Kostenbegriff weit verbreitet. Zusatzkosten, die im Krankenhaus keine oder nur eine untergeordnete Rolle spielen, sind nur mit dem wertmäßigen, nicht jedoch mit dem pagatorischen Kostenbegriff vereinbar.

11) Darauf, daß das Ziel der Kostenrechnung nicht nur deren Form und Inhalt bestimmt, sondern auch den „Umfang" des Begriffes „Kosten", weist Thiemeyer hin. Vgl. Thiemeyer, Th.: Finanzierungsstrategische „Deformation" der Kostenrechnung von Krankenhäusern zum Zwecke der Bildung des Pflegesatzes, in: Gronemann, J., Keldenick, K. (Hrsg.): Krankenhausökonomie in Wissenschaft und Praxis, Festschrift für Siegfried Eichhorn, Kulmbach 1988, S.412

II · Grundlagen der Kosten- und Leistungsrechnung

2. Spezielle Kostenbegriffe

In Abschnitt 2.1 wurden Kosten allgemein als bewerteter, leistungsbezogener Güterverbrauch definiert.

Im Zusammenhang mit der Lösung kostentheoretischer und kostenrechnerischer Probleme bedarf es einer weitergehenden Systematisierung der Kosten im Hinblick auf unterschiedliche Kriterien. Diese Kriterien bestimmen die Strukturierung der Gesamtkosten und führen zu besonderen Kostenbegriffen.[12])

Nach der Zurechenbarkeit bzw. Zurechnung von Kosten auf Kalkulationsobjekte unterscheidet man **Einzelkosten und Gemeinkosten**.

Einzelkosten sind die Kosten, die ausschließlich für ein bestimmtes Kalkulationsobjekt anfallen und somit diesem direkt zurechenbar sind.

Als Kalkulationsobjekte gelten in erster Linie die am Markt abgesetzten Produkte oder Leistungen (Kostenträger), mit denen man primär den Begriff der Einzelkosten in Verbindung bringt. Daneben gibt es jedoch auch andere Kalkulationsobjekte. Im Zusammenhang mit der Wirtschaftlichkeitskontrolle sind dies insbesondere die Kostenstellen (Leistungsbereiche) des Krankenhauses. Insofern ist bei den Begriffen Einzelkosten und Gemeinkosten anzugeben, auf welches Kalkulationsobjekt sie sich beziehen. Entsprechend gibt es **Kostenträgereinzelkosten** und **Kostenstelleneinzelkosten**.

In Abgrenzung zum Begriff der Einzelkosten sind **Gemeinkosten** solche Kosten, die für mehrere Kalkulationsobjekte gemeinsam anfallen und daher nicht unmittelbar dem einzelnen Kalkulationsobjekt zugeordnet werden können.

Wie bei den Einzelkosten wird auch der Begriff der Gemeinkosten vor allem kostenträgerbezogen verwendet. Sind Kostenstellen die Kalkulationsobjekte, so ergibt sich der Begriff Kostenstellengemeinkosten als Gegenbegriff zu den Kostenstelleneinzelkosten.

Diese umfassendere Definition der Begriffe Einzel- und Gemeinkosten folgt neueren Ansätzen der Kosten- und Leistungsrechnung, insbesondere in Form der von Riebel entwickelten Rechnung mit Einzelkosten und Deckungsbeiträgen.[13])

Die auf Riebel zurückgehende Relativierung des Begriffes Einzelkosten bringt Hummel wie folgt zum Ausdruck: „Ganz allgemein, also ohne eine bestimmte Relativierung sind Einzelkosten solche Kosten, die man dem jeweils betrachteten Kalkulationsobjekt eindeutig zurechnen kann. Kosten, die sich einem

---

[12]) Zu den folgenden speziellen Kostenbegriffen vgl. insbesondere Hummel, S., Männel, W.: Kostenrechnung 1, a.a.O., S.96ff., Haberstock, L.: Kostenrechnung I, 8.Aufl., Hamburg 1987, S.74ff.

[13]) Vgl. Riebel, P.: Einzelkosten und Deckungsbeitragsrechnung, 7. überarb. Aufl., Wiesbaden 1994, S.36 ff.

Grundlagen der Kosten- und Leistungsrechnung · II

betrachteten Kalkulationsobjekt nicht eindeutig zurechnen lassen, sind innerhalb dieses Beziehungsverhältnisses Gemeinkosten. Zugleich sind sie allerdings Einzelkosten jener übergeordneten Gesamtheit von Kalkulationsobjekten, denen sie gemeinsam zurechenbar sind."[14])

Die begriffliche Differenzierung in Einzelkosten und Gemeinkosten führt zu der die Kostenrechnung dominierenden **Zurechnungsproblematik,** auf die unten noch im einzelnen eingegangen wird.[15])

Die Gliederung der Kosten nach ihrem Verhalten bei Veränderungen des Leistungsvolumens (Beschäftigung) führt zu den Begriffen **variable Kosten und fixe Kosten.**

In diesem Sinne sind **variable Kosten** abhängig vom Leistungsvolumen und die **fixen Kosten** unabhängig vom Leistungsvolumen, d.h. sie fallen zeitraumbezogen in bestimmter Höhe an.

Wegen der Schwierigkeiten bei der exakten Abgrenzung fixer und variabler Kosten wird statt dessen auch zwischen Leistungskosten und Bereitschaftskosten unterschieden.[16])

So wie die Begriffe Einzel- und Gemeinkosten zunächst kostenträgerorientiert definiert wurden und dann eine Erweiterung auf Kalkulationsobjekte generell erfahren haben, verhält es sich auch mit den variablen und fixen Kosten, deren enge Definition sich auf das Verhalten bei Leistungsänderungen (Beschäftigungsänderungen) als der kurzfristig wichtigsten Kosteneinflußgröße bezieht.

Da es neben der Leistungsmenge auch noch andere Kosteneinflußgrößen gibt,[17]) lassen sich die Begriffe variable Kosten und fixe Kosten weiter fassen, indem man die angesprochene Kosteneinflußgröße ausdrücklich angibt. Ohne gesonderte Angabe einer Kosteneinflußgröße versteht man unter variablen und fixen Kosten beschäftigungsvariable und beschäftigungsfixe Kosten.

Beschäftigungsfixe Kosten (Bereitschaftskosten, Kosten der Betriebsbereitschaft) sind zwar leistungsunabhängig, werden aber von der vorgehaltenen Kapazität und vom Ausmaß der angestrebten Betriebsbereitschaft eines Krankenhauses bestimmt.

Da die **fixen Kosten** von der Entscheidung über das Ausmaß der Betriebsbereitschaft bestimmt werden, ist ihre Höhe nur kurzfristig fix. Mittel- und langfristig lassen sich Bereitschaftskosten sehr wohl ändern, wenn man Kapazität und/oder Betriebsbereitschaft[18]) veränderten Verhältnissen anpaßt. Diese An-

---

14) Hummel, S., Männel, W.: Kostenrechnung 1, a.a.O., S.99
15) Vgl. Abschnitt II.4
16) Vgl. Hummel, S., Männel, W.: Kostenrechnung 2, Moderne Verfahren und Systeme, 3.Aufl., Wiesbaden 1983, S.51
17) Vgl. Abschnitt II.5.2
18) Die Abgrenzung zwischen Kapazität und Betriebsbereitschaft wird so vorgenommen, daß Kapazität die maximal mögliche „Betriebsbereitschaft" bezeichnet.

II · Grundlagen der Kosten- und Leistungsrechnung

passung ist wegen der beschränkten Teilbarkeit von Produktionsfaktoren in der Regel nicht kontinuierlich, sondern nur sprunghaft in bestimmten Intervallen und nur zu bestimmten Terminen möglich. Der Anpassungsprozeß vollzieht sich in „Sprüngen". Hieraus ergibt sich die Differenzierung in **absolut fixe Kosten und sprungfixe Kosten**.

Welcher Kostenkategorie sich eine bestimmte Kostenart zuordnen läßt, kann nicht allgemein verbindlich festgelegt werden.[19]) Insbesondere bezogen auf einzelne Leistungsbereiche eines Betriebes werden verschiedene Kostenarten sowohl fixe als auch variable Bestandteile aufweisen.

Das Begriffspaar variable Kosten und fixe Kosten hat besondere Bedeutung für die Produktions- und Kostenplanung.

Ein weiterer wichtiger spezieller Kostenbegriff ist der Begriff **Grenzkosten**. Sie geben an, um wieviel die Gesamtkosten zunehmen, wenn von einer bestimmten Produktmenge an die Ausbringung um einen sehr kleinen Betrag vermehrt wird.[20])

Diese Definition des Begriffes Grenzkosten ist abstrakter Natur. In der praktischen Handhabung werden Grenzkosten häufig gleichgesetzt mit Differenzkosten, d.h., einer zusätzlich erzeugten Leistungsmenge werden die dadurch verursachten zusätzlichen Kosten gegenübergestellt.

Berücksichtigt man, daß einer Veränderung der Leistungsmenge eine Entscheidung zugrunde liegt, so erhält man den Übergang zu einem weiteren Kostenbegriff, nämlich zum Begriff entscheidungsrelevanter Kosten (kurz: **Relevante Kosten**).

Die **relevanten Kosten** definiert Hummel wie folgt: „Als relevant sind Kosten zu bezeichnen, die von einer Entscheidung über eine bestimmte Aktion (Handlungsmöglichkeit, Maßnahme) zusätzlich ausgelöst werden und die demzufolge auch bei der kostenmäßigen Beurteilung dieser Disposition zu berücksichtigen sind. Im Gegensatz dazu werden solche Wertverzehre, die von der Entscheidung über eine Handlungsalternative unabhängig sind und deshalb in der Entscheidungsrechnung auch nicht berücksichtigt werden dürfen, als irrelevante Kosten bezeichnet."[21])

Mit dieser Definition ist die Beziehung zu Riebels entscheidungsorientiertem Kostenbegriff und dem Problem der Kostenzurechnung hergestellt.[22])

---

19) Der unklare Inhalt des Begriffes „kurzfristig" führt immer wieder zu Problemen, wenn es um konkrete Aussagen geht, welche Kosten im einzelnen als fix zu betrachten sind.
Das Problem läßt sich dadurch lösen, daß man die Fristigkeit konkret angibt. Hummel/Männel unterscheiden in diesem Sinne Bereitschaftskosten verschiedener Bindungsintervalle. Vgl. Hummel, S., Männel, W.: Kostenrechnung 2, a.a.O., S.64f.
20) Vgl. Gutenberg, E.: Grundlagen der Betriebswirtschaftslehre, 1.Bd.: Die Produktion, 22. Aufl., Berlin 1976, S.342f.
21) Hummel, S., Männel, W.: Kostenrechnung 1, a.a.O., S.116
22) Vgl. Hummel, S.: Entscheidungsorientierter Kostenbegriff, Identitätsprinzip und Kostenzurechnung in: ZfB, 53.Jg. (1983), S.1204f.

Grundlagen der Kosten- und Leistungsrechnung · II

Differenziert man die Kosten in bezug auf die Zeit, so lassen sich **Istkosten, Normalkosten und Plankosten** unterscheiden.[23])

Istkosten sind die in einer Periode tatsächlich angefallenen Kosten.

Normalkosten werden aus den Istkosten vergangener Perioden abgeleitet, indem man ihre Mengen- und Preiskomponente normalisiert (Durchschnittsbildung).

„**Plankosten** sind die im voraus für eine geplante Beschäftigung methodisch ermittelten, bei ordnungsmäßigem Betriebsablauf und unter gegebenen Produktionsverhältnissen als erreichbar betrachteten Kosten, die dadurch Norm- und Vorgabecharakter besitzen."[24])

Von den Plankosten sind begrifflich die Sollkosten sowie die Budget- oder Vorgabekosten abzugrenzen.

Sollkosten ergeben sich durch Umrechnung der für die Planbeschäftigung ermittelten Plankosten auf die Istbeschäftigung.[25])

Budget- oder **Vorgabekosten** beziehen sich auf eine bestimmte Kostenstelle, insbesondere auf solche Kostenstellen, für die keine leistungsbezogenen Plankosten ermittelt werden bzw. ermittelt werden können.

3. Teilgebiete der Kosten- und Leistungsrechnung

Die Teilgebiete bzw. Stufen der Kosten- und Leistungsrechnung ergeben sich aus den Antworten auf drei Fragen hinsichtlich der Kostenentstehung:[26])

Welche?	Kostenartenrechnung
Wo?	Kostenstellenrechnung
Wofür?	Kostenträgerrechnung

Die **Kostenartenrechnung** erfaßt alle im Laufe einer Periode angefallenen bzw. anfallenden Kosten.

In der **Kostenstellenrechnung** werden die einzelnen Kostenarten den Leistungsbereichen (Kostenstellen) zugeordnet, in denen sie entstehen.

Kostenarten- und Kostenstellenrechnung werden häufig unter dem Oberbegriff Betriebsabrechnung zusammengefaßt.

In der **Kostenträgerrechnung** als letzter Stufe der Kostenrechnung werden die anfallenden Kosten auf die Kostenträger verteilt, nachdem sie in der Kostenartenrechnung erfaßt und in der Kostenstellenrechnung auf die Endkostenstellen weiterverrechnet worden sind. Die Kostenträgerrechnung zeigt, wofür die Kosten in den verschiedenen Kostenstellen entstanden sind.

---

23) Vgl. Haberstock, L.: Kostenrechnung I, a.a.O., S.63–65, Hummel, S., Männel, W.: Kostenrechnung 1, a.a.O., S.112ff.
24) Hummel, S., Männel, W.: Kostenrechnung 1, a.a.O., S.114
25) Vgl. Abschnitt IV.3.2.2
26) Vgl. Schmalenbach, E.: a.a.O., S.14, Haberstock, L.: Kostenrechnung 1, a.a.O., S.19

II · Grundlagen der Kosten- und Leistungsrechnung

Die Kostenträgerrechnung kann eine Zeitrechnung sein, bei der die in einer Rechnungsperiode angefallenen Kostenträgerkosten den Leistungswerten (Erlösen) der Kostenträger gegenübergestellt werden oder eine Stückrechnung (Kalkulation im engeren Sinne), bei der die Kosten je Leistungseinheit ermittelt werden.

Die Kostenermittlung in den Stufen Kostenarten, Kostenstellen und Kostenträgerrechnung erfolgt rechnungstechnisch in den Phasen Kostenerfassung und Kostenverteilung. Diesen Zusammenhang macht Abbildung 3 deutlich:[27])

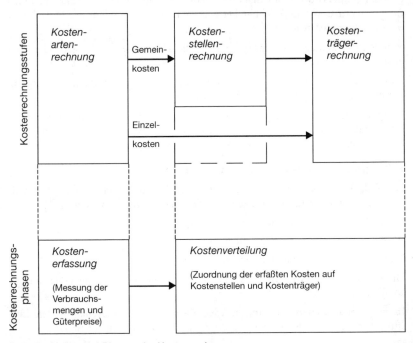

Abb. 3: Stufen und Phasen der Kostenrechnung

Diese Darstellung der Kostenerfassung und Kostenverteilung in den Kostenrechnungsstufen Kostenartenrechnung, Kostenstellenrechnung und Kostenträgerrechnung sieht die in Industrie und Handel übliche Zurechnung von Kostenträgereinzelkosten vor. Im Krankenhaus werden alle Kosten über die Kostenstellenrechnung geleitet. Das ergibt sich aus den Bestimmungen des § 8 KHBV und der Bedeutung der kostenstellenbezogenen Kostenkontrolle im Krankenhaus.

---

27) entnommen aus: Schweitzer, M., Küpper, H.-U.: Systeme der Kostenrechnung, 6.Aufl., Landsberg/Lech 1995, S.39

4. Prinzipien der Kostenzuordnung und Kostenverteilung

Eine elementare Frage der Kostenrechnung ist, welche Kosten einem Kalkulationsobjekt zugeordnet werden sollen bzw. dürfen, sei es einer Kostenstelle oder einem Kostenträger.

Als Grundprinzip der Kostenzuordnung wird allgemein das **Verursachungsprinzip** genannt, demzufolge einem Kalkulationsobjekt nur die Kosten zugeordnet werden dürfen, die es verursacht hat. Eine Erklärung des Verursachungsprinzips durch das Wort „verursachen", ist weder in der Theorie noch in der Praxis hilfreich. Hummel spricht in diesem Zusammenhang von einer „pseudonormativen Leerformel".[28])

Gesucht sind also klare Regeln, die auf einen nachweisbaren Zusammenhang zwischen Leistungserbringung und Kostenentstehung abstellen, und die auf nicht beweisbare Annahmen verzichten und so sicherstellen, daß die Kostenrechnung die betrieblichen Realitäten unverfälscht abbildet.

In diesem Zusammenhang sind zunächst zwei Interpretationen bzw. Konkretisierungen des Verursachungsprinzips zu nennen: das Kausalprinzip und das Finalprinzip.

Das **Kausalprinzip** als Prinzip von Ursache und Wirkung wird in der Weise interpretiert, daß Kosten durch Leistungen verursacht werden. Diese Interpretation ist deswegen falsch bzw. unzulässig, weil die Ursache (Kostenentstehung) der Wirkung (Leistungserstellung) zeitlich vorausgeht. Insofern stellen die Kosten die Ursache und die Leistungen die Wirkung bei der kausalen Interpretation des Verursachungsprinzips dar.[29])

Eine **Finalbeziehung** (Mittel-Zweck-Beziehung) zwischen zwei Größen ist dann gegeben, wenn die eine Größe um der anderen willen bewußt in Kauf genommen wird. Übertragen auf die Probleme der Kostenrechnung bzw. auf die Beziehung zwischen Kosten und Leistungen, bedeutet das, daß einer Leistung die Kosten zugerechnet werden können bzw. müssen, die um dieser Leistung willen bewußt in Kauf genommen werden.[30])

Während einige Autoren im Finalprinzip ein einheitliches Prinzip für die Kostenermittlung und die Kostenzurechnung sehen, stellt es für andere eine unzureichende Erklärung bzw. Interpretation des Verursachungsprinzips dar. Dies vor allem deswegen, weil Kosten bereits entstehen, wenn die Entscheidung über die Erstellung von Leistungen getroffen wird und nicht erst mit Aufnahme

---

28) Vgl. Hummel, S., Männel, W.: Kostenrechnung 1, a.a.O., S.54
29) Vgl. Ehrt, R.: Die Zurechenbarkeit von Kosten- und Leistungen auf der Grundlage kausaler und finaler Beziehungen, Stuttgart 1967, S.26
30) Vgl. Ehrt, R.: a.a.O., S.30 und 31
Die finale Interpretation des Verursachungsprinzips bezeichnet Kosiol als Kosteneinwirkungsprinzip. Vgl. Kosiol, E.: Kosten- und Leistungsrechnung, a.a.O., S.21
Gebräuchlich für die finale Interpretation des Verursachungsprinzips ist auch der Begriff Veranlassungsprinzip. Vgl. Hummel, S., Männel, W.: Kostenrechnung 1, a.a.O.,S.56

II · Grundlagen der Kosten- und Leistungsrechnung

der Leistungserstellung selbst. Dieser Gedanke ist die Grundlage des von Riebel formulierten **Identitätsprinzips**, das er aus seinem **entscheidungsorientierten Kostenbegriff** ableitet. Für ihn sind Entscheidungen die eigentlichen Kalkulationsobjekte. Kosten sind deswegen die mit der Entscheidung über das betrachtete Objekt ausgelösten Ausgaben.[31])

Ursache für die Entstehung von Kosten und Leistungen ist demnach „... jene Entscheidung, die sowohl den Güterverbrauch als auch die Leistungsentstehung auslöst. Kosten und Leistungen sind gekoppelte Wirkungen derselben (identischen) Entscheidung. Die Verklammerung von Kosten und Leistungen über einen nachweisbaren gemeinsamen dispositiven Ursprung liefert die Begründung für die Kostenzurechnung."[32])

Ausgehend von einem bestehenden Betrieb werden durch Entscheidungen Änderungen der Kosten ausgelöst. Das Abstellen auf Kostenänderungen basiert auf einem alten Denkansatz der Wirtschaftswissenschaften, der Marginalanalyse, und erhält als Marginalprinzip für die Kosten- und Leistungsrechnung erhebliche Bedeutung. Es verlangt, „... einem Kalkulationsobjekt stets genau jene Kosten und Erlöse zuzurechnen, die durch die Existenz dieses Kalkulationsobjektes zusätzlich ausgelöst werden (wurden) und die bei Nichtexistenz dieses Kalkulationsobjektes überhaupt nicht angefallen wären, also vollständig vermieden worden bzw. entgangen wären."[33])

Da die Betrachtung zusätzlicher Kosten und zusätzlicher Erlöse auf relevante Größen abstellt, wird in diesem Zusammenhang auch vom **Relevanzprinzip** gesprochen.[34])

Auf die enge Beziehung zwischen Identitätsprinzip und Marginalprinzip weist Hummel hin: Während das Identitätsprinzip zum Ausdruck bringt, daß Kosten und Erlöse die gekoppelte Wirkung einer identischen Entscheidung sind, erklärt das Marginalprinzips wie das Umsetzen von Entscheidungen in Aktivitäten zusätzliche Kosten und Erlöse auslöst.[35])

Auch dem Identitätsprinzip als schlüssige Interpretation des Verursachungsprinzips sind bei der Kostenzurechnung auf Kalkulationsobjekte Grenzen gesetzt, d.h., die Zurechnungsmöglichkeit ist abhängig von der Definition des Kalkulationsobjektes.

Dieser Sachverhalt führt zum Aufbau von **Bezugsgrößenhierarchien**.[36]) Damit wird erreicht, daß jede Kostenart an irgendeiner Stelle des Betriebes als Einzelkosten erfaßt werden kann. Gleiches gilt hinsichtlich der Kostenträger (einzelne Leistung, Leistungsart, Leistungsgruppe, gesamtes Leistungsprogramm).

---

31) Vgl. Riebel, P.: Einzelkosten und Deckungsbeitragsrechnung, a.a.O., S.76
32) Hummel, S., Männel, W.: Kostenrechnung 1, a.a.O., S.56
33) Vgl. ebenda, a.a.O., S.57
34) Vgl. ebenda, a.a.O., S.57
35) Vgl. ebenda, S.56ff.
36) Vgl. Riebel, P.: Einzelkosten und Deckungsbeitragsrechnung, a.a.O., S.37

Grundlagen der Kosten- und Leistungsrechnung · II

Der Hinweis auf die Bezugsgrößenhierarchien macht deutlich, daß mit dem Verursachungsprinzip eine Verrechnung aller Kosten auf die einzelnen Leistungen nicht möglich ist. Will man also eine derartige vollständige Kostenverrechnung erreichen, so ist das Verursachungsprinzip durch andere Prinzipien der Kostenzuordnung bzw. Kostenverrechnung zu ergänzen. Diese Kostenanlastungsprinzipien[37]) sind das Durchschnittsprinzip, insbesondere in Form des Leistungsentsprechungsprinzips, und das Kostentragfähigkeitsprinzip.

Beide Verfahren dienen dazu, Gemeinkosten, insbesondere fixe Gemeinkosten, auf Kalkulationsobjekte zu verteilen, für die sie nach dem Verursachungsprinzip nicht erfaßbar sind.

Das **Durchschnittsprinzip** in seiner allgemeinen Form gibt nicht Antwort auf die Frage, welche Kosten durch ein Kalkulationsobjekt verursacht wurden, sondern läßt nur eine Aussage darüber zu, welche Kosten im Durchschnitt auf ein Kalkulationsobjekt entfallen.

In reiner Form findet das Durchschnittsprinzip Anwendung bei der Divisionskalkulation im Einproduktbetrieb, wo die Stückkosten in der Weise ermittelt werden, daß man die Gesamtkosten durch die Anzahl der Leistungseinheiten dividiert.[38])

Ist das Kostenanlastungsproblem komplizierterer Natur (z.B. im Mehrproduktbetrieb oder bei der Verrechnung innerbetrieblicher Leistungen), so tritt an die rechnerische Beziehung zwischen Kosten- und Leistungen die Beziehung zwischen Kosten und Bezugsgrößen, die ihrerseits in einer Proportionalbeziehung zu den Leistungen steht.

Entscheidend für das Durchschnittsprinzip ist also, daß zwischen Kosten- und Leistungen direkt oder indirekt eine rechnerische Beziehung hergestellt wird, ohne Rücksicht darauf, ob eine Kostenzuordnung im Sinne des Verursachungsprinzips tatsächlich möglich ist.

Nach dem **Kostentragfähigkeitsprinzip** werden die nicht verursachungsgemäß zurechenbaren Kosten im Verhältnis der Marktpreise oder Deckungsbeiträge (= Marktpreise – direkt zurechenbare Kosten) auf die Kalkulationsobjekte verrechnet.[39])

Beide Kostenanlastungsprinzipien, sowohl das Durchschnittsprinzip als auch das Kostentragfähigkeitsprinzip, ermöglichen mit unterschiedlichem Grundgedanken und dementsprechend meist unterschiedlichen Ergebnissen die Verrechnung von nach dem Verursachungsprinzip nicht verrechenbaren Kosten.

---

37) Vgl. Hummel, S., Männel, W.: Kostenrechnung 1, a.a.O., S.58
38) Rein rechentechnisch wird dieses Prinzip auch bei der Ermittlung der Pflegesätze im Krankenhaus angewandt. Wie jedoch noch zu zeigen sein wird, liegt im Krankenhaus keine Kalkulation i.e.S. vor, da nicht die Kosten für eine einheitliche Leistung ermittelt werden, sondern für den Pflegebzw. Berechnungstag, hinter dem im Einzelfall sehr unterschiedliche Leistungsbündel stehen.
39) Vgl. Kilger, W.: Flexible Plankostenrechnung und Deckungsbeitragsrechnung, (10. Aufl., Wiesbaden 1993, S.694

II · Grundlagen der Kosten- und Leistungsrechnung

5. Systeme der Kostenrechnung

5.1 Überblick

Die Kosten- und Leistungsrechnung bildet den mengen- und wertmäßigen Güterverbrauch und die Leistungsentstehung ab, um Informationen zur Betriebssteuerung und Wirtschaftlichkeitskontrolle sowie für die Preisbildung zur Verfügung zu stellen.

Ausgehend von dieser Aufgabe sind Festlegungen zu treffen, die zu spezifischen Ausgestaltungsformen der Kosten- und Leistungsrechnung, den Kostenrechnungssystemen, führen.

Die Charakterisierung der spezifischen Ausgestaltungsform einer Kosten- und Leistungsrechnung orientiert sich an zwei Einteilungskriterien.

Nach dem zeitlichen Bezug der verrechneten Kosten (vergangenheitsbezogene oder zukunftsorientierte Kosten) unterscheidet man:

- Istkostenrechnungssysteme,
- Normalkostenrechnungssysteme,
- Plankostenrechnungssysteme.

Die Differenzierung nach dem Sachumfang der auf die Kalkulationsobjekte verrechneten Kosten (Verrechnung aller Kosten oder Verrechnung nur eines Teils der Kosten) führt zu der Differenzierung in:

- Vollkostenrechnungssysteme,
- Teilkostenrechnungssysteme.

Werden alle Kosten eines Betriebes auf die Kalkulationsobjekte, insbesondere die Leistungen, weiter verrechnet, so liegt eine Vollkostenrechnung vor.

Teilkostenrechnungen beschränken sich bei der Verrechnung von Kosten auf Kalkulationsobjekte auf die Kosten, die sich nach dem Verursachungsprinzip zurechnen lassen. Das bedeutet im Umkehrschluß, daß bei einer Vollkostenrechnung die Kostenverrechnung auch nach dem Durchschnitts- bzw. Kostentragfähigkeitsprinzip erfolgt.[40])

Zur abschließenden Charakterisierung eines Kostenrechnungssystems ist eine Kombination der Kriterien Zeitbezug und Sachumfang der verrechneten Kosten erforderlich, die zu folgender Einteilung der Kostenrechnungssysteme führt (Abbildung 4):

---

40) Vgl. Haberstock, L.: Kostenrechnung I, a.a.O., S.70 und Abschnitt III.3

Grundlagen der Kosten- und Leistungsrechnung · II

Sachumfang der verrechneten Kosten \ Zeitbezug der verrechneten Kosten	Istkostenrechnung	Normalkostenrechnung	Plankostenrechnung
Vollkostenrechnung	Istkostenrechnung auf Vollkostenbasis	Normalkostenrechnung auf Vollkostenbasis	Plankostenrechnung auf Vollkostenbasis
Teilkostenrechnung	Istkostenrechnung auf Teilkostenbasis	Normalkostenrechnung auf Teilkostenbasis	Plankostenrechnung auf Teilkostenbasis

Abb. 4: Kostenrechnungssysteme

5.2 Ist-, Normal- und Plankostenrechnung

5.2.1 Istkostenrechnung

In der Istkostenrechnung werden die tatsächlich angefallenen Kosten verrechnet, d.h., es werden die effektiven Istmengen mit den Istpreisen der Periode multipliziert. Zufallserscheinungen in Form von Preis-, Mengen- und/oder Beschäftigungsgradschwankungen werden nicht eliminiert, so daß die Vergleichbarkeit des Zahlenmaterials der einzelnen Abrechnungsperioden nur bedingt möglich ist. Eine wirksame Wirtschaftlichkeitskontrolle ist mit einer Istkostenrechnung nicht möglich. Infolge der vergangenheitsbezogenen Zahlen ist dieses Kostenrechnungssystem auch zu Dispositionszwecken ungeeignet.

Die Istkostenrechnung wird am Ende einer Rechnungsperiode erstellt und dient als Ergebnisrechnung dem Ausweis des tatsächlichen Erfolges sowie als Nachkalkulation der nachträglichen Ermittlung der Selbstkosten der einzelnen Krankenhausleistungen. Hauptzweck der Istkostenrechnung ist die Feststellung der **effektiven Kosten einer Kostenstelle oder eines Kostenträgers**. Für eine Kostenplanung ist sie aufgrund des Ist-Charakters ihrer Zahlenwerte ungeeignet. Eine Kostenplanung ist im Krankenhaus aber notwendig, um Budget und Pflegesätze für die geplanten Leistungen bestimmen zu können.

5.2.2 Normalkostenrechnung

Der Normalkostenrechnung liegen Durchschnittswerte der Vergangenheit zugrunde. Dabei kann die Durchschnittsbildung (Normalisierung) für die Preise und/oder die Mengen erfolgen und die inzwischen eingetretenen oder prognostizierten Veränderungen der Kosteneinflußfaktoren (z.B. Lohn- und Gehaltserhöhungen) berücksichtigen. In diesem Zusammenhang spricht man von **aktualisierten Mittelwerten** im Gegensatz zu **statischen Mittelwerten**[41]).

---

41) Vgl. Kilger, W.: Flexible Plankostenrechnung und Deckungsbeitragsrechnung, 10. Aufl., Wiesbaden 1993, S.24f.

II · Grundlagen der Kosten- und Leistungsrechnung

Die Kostennormalisierung erleichtert und beschleunigt die Abrechnungsarbeit und schaltet die Zufallsschwankungen der Kosteneinflußfaktoren aus. Die Normalkostenrechnung bietet Ansatzpunkte für eine Wirtschaftlichkeitskontrolle, indem die Abweichungen zwischen Normal- und Istkosten analysiert werden.

Die Normalkostenrechnung kann als **starre** und **flexible Rechnung** durchgeführt werden.

Die **starre Normalkostenrechnung** weist die Kosten für eine (geplante) Beschäftigung aus und trennt die geplanten Kosten nicht in fixe und variable Kosten.

Werden die Einflüsse von Beschäftigungsschwankungen auf die Kostenhöhe berücksichtigt, so spricht man von einer **flexiblen Normalkostenrechnung.** Die flexible Normalkostenrechnung ermöglicht eine verfeinerte Kostenkontrolle.

5.2.3 Plankostenrechnung

Bei der Plankostenrechnung werden Kostenvorgaben auf der Basis von zukunftsorientierten Planzahlen vorgenommen, die das künftige wirtschaftliche Geschehen widerspiegeln. Hierbei werden im voraus die Verbrauchsmengen und die Preise aller Kostengüter geplant und daraus die Plankosten abgeleitet. Die Plankosten werden also für eine zukünftige Abrechnungsperiode in einer Vorrechnung erfaßt.

Plankosten geben an, mit welchen Kostenbeträgen die Krankenhausleistungen erbracht werden können und sind damit auch ein Instrument der betrieblichen Planung. Sie werden aufgrund von Erfahrungen oder analytisch und damit unter Beachtung der Kosteneinflußgrößen[42]) gewonnen.

Nach Ablauf dieser Abrechnungsperiode werden die geplanten Kosten den Istkosten gegenübergestellt, und es werden in einer Nachrechnung die **Abweichungen zwischen Plan- und Istkosten** ermittelt und die **Wirtschaftlichkeit** kontrolliert. Aus der Analyse der Abweichungen werden Erkenntnisse für die Steuerung und Rationalisierung des Krankenhausprozesses gewonnen. Somit ist die Plankostenrechnung ein wichtiges **Führungsinstrument,** das auch der Überwachung der krankenhausbetrieblichen Zielerreichung dient. Für Dispositions- und Kontrollaufgaben ist der Ausbau der Istkostenrechnung zu einer Plankostenrechnung erforderlich, die außer den Plankosten auch die **Planleistungen** umfaßt.

Als Hauptformen können die **starre** und die **flexible Plankostenrechnung** unterschieden werden.

Bei der **starren Plankostenrechnung** werden die Plankosten für eine bestimmte Planbeschäftigung der Abrechnungsperiode konstant (starr) gehalten,

---

42) Zu den Kosteneinflußgrößen vgl. Abschnitt IV.2.1.2.

unabhängig davon, ob sich wesentliche Plandaten ändern (z.b. Bettenauslastung, Anzahl der diagnostischen und therapeutischen Leistungen). Die Plankosten können somit erheblich von den Istkosten abweichen. Dadurch wird die Aussagefähigkeit beeinträchtigt.

Wenn eine Abhängigkeit der Kosten von der Beschäftigung kaum gegeben ist oder nicht gemessen werden kann, hat eine starre Kostenplanung als Planungs- und Kontrollinstrument ebenfalls eine Steuerungsfunktion. Diese starre Kostenplanung, die sich dann auf die Kostenstelle bezieht, vollzieht sich in der **Budgetkostenrechnung**.

Bei der **flexiblen Plankostenrechnung** (Abbildung 5) werden sich ändernde Beschäftigungsgrade berücksichtigt. Die Plankosten, die für die jeweilige Istbeschäftigung bestimmt werden, werden als **Sollkosten** bezeichnet, die Vorgabecharakter haben.

Zur Bestimmung der Sollkosten ist ein **Trennung der Kosten in fixe und variable Bestandteile** notwendig, wobei die fixen Kosten in voller Höhe in die Sollkosten eingehen, während die variablen Kosten nur mit dem Anteil berücksichtigt werden, der durch die Istbeschäftigung verursacht wird.

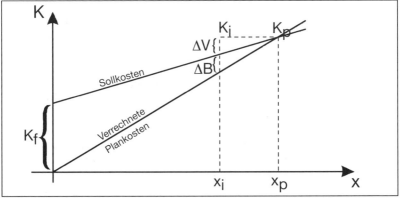

ΔB = Beschäftigungsabweichung ΔV = Verbrauchsabweichung
K_p = Summe der Plankosten K_i = Summe der Istkosten
x_p = Planbeschäftigung x_i = Istbeschäftigung
K_f = geplante Periodenfixkosten der Kostenstelle

Abb. 5: Soll- und Plankostenkurven auf der Basis von Vollkosten in einer flexiblen Plankostenrechnung

Durch den Vergleich von Istkosten und Sollkosten, dem **Soll-Ist-Vergleich**, ist eine wirksame Kostenkontrolle nach Kostenstellen und Kostenarten möglich.

Dabei werden die Kostenabweichungen in **Preisabweichungen, Verbrauchsabweichungen und Beschäftigungsabweichungen** aufgespalten.[43])

---
43) Vgl. Abschnitt IV.3

II · Grundlagen der Kosten- und Leistungsrechnung

Eine sehr wichtige Zielsetzung der flexiblen Plankostenrechnung ist die **Intensivierung der Wirtschaftlichkeitskontrolle**.

5.3 Vollkostenrechnung und Teilkostenrechnung

Unabhängig davon, ob in einer Kostenrechnung Ist-, Normal- oder Plankosten verrechnet werden, können entweder alle anfallenden Kosten oder nur ein Teil der Kosten auf Kalkulationsobjekte, insbesondere Kostenträger, verrechnet werden. Danach unterscheidet man Vollkostenrechnungen und Teilkostenrechnungen.

Die Differenzierung in Voll- und Teilkostenrechnung bedeutet bei einer **zeitraumbezogenen Erfolgsrechnung**, daß den „Vollkosten" sämtliche Erlöse gegenübergestellt werden und als Differenz ein Nettoergebnis ausgewiesen wird (Nettoergebnisrechnung).

Die Gegenüberstellung von Erlösen und Teilkosten führt demgegenüber zu einem Bruttoergebnis, das um die nicht verrechneten Kosten zu vermindern ist, um ein Nettoergebnis zu erhalten.

Der Haupteinwand gegen die Vollkostenrechnung besteht darin, daß sie Kosten auf Kostenträger verrechnet, die nach dem Verursachungsprinzip nicht zurechenbar sind. Das bedeutet, daß bei der Kostenverrechnung das Verursachungsprinzip durch das Durchschnittsprinzip bzw. das Kostentragfähigkeitsprinzip zu ergänzen ist.

Eine auf diese Weise vorgenommene Verrechnung von fixen Kosten, insbesondere fixen Gemeinkosten, kann zu falschen unternehmerischen Entscheidungen führen, da sich die Kostenbetrachtung nicht auf relevante Kosten beschränkt.

Ausgehend von der Kritik an der Vollkosten- bzw. Nettoergebnisrechnung, haben sich Teilkostenrechnungen bzw. Bruttoergebnisrechnungen im wesentlichen in zwei Formen entwickelt: als Grenzkostenrechnung sowie als Einzelkosten- und Deckungsbeitragsrechnung.

Die **Grenzkostenrechnung,** ausgehend vom amerikanischen Sprachgebrauch auch als direct costing bezeichnet, trennt die Gesamtkosten in beschäftigungsfixe und beschäftigungsvariable Kosten. Nur die variablen Kosten, im System des direct costing als proportionale Kosten interpretiert, werden den einzelnen Leistungen zugerechnet, die fixen Kosten bleiben als Kostenblock unverteilt.

Bei der Verbindung von Grenzkostenrechnung und Plankostenrechnung spricht man von **Grenzplankostenrechnung.** Wie in Abbildung 6 gezeigt wird, stimmen in der Grenzplankostenrechnung die proportionalen Sollkosten mit den verrechneten Plankosten überein, so daß die Beschäftigungsabweichung, die in der Plankostenrechnung auf Vollkostenbasis auftritt, entfällt.

Grundlagen der Kosten- und Leistungsrechnung · II

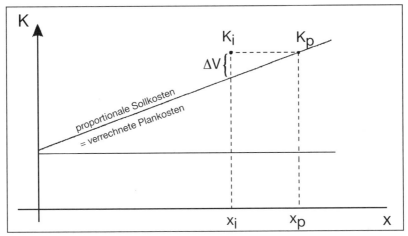

Abb. 6: Soll- und Plankostenkurven auf Teilkostenbasis (Grenzplankostenrechnung)

Das Hauptproblem der Grenzkostenrechnung ist die sachgerechte Aufspaltung der Kosten in fixe und variable Kostenelemente.[44])

Die **Einzelkosten- und Deckungsbeitragsrechnung** beschränkt sich auf das Verrechnen von Einzelkosten. Durch das Bilden von Bezugsgrößenhierarchien wird es möglich, den Anteil der als Einzelkosten verrechneten Kosten sukzessive zu erhöhen und alle Kosten an irgendeiner Stelle als Einzelkosten zu verrechnen.[45])

Beim Vergleich von Vollkostenrechnungen und Teilkostenrechnungen ist auf eines noch deutlich hinzuweisen: Ebensowenig wie eine Plankostenrechnung ohne Istkosten möglich ist, verzichtet eine Teilkostenrechnung auf die Erfassung eines Teils der Kosten. Verzichtet wird lediglich auf eine Zuordnung der Kosten auf Kalkulationsobjekte, die diesen nicht verursachungsgerecht zurechenbar sind. Die übrigen Kosten bleiben wie im Falle der Grenzkostenrechnungen als „Block" stehen oder werden stufenweise, wie bei der Einzelkosten- und Deckungsbeitragsrechnung, verrechnet.

Die Auswahl des für einen bestimmten Betrieb optimalen Kostenrechnungssystems orientiert sich am Rechnungszweck und den technisch-organisatorischen Betriebsgegebenheiten sowie den rechtlichen Rahmenbedingungen.[46])

---

44) Hierzu und zu weiteren Kritikpunkten vgl. Hummel, S., Männel, W.: Kostenrechnung 2, 4. Aufl., Wiesbaden 1986, S.42ff.
45) Zur Einzelkosten- und Deckungsbeitragsrechnung vgl. insbesondere Riebel, P.: Einzelkosten- und Deckungsbeitragsrechnung, a.a.O., S.35ff. und Hummel, S., Männel, W.: Kostenrechnung 2, a.a.O., S.49ff.
46) Vgl. Hummel, S., Männel, W.: Kostenrechnung 1, a.a.O., S.45

II · Grundlagen der Kosten- und Leistungsrechnung

Soweit die Kosten- und Leistungsrechnung mehrere Rechnungszwecke zu erfüllen hat, bedeutet das auch die Verwendung mehrerer bzw. kombinierter Kostenrechnungssysteme sowie die Verwendung unterschiedlicher Wertansätze für die eingesetzten Produktionsfaktoren.[47] Dies gilt auch für die in Krankenhäusern anzuwendenden Kostenrechnungssysteme.

Da im Krankenhaus alle Kosten über die Kostenstellenrechnung geleitet werden, eine direkte Zuordnung von Kosten auf Kostenträger unter Umgehung der Kostenstellenrechnung also nicht vorgesehen ist, verzichtet die Teilkostenrechnung im Krankenhaus auf eine Verrechnung von Kosten innerhalb des Kostenstellensystems (vgl. Abschnitt IV.2.2.4). Das bedeutet
- Kostenträgerrechnung,
- Wirtschaftlichkeitskontrolle und
- Steuerung des betrieblichen Geschehens

erfolgen bei einer Teilkostenrechnung auf Basis der Kostenstelleneinzelkosten.

Für Zwecke der Preisbildung (Erstellen des Kosten- und Leistungsnachweises) ist im Krankenhaus eine Plankostenrechnung auf Vollkostenbasis unverzichtbar, da die Vergütung von Krankenhausleistungen zukunftsorientiert vereinbart wird.

---

47) Vgl. Schweitzer M, Küpper H.-U.: Systeme der Kostenrechnung, a.a.O., S.38

III. Kostenerfassung und Kostenverteilung

1. Kostenartenrechnung

1.1 Gliederung der Kostenarten

Die Kostenartenrechnung hat die Aufgabe, den in einer Periode angefallenen sachzielbezogenen Güterverbrauch nach Arten von Kostengütern systematisch zu erfassen.

Um eine vollständige und einheitliche Erfassung der Kosten zu ermöglichen, bedarf es zunächst einer Einteilung bzw. Gliederung der Kostenarten.

Die Gliederung der Kostenarten hat so zu erfolgen, daß die Erreichung der Rechnungsziele der Kostenrechnung durch die Kostenartenrechnung vorbereitet oder, soweit möglich, bereits realisiert wird.

In der Literatur zur Kostenrechnung werden verschiedene Einteilungs- bzw. Gliederungsmöglichkeiten genannt[1]) und darauf hingewiesen, daß die Kostenartengliederung von den Rechnungszielen der anschließenden Kostenstellen- und Kostenträgerrechnung stark beeinflußt wird.[2])

Für Krankenhäuser ergibt sich die **Gliederung der Kostenarten** aus den Bestimmungen der Krankenhausbuchführungsverordnung (KHBV), insbesondere aus § 8 KHBV in Verbindung mit dem Kontenrahmen, der als Anlage 4 Bestandteil der KHBV ist und damit Verordnungscharakter hat.

Dieser Konten**rahmen** als allgemeingültiges Gliederungsschema orientiert sich an den eingesetzten Produktionsfaktoren und ist für das einzelne Krankenhaus Grundlage für die Entwicklung seines **individuellen Kontenplanes.**

Hilfestellung bei dieser weiteren Differenzierung und Vertiefung des Kontenrahmens im Hinblick auf die betriebsindividuellen Erfordernisse leistet der **Musterkontenplan,** wie er im Kommentar von Dietz/Bofinger wiedergegeben und kommentiert ist.[3]) Ziel des Musterkontenplanes ist es, die Konten und deren Inhalte einheitlich zu definieren und so insbesondere im Hinblick auf die Leistungs- und Kalkulationsaufstellung mit den Zahlen anderer Krankenhäuser vergleichbar zu machen.[4])

---

1) Vgl. u.a. Hummel, S., Männel, W.: Kostenrechnung 1, a.a.O., S.132–137, Haberstock, L.: Kostenrechnung I, a.a.O., S.74–79, Schweitzer, M., Küpper, H.-U.: Systeme der Kostenrechnung, 6.Aufl., München 1995, S.68ff.
2) Vgl. Schweitzer, M., Küpper, H.-U.: a.a.O., S.69
3) Vgl. Dietz, O., Bofinger, W.: Krankenhausfinanzierungsgesetz, Bundespflegesatzverordnung und Folgerecht, Kommentare, Wiesbaden, Erläuterungen zur KHBV, B Musterkontenplan.
4) Lt. § 3 Abs. 2 BPflV liefert der zwischenbetriebliche Vergleich (Krankenhausvergleich) Orientierungsmaßstäbe zur Bemessung des Budgets und der tagesgleichen Pflegesätze.

III · Kostenerfassung und Kostenverteilung

Der Musterkontenplan, an dem sich die Krankenhäuser weitgehend orientieren, differenziert und vertieft nicht nur die im Kontenrahmen vorgegebene Grundstruktur, sondern er gibt darüber hinaus eine Zuordnung der Aufwandskonten zu den Ausweispositionen der Gewinn- und Verlustrechnung und, was im Zusammenhang mit der Kostenrechnung noch wichtiger ist, auch eine Zuordnung zu den Ausweispositionen der Leistungs- und Kalkulationsaufstellung (LKA).

In Abbildung 7 sind die Aufwands- bzw. Kostenartengruppen[5]) lt. Kontenrahmen, soweit sie die pflegesatzfähigen Kosten betreffen,[6]) dargestellt; um die relative Bedeutung der Kostenarten zu veranschaulichen, ist auch die durchschnittliche Struktur angegeben:

Kontenklasse 6:	Aufwendungen	Struktur[7]) %
60	Löhne und Gehälter	
61	Gesetzliche Sozialabgaben	
62	Aufwendungen für Altersversorgung	67
63	Aufwendungen für Beihilfen und Unterstützung	
64	Sonstige Personalaufwendungen	
65	Lebensmittel	3
66	Medizinischer Bedarf	16
67	Wasser, Energie, Brennstoffe	3
68	Wirtschaftsbedarf	3
69	Verwaltungsbedarf	2
Kontenklasse 7:	*Aufwendungen*	
70	Aufwendungen für zentrale Dienstleistungen	1
71	Wiederbeschaffte Gebrauchsgüter	0
72	Instandhaltung	3
73	Steuern, Abgaben, Versicherungen	1
74	Zinsen und ähnliche Aufwendungen	0
78	Sonstige ordentliche Aufwendungen	1
79	Außerordentliche Aufwendungen	
		100

Abb. 7: *Kostenarten und Kostenstruktur*

---

5) Hinsichtlich der weiteren Differenzierung vgl. Anhang 1: Aufwendungen lt. Anlage 4 der KHBV.
6) Die Kostenartengruppen 75–77 betreffen die investiven Kosten. Zur Abgrenzung der laufenden Kosten von den Investitionskosten vgl. Verordnung über die Abgrenzung der im Pflegesatz nicht zu berücksichtigenden Investitionskosten von den pflegesatzfähigen Kosten der Krankenhäuser (Abgrenzungsverordnung – AbgrV) vom 12. Dezember 1985 (BGBl I S.2255), zuletzt geändert durch Artikel 3 Fünfte Verordnung zur Änderung der Bundespflegesatzverordnung vom 9. Dezember 1997 (BGBl. vom 16. Dezember 1997 I S. 2874)
7) Vgl. Deutsche Krankenhausgesellschaft (Hrsg.): Auswertung von Kosten- und Leistungsnachweisen 1988, Düsseldorf 1990, S.10
Vor Inkrafttreten des Gesundheitsstrukturgesetzes (GSG) und der BPflV 1995 war der Kosten- und Leistungsnachweis (KLN) Grundlage für die Budgetverhandlungen; seine Nachfolgerin ist die Leistungs- und Kalkulationsaufstellung (LKA).

Kostenerfassung und Kostenverteilung · III

In der Systematik der Leistungs- und Kalkulationsaufstellung (LKA) [8]) werden folgende Kostenarten unterschieden:

K   Kostennachweis
K 1 Ableitung der Kosten aus der Buchführung

lfd. Nr.	Kostenarten
1	Ärztlicher Dienst
2	Pflegedienst
3	Med.-technischer Dienst
4	Funktionsdienst
5	Klinisches Hauspersonal
6	Wirtschafts- u. Versorgungsdienst
7	Technischer Dienst
8	Verwaltungsdienst
9	Sonderdienste
10	Sonstiges Personal
11	Nicht zurechenbare Personalkosten
12	Personalkosten insgesamt
13	Lebensmittel und bezogene Leistungen
14	Medizinischer Bedarf
15	Wasser, Energie, Brennstoffe
16	Wirtschaftsbedarf
17	Verwaltungsbedarf
18	Zentrale Verwaltungsdienste
19	Zentrale Gemeinschaftsdienste
20	Steuern, Abgaben, Versicherungen
21	Instandhaltung
22	Gebrauchsgüter
23	Sonstiges
24	Sachkosten insgesamt
25	Innerbetriebliche Leistungsverrechnung[9])
26	Zinsen für Betriebsmittelkredite
27	Krankenhaus insgesamt
28	Personal der Ausbildungsstätten
29	Sachkosten der Ausbildungsstätten
30	Umlage nach § 9 Abs. 3
31	Ausbildungsstätten insgesamt
32	Insgesamt (Nr. 27 und 31)

---

8) Vgl. Anlage 3 zu § 17 Abs. 4 BPflV (Leistungs- und Kalkulationsaufstellung)
9) Hierbei handelt es sich nicht um eine Kostenart, sondern um die Kosten von diagnostischen und therapeutischen Leistungen, die im Untersuchungs- und Behandlungsbereich des Krankenhauses erbracht werden. Diese Information soll in der nach Kostenarten und Kostenträgern (Entgeltformen) aufgebauten Leistungs- und Kalkulationsaufstellung (LKA) ohne differenzierte Kostenstellenbetrachtung das Leistungsgeschehen transparenter machen.

III · Kostenerfassung und Kostenverteilung

Grundsätzlich sollen die Kostenarten in der Kostenartenrechnung so gebildet werden, daß der Konteninhalt problemlos den einzelnen Positionen der Leistungs- und Kalkulationsaufstellung zugeordnet werden kann.

1.2 Erfassung der Kostenarten

1.2.1 Allgemeine Hinweise

Bei der Kostenerfassung im Rahmen der Kostenartenrechnung ist insbesondere der Grundsatz der Einheitlichkeit[10]) zu beachten, d.h., es ist mit Hilfe von Kontierungsvorschriften sicherzustellen, daß die Zuordnung der Kosten zu den verschiedenen Kostenarten (Kontierung) einheitlich erfolgt, und zwar nicht nur während einer Abrechnungsperiode, sondern auch im Verhältnis der Abrechnungsperioden untereinander.

Diese Kontierungsvorschriften sollten in Form eines Kontierungskataloges dokumentiert sein.

Ohne Beachtung des Grundsatzes der Einheitlichkeit bildet die Kostenerfassung die betrieblichen Kosten nicht strukturgleich (isomorph)[11]) mit den realen Verhältnissen ab; der Zeitvergleich und auch der in Krankenhäusern zur Wirtschaftlichkeitsbeurteilung besonders wichtige **zwischenbetriebliche Vergleich** führen zu Fehlinterpretationen.

Die Erfassung der Kostenarten kann grundsätzlich nach zwei Verfahren[12]) erfolgen:

(1) getrennte Erfassung der Mengen- und Preiskomponente

(2) undifferenzierte Werterfassung.

Zu (1): Getrennte Erfassung der Mengen- und Preiskomponente

Aufgrund ihrer materiellen Bedeutung ist für die mit der Kosten- und Leistungsrechnung zu erreichenden Ziele der Betriebssteuerung und Wirtschaftlichkeitskontrolle im Krankenhaus die getrennte Mengen- und Preiserfassung bei den Personalkosten unverzichtbar.

Die Erfassung des Personaleinsatzes in der Dimension Vollkräfte und der Personalkosten in der Dimension „DM"[13]) erfolgt in der Personalrechnung[14]) als vorgelagerte Nebenrechnung.

---

10) Vgl. Haberstock, L.: Kostenrechnung I, a.a.O., S.80
11) Zum Prinzip der Isomorphie vgl. Schweitzer, M., Küpper, H.-U.: a.a.O., S.86
12) Vgl. Schweitzer, M., Küpper, H.-U.: a.a.O., S.103
13) Dokumentiert werden die Mengenkomponente und der Wert (Produkt aus Menge und Preis).
14) Die Personalrechnung im Krankenhaus umfaßt die Personalstatistik als Mengenrechnung und die Lohn- und Gehaltsabrechnung als Wertrechnung.

Kostenerfassung und Kostenverteilung · III

Die Pflicht zur Mengenerfassung ergibt sich im übrigen auch aus der Systematik der Leistungs- und Kalkulationsaufstellung, für die in Teil S2 (Personal des Krankenhauses) die durchschnittlich beschäftigten Vollkräfte[15]), differenziert nach Dienstarten für den laufenden und den folgenden Pflegesatzzeitraum, anzugeben sind.

Die Informationen über den Personaleinsatz gehören im Krankenhaus im Hinblick auf die Wirtschaftlichkeitskontrolle zu den wichtigsten Informationen überhaupt.

Durch die Gegenüberstellung von Leistungen und Personaleinsatz lassen sich Produktivitätskennziffern bilden, die als betten- und fallbezogene „Belastungsziffern" im Zeitvergleich und um zwischenbetrieblichen Vergleich Verwendung finden.

Eine mengenmäßige und wertmäßige Erfassung von Sachkosten erfolgt im Krankenhaus in der Regel nur bei bestimmten Kostenarten des medizinischen Bedarfs, insbesondere Arzneimitteln und Implantaten.

Zu (2): Undifferenzierte Werterfassung

Dort, wo eine differenzierte Mengen- und Preis- bzw. Werterfassung nicht möglich oder aufgrund der Bedeutung der Kostenart nicht nötig ist, erfolgt eine undifferenzierte Werterfassung.

Die Werterfassung ist im übrigen Kennzeichen der Kosten- und Leistungsrechnung im engeren Sinne. Mengenerfassungen erfolgen in vorgelagerten Nebenrechnungen, der Personalrechnung und der Materialrechnung.[16])

1.2.2 Erfassung der Personalkosten

Personalkosten sind alle Kosten, die durch den Personaleinsatz mittelbar oder unmittelbar entstehen.

In der Kostenartenrechnung wird primär nach den **Kontengruppen für den Personalaufwand** unterschieden:

60	Löhne und Gehälter
61	Gesetzliche Sozialabgaben
62	Aufwendungen für Altersversorgung
63	Aufwendungen für Beihilfen und Unterstützungen
64	Sonstige Personalaufwendungen

---

15) Mit dem Begriff „Vollkraft" wird in der Krankenhausterminologie die Kapazität eines Mitarbeiters bzw. einer Mitarbeiterin beschrieben, der (die) mit voller tariflicher Arbeitszeit während des ganzen Jahres beschäftigt ist. Diese Betrachtungsweise macht es erforderlich, auch vergütete Überstunden in „Vollkräfte" umzurechnen.

16) Da sich die kostenrechnerischen Probleme im wesentlichen auf die laufenden Kosten (im Sinne der dualen Finanzierung) beziehen lassen, wird die Anlagenrechnung hier und auch bei den folgenden Betrachtungen außer acht gelassen.

III · Kostenerfassung und Kostenverteilung

Löhne und Gehälter umfassen auch Vergütungen für Überstunden, Bereitschaftsdienst und Rufbereitschaft, Zeitzuschläge, Sachbezüge für freie Unterkunft und Verpflegung sowie Gestellungsgelder.

Bereitschaftsdienst liegt vor, wenn der Arbeitnehmer sich auf Anordnung des Arbeitgebers außerhalb der regelmäßigen Arbeitszeit an einer vom Arbeitgeber bestimmten Stelle aufhält, um im Bedarfsfall die Arbeit aufzunehmen. Der Arbeitgeber darf Bereitschaftsdienst nur anordnen, wenn zu erwarten ist, daß zwar Arbeit anfällt, erfahrungsgemäß aber die Zeit ohne Arbeitsleistung überwiegt.

Entsprechend den Sonderregelungen für Angestellte in Kranken-, Heil-, Pflege- und Entbindungsanstalten sowie in sonstigen Anstalten und Heimen, in denen die betreuten Personen in ärztlicher Behandlung stehen (SR 2a BAT), wird die Zeit des Bereitschaftsdienstes einschließlich der geleisteten Arbeit wie folgt als Arbeitszeit bewertet:

Nach dem Maß der während des Bereitschaftsdienstes erfahrungsgemäß durchschnittlich anfallenden Arbeitsleistungen gilt die Zeit des Bereitschaftsdienstes wie folgt als Arbeitszeit:

Stufe	Arbeitsleistung innerhalb des Bereitschaftsdienstes	Bewertung als Arbeitszeit
A	0 – 10 %	15 %
B	mehr als 10 – 25 %	25 %
C	mehr als 25 – 40 %	40 %
D	mehr als 40 – 49 %	55 %

Entsprechend der Zahl der je Kalendermonat geleisteten Bereitschaftsdienste wird die Zeit eines jeden Bereitschaftsdienstes zusätzlich wie folgt als Arbeitszeit gewertet:

Zahl der Bereitschaftsdienste im Kalendermonat	Bewertung als Arbeitszeit
1. – 8. Bereitschaftsdienst	25 %
9. – 12. Bereitschaftsdienst	35 %
13. und folgende Bereitschaftsdienste	45 %

Da entsprechend den tariflichen Bestimmungen die Zahl der zulässigen Bereitschaftsdienste begrenzt ist, werden in der Regel 25% der geleisteten Bereitschaftsdienstzeiten zusätzlich als Arbeitszeit gewertet. Insgesamt ergibt sich demnach folgende Bewertung als Arbeitszeit:

Bereitschafts- dienststufe	Bewertung als Arbeitszeit
A	40 %
B	50 %
C	65 %
D	80 %

Kostenerfassung und Kostenverteilung · III

Für die in dieser Weise errechnete Arbeitszeit wird die Überstundenvergütung gezahlt.

Ist ein Mitarbeiter verpflichtet, sich auf Anordnung des Arbeitgebers außerhalb der regelmäßigen Arbeitszeit an einer dem Arbeitgeber anzuzeigenden Stelle aufzuhalten, um auf Abruf die Arbeit aufzunehmen, so liegt **Rufbereitschaft** vor. Der Arbeitgeber darf Rufbereitschaft nur anordnen, wenn erfahrungsgemäß lediglich in Ausnahmefällen Arbeit anfällt.

Die Zeit der Rufbereitschaft wird mit 12,5 % als Arbeitszeit gewertet und mit der Überstundenvergütung entgolten. Für anfallende Arbeit einschließlich einer etwaigen Wegezeit wird daneben die Überstundenvergütung gezahlt. Die Vergütung kann durch Nebenabrede zum Arbeitsvertrag pauschaliert werden.

Da in Krankenhäusern, insbesondere im Pflegedienst, auch an Sonn- und Feiertagen sowie nachts gearbeitet wird, fallen entsprechend den tarifrechtlichen Bestimmungen Zeitzuschläge an, die der Aufwandsart Löhne und Gehälter zuzuordnen sind.

Der Wert der freien Unterkunft (Kost und Wohnung) stellt einen Sachbezug im Sinne des § 8 Abs.2 Einkommensteuergesetz dar und ist entsprechend der Sachbezugsverordnung zu bewerten und unter der Position Löhne und Gehälter auszuweisen.

Gestellungsgelder sind Vergütungen für Leistungen, insbesondere von Angehörigen von Ordensgemeinschaften, die dem Träger des Ordens zufließen.

Aufwendungen für fremdes Personal und Kosten für Fremdleistungen sind als Sachkosten bei der entsprechenden Kontengruppe zu buchen.

Zu den **gesetzlichen Sozialabgaben** gehören die Arbeitgeberanteile zur Kranken-, Renten- und Arbeitslosenversicherung sowie die Beiträge zur gesetzlichen Unfallversicherung. Die entsprechenden, in ihrer Höhe gesetzlich festgelegten Arbeitnehmeranteile, die ganz oder teilweise vom Arbeitgeber übernommen werden, sind als Löhne und Gehälter zu behandeln.

Aufwendungen für Altersversorgung sind Beiträge zu Ruhegehalts- und Zusatzversorgungskassen sowie anderen Versorgungseinrichtungen. Außerdem gehören Ruhegehälter für ehemalige Mitarbeiter des Krankenhauses zu den Aufwendungen für Altersversorgung.

Zu den **Aufwendungen für Beihilfen und Unterstützungen** zählen Beihilfen und Unterstützungen für Mitarbeiter sowie Hinterbliebene.

Sonstige Personalaufwendungen sind z.B. Erstattungen von Fahrtkosten zum Arbeitsplatz und freiwillige soziale Leistungen an Mitarbeiter.

Innerhalb der Kontengruppen für den Personalaufwand wird jeweils nach **Dienstarten** gegliedert.

Die Zuordnung der Mitarbeiter zu den verschiedenen Dienstarten, die sich aus den Zuordnungsvorschriften des Kontenrahmens (Anlage 4 zur KHBV)

III · Kostenerfassung und Kostenverteilung

ergibt[17]), und die Struktur der Personalkosten, differenziert nach Dienstarten, zeigt Abbildung 8:

Dienstarten	Struktur der Personalkosten in %[18])
Ärztlicher Dienst	22
Pflegedienst	34
Medizinisch-technischer Dienst	11
Funktionsdienst	9
Klinisches Hauspersonal	4
Wirtschafts- und Versorgungsdienst	9
Technischer Dienst	2
Verwaltungsdienst	6
Sonderdienste	1
Personal der Ausbildungsstätten	1
Sonstiges Personal	1
	100

Abb. 8: Struktur der Personalkosten nach Dienstarten

Während die Kostenartenrechnung die Personalkosten zunächst nach Kostenarten und innerhalb der Kostenarten nach Dienstarten gliedert, werden in der Leistungs- und Kalkulationsaufstellung die Kostenarten zusammengefaßt und für die verschiedenen Dienstarten die Personalkosten insgesamt ausgewiesen.19) Diese in der Leistungs- und Kalkulationsaufstellung geforderte Art der Verdichtung der Personalkosten ist auch für die laufende Kostenrechnung erforderlich, da für Zwecke der Wirtschaftlichkeitskontrolle weniger die einzelne Aufwandsart innerhalb der Personalkosten interessiert, sondern die Personalkosten für eine bestimmte Dienstart insgesamt.

Hinsichtlich der **Gliederung der Personalaufwendungen** bzw. **Personalkosten** ist zu beachten, daß die Kosten- und Leistungsrechnung nicht nur das Erstellen der Leistungs- und Kalkulationsaufstellung ermöglichen soll, sondern daß zu ihren Zielen insbesondere die Steuerung des Betriebsgeschehens und die Wirtschaftlichkeitskontrolle gehören. Für diese Zwecke empfiehlt sich bei den nach Dienstarten differenzierten Personalkosten eine weitere Unterteilung nach:

– Kosten der Regelarbeitszeit,
– Kosten von Überstunden,
– Kosten der Bereitschaftsdienste.

Hierzu folgende Bemerkungen:

Aufgrund der Aufgabenstellung von Krankenhäusern wird in verschiedenen Kostenstellen bzw. Leistungsbereichen der Personaleinsatz nicht nur bestimmt

---
17) Vgl. Anhang 1
18) Vgl. Deutsche Krankenhausgesellschaft (Hrsg.): Auswertung von Kosten- und Leistungsnachweisen 1988, Düsseldorf 1990, S.10
19) Vgl. Abschnitt III.1.1

durch das jeweilige Leistungsvolumen. Unabhängig vom Umfang der Leistungserbringung ist während der gesamten Zeit eines Tages die Patientenversorgung sicherzustellen. Diese ständige Leistungsbereitschaft wird entsprechend den tariflichen Bestimmungen durch Bereitschaftsdienste und Rufbereitschaften sichergestellt. Diese Dienste werden durch die im jeweiligen Leistungsbereich beschäftigten Mitarbeiter geleistet und zusätzlich vergütet. Entsprechend wirken sich Bereitschaftsdienste nicht in der Ist-Besetzung (Mengenkomponente des Personaleinsatzes) der jeweiligen Dienstart aus, sondern nur in der Dimension DM, sofern die geleisteten Bereitschaftsdienste in Geld vergütet werden.

Da das Tarifrecht jedoch auch die Möglichkeit einer Abgeltung der Bereitschaftsdienste durch Freizeit vorsieht (Freizeitausgleich), ist diese Art der Vergütung gesondert zu dokumentieren in Form des Freizeitausgleichs für geleistete Bereitschaftsdienststunden.

Die Trennung zwischen Kosten der Regelarbeitszeit, Kosten der Überstunden und Kosten der Bereitschaftsdienste ist unter Berücksichtigung der möglichen Vergütungsformen (Geld oder Freizeitausgleich) nicht nur wichtig für die Beurteilung der Kennzahl „DM/Kraft und Jahr" im Zeitvergleich und im zwischenbetrieblichen Vergleich[20]), sondern sie hat auch Bedeutung im Zusammenhang mit personalbedarfsrechnerischen Überlegungen, die ein wesentliches Instrument der Wirtschaftlichkeitskontrolle darstellen.[21])

Die angesprochene Trennung der Personalkosten wird in Krankenhäusern bisher zu wenig beachtet. Sie gewinnt jedoch im Zusammenhang mit der Optimierung von Dienstplänen im Hinblick auf die Patientenversorgung und die Wirtschaftlichkeit zunehmend an Bedeutung.

Zusammenfassend kann man hinsichtlich der Personalkosten feststellen, daß die Kostenarten entsprechend den Kontengruppen 60–63 nach Dienstarten zu verdichten sind, und die Kosten je Dienstart und Kostenstelle im Hinblick auf Kosten der Regelarbeitszeit, Kosten der Überstunden und Kosten der Bereitschaftsdienste differenziert werden müssen. Letztere Differenzierung ergibt sich aus der Aufgabe der Kosten- und Leistungsrechnung als Instrument der Steuerung und Wirtschaftlichkeitskontrolle.

---

20) Die dienstartenbezogene Kennzahl „durchschnittliche Personalkosten pro Kraft und Jahr" gibt einen Hinweis auf die Einhaltung tarifrechtlicher Vergütungsvorschriften sowie auf die Abstimmung zwischen Personalkosten und Personalstatistik.

21) Stehen Mitarbeiter aufgrund von Zeitausgleich während der Regelarbeitszeit zeitweise nicht zur Verfügung, so ist diese gegenüber Ist-Besetzung entstehende Lücke durch zusätzliches Personal zu schließen.

III · Kostenerfassung und Kostenverteilung

1.2.3 Erfassung der Sachkosten

In der Leistungs- und Kalkulationsaufstellung (LKA) werden folgende Kostenarten unterschieden:[22])

Kostenart	Struktur der Sachkosten in % [23])
Lebensmittel und bezogene Leistungen	9
Medizinischer Bedarf	49
Wasser, Energie, Brennstoffe	9
Wirtschaftsbedarf	11
Verwaltungsbedarf	5
Zentrale Verwaltungsdienste	2
Zentrale Gemeinschaftsdienste	1
Steuern, Abgaben, Versicherungen	2
Instandhaltungen	10
Gebrauchsgüter	1
Sonstiges	1
	100

Abb. 9: Struktur der Sachkosten lt. LKA

Ein Vergleich mit den Aufwandsarten laut Kontenklasse 6 und 7 der Finanzbuchhaltung macht deutlich, daß Kosten im Sinne der Bundespflegesatzverordnung pagatorische Kosten sind und die Kosten laut Leistungs- und Kalkulationsaufstellung Zweckaufwand im Sinne der Finanzbuchführung darstellen.

Die wirtschaftlich größte Bedeutung innerhalb der Sachkosten hat der medizinische Bedarf, der im Kontenrahmen für die Finanzbuchhaltung und in Teil K4 der Leistungs- und Kalkulationsaufstellung wie in Abbildung 10 aufgeschlüsselt wird.

Diese Gliederung ist eine Mindestforderung, die sich schon allein hinsichtlich des Erstellens der Leistungs- und Kalkulationsaufstellung ergibt. Betrachtet man die Aufgabe Steuerung und Wirtschaftlichkeitskontrolle sowie Erfordernisse der Kostenträgerrechnung[24]), so sind verschiedene weitergehende Differenzierungen angezeigt. Beispiele hierfür zeigt Abbildung 11.

Soweit es sich bei den Sachkosten um die **Kosten von Verbrauchsgütern** handelt, kann die Ermittlung der Verbrauchsgütermengen nach folgenden Methoden vorgenommen werden:

---

22) Vgl. Abschnitt III.1.1. Zur weiteren Differenzierung vgl. Anhang 1: Aufwendungen lt. Anlage 4 der KHBV.
23) Vgl. Deutsche Krankenhausgesellschaft (Hrsg.): Auswertung von Kosten- und Leistungsnachweisen 1988, Düsseldorf 1990, S.10
24) Vgl. Abschnitte III.3.3.3.2 und III.3.3.4.2

Kostenerfassung und Kostenverteilung · III

Konten-gruppe 66:	Medizinischer Bedarf	Struktur[25] %
6600	Arzneimittel, Heil- und Hilfsmittel	29
6601	Kosten der Lieferapotheke	1
6602	Blut, Blutkonserven und Blutplasma	7
6603	Verbandsmaterial	4
6604	Ärztliches und pflegerisches Verbrauchsmaterial, Instrumente	12
6606	Narkose- und sonstiger OP-Bedarf	11
6607	Bedarf für Röntgen- und Nuklearmedizin	6
6608	Laborbedarf	8
6609	Untersuchungen in fremden Instituten	7
6610	Bedarf für EKG, EEG, Sonographie	1
6611	Bedarf der physikalischen Therapie	0
6612	Apothekenbedarf, Desinfektionsmaterial	1
6613	Implantate	7
6614	Transplantate	0
6615	Dialysebedarf	2
6616	Kosten für Krankentransporte	1
6617	Sonstiger medizinischer Bedarf	3
		100

Abb. 10: Struktur des medizinischen Bedarfs

Kostenart	Differenzierung nach ...
Arzneimittel	Indikationsgruppen (z.B. Antibiotika, Zytostatika....)
Blut, Blutkonserven und Blutplasma	Blut, Blutkonserven und Blutplasma
Bedarf für Röntgen und Nuklearmedizin	Röntgenfilme, Entwickler und Fixierer, Kontrastmittel, Katheter und Führungsdrähte, Sonstiges
Narkose- und sonstiger OP-Bedarf	Arzneimittel für die Anästhesie; Katheter, Infusionsbestecke, Kanülen; Nahtmaterial; Klammergeräte; Skalpelle; übriger Narkose-und OP-Bedarf
Bedarf EKG, EEG, Sonographie	EKG, EEG, Sonographie, Sonstiges
Implantate	Arten der Implantate (z.B. Hüftendoprothesen, Knieendoprothesen, Herzschrittmacher, Linsen für Katarakt-Operationen)
Sonstiger medizinischer Bedarf	Honorare für nicht am Krankenhaus angestellte Ärzte, übriger sonstiger medizinischer Bedarf

Abb.11: Beispiele zur weiteren Differenzierung des medizinischen Bedarfs

---

[25] Vgl. Deutsche Krankenhausgesellschaft (Hrsg.): a.a.O., S.27

III · Kostenerfassung und Kostenverteilung

(1) Erfassung der Verbrauchsgütermengen beim Zugang zum Lager

Bei dieser Methode, die auch als Festwertrechnung bezeichnet wird, geht man von der Annahme aus, daß der Lagerzugang dem Güterverbrauch entspricht. Das gilt immer dann, wenn sich der Lagerbestand mengenmäßig, wertmäßig und in der Zusammensetzung nicht oder nur geringfügig ändert. Ein Beispiel hierfür ist der Verbrauch von Lebensmitteln, deren Zugang nicht als Bestand in der Kontenuntergruppe 100, sondern direkt als Aufwand in der Kontengruppe 65 der Finanzbuchführung gebucht wird. Diese Methode erfordert keine Lagerbuchhaltung.

Nach diesem Verfahren werden auch die Arzneimittelbestände auf den Stationen und in anderen Verbrauchsstellen des Krankenhauses behandelt.[26] Es findet auch Anwendung beim Laborbedarf, Röntgenbedarf und anderen Artikeln des medizinischen Bedarfs, die am Verbrauchsort gelagert werden, also weder das Lager der Apotheke des Krankenhauses noch das Zentrallager durchlaufen.

(2) Erfassung der Verbrauchsgütermengen beim Abgang vom Lager

Sie kann nach drei Methoden erfolgen:[27]

a) Inventurmethode (Befundrechnung)
b) Skontrationsmethode (Fortschreibungsmethode)
c) Rückrechnung (Retrograde Methode)

Zu a): Inventurmethode

Bei der Inventurmethode ergibt sich der Güterverbrauch am Ende einer Periode aus folgender Beziehung:

Verbrauch = Anfangsbestand + Zugang − Endbestand

Der Endbestand wird durch Inventur ermittelt.

Dieses Verfahren hat folgende Nachteile:

Die gesetzlich durchzuführende Jahresinventur reicht für die meist monatlich zu erstellende Kostenartenrechnung nicht aus. Eine monatliche Inventur aber wäre für die meisten Verbrauchsgüter zu aufwendig und wenig zweckmäßig. Außerdem ist für Verbrauchsgüter, die in mehreren Kostenstellen verbraucht werden, nicht feststellbar, für welche Kostenstellen der Lagerabgang erfolgte. Der dritte Nachteil ist, daß Bestandsminderungen durch Schwund, Verderb und Diebstahl nicht separat erfaßt werden können, so daß der ermittelte Verbrauch ausschließlich der Leistungserstellung zugerechnet wird.

---

26) Die Verbrauchsgüter gelten mit dem Lagerzugang, der identisch ist mit dem Lagerabgang bezogen auf die Apotheke, als verbraucht.
27) Vgl. hierzu u.a. Saul, H.-J.: Materialkosten, in: Chmielewicz, K., Schweitzer, M. (Hrsg.): Handwörterbuch des Rechnungswesens, 3. Aufl., Stuttgart 1993, Sp.1394ff.; Schweitzer, M., Küpper, H.-U.: a.a.O., S.105ff.; Haberstock, L.: Kostenrechnung I, a.a.O., S.82ff, Hummel, S., Männel, W.: a.a.O., S.143ff.

Kostenerfassung und Kostenverteilung · III

Zu b): Skontrationsmethode (Fortschreibungsrechnung)

Bei der Skontrationsmethode erfolgt die Erfassung des Güterverbrauchs in der Lagerbuchhaltung mit Hilfe von Entnahme- und Zugangsscheinen. Der Solllagerbestand an Verbrauchsgütern ist dabei aus folgender Relation jederzeit feststellbar:

Endbestand = Anfangsbestand + Zugang − Verbrauch

Der Verbrauch entspricht den Entnahmemengen laut Entnahmescheinen.

Die bei der Inventurmethode aufgezeigten Mängel werden bei der Skontrationsmethode vermieden. Der Verbrauch ist – wie bereits erwähnt – aus den Entnahmescheinen direkt zu ersehen, ebenso wie die Angaben über die empfangenden Kostenstellen und ggf. Kostenträger. Der nicht leistungsbedingte Güterverbrauch ist durch Vergleich des Buchbestandes mit dem durch Inventur festgestellten Istbestand zu ermitteln.

Die Skontrationsmethode hat den Nachteil, sehr aufwendig und daher nur bei hochwertigen Verbrauchsgütern wirtschaftlich vertretbar zu sein. Sie kommt insbesondere dann zum Einsatz, wenn der Arbeitsanfall mit Hilfe einer Datenverarbeitungsanlage erledigt wird, d.h. DV-gestützte Materialrechnungen arbeiten nach der Skontrationsmethode.

Zu c): Rückrechnung

Bei der Rückrechnung wird der Güterverbrauch retrograd, d.h. von der erbrachten Leistung bzw. vom Patienten her festgestellt. Das setzt voraus, daß die Verbrauchsgüter für jede Leistung bzw. jeden Patienten sowohl mengen- als auch wertmäßig erfaßt werden bzw. bekannt sind. Der nicht durch die Leistungserstellung bedingte Lagerabgang kann mit dieser Methode nicht ermittelt werden. Hierzu sind eine Inventur oder sonstige Kontrollmaßnahmen erforderlich.

Die beschriebenen Methoden unterscheiden sich u.a. in ihrer Wirtschaftlichkeit, Einfachheit und Genauigkeit der Erfassung. Es kann daher nicht eine Methode für alle Verbrauchsgüterarten empfohlen werden, sondern nur ihre Kombination.

Eine DV-gestützte Materialrechnung (Skontrationsmethode) wird von der Krankenhausapotheke generell für die Arzneimittel und sonstige von der Apotheke beschaffte und verteilte Verbrauchsgüter praktiziert. Sie gewinnt zunehmende Bedeutung für die Zentralläger von Krankenhäusern.

Werden bestimmte Vebrauchsgüter generell am Verbrauchsort (Kostenstelle) gelagert (z.B. Labor-, Röntgen-, OP-Bedarf), so bietet sich die Festwertrechnung oder die Inventurmethode an. Der Rückrechnung (retrograde Methode) kommt im Krankenhaus derzeit keine nennenswerte Bedeutung zu.

Die **Bewertung der Verbrauchsmengen** erfolgt in der Kostenrechnung zu Anschaffungskosten (Festwertrechnung), Durchschnittspreisen (Inventurmethode, Rückrechnung) oder gleitenden Durchschnittspreisen (Skontrationsmethode).

III · Kostenerfassung und Kostenverteilung

1.2.4 Erfassung der Zinsen für Betriebsmittelkredite

Entsprechend der dualen Finanzierung im Krankenhaus beziehen sich Zinsen für Betriebsmittelkredite auf die pflegesatzfähigen[28]) und nicht auf die investiven Kosten des Krankenhauses.

Betriebsmittelkreditzinsen sind dann pflegesatzfähig, wenn die Kreditaufnahme wirtschaftlicher Betriebsführung entspricht, d.h., daß das Krankenhaus primär, soweit vorhanden, Eigenmittel einzusetzen hat. Die Notwendigkeit, Betriebsmittelkredite aufzunehmen, soll dadurch eingeschränkt werden, daß die in der Bundespflegesatzverordnung vorgesehenen Möglichkeiten (Teilzahlungen für längere Krankenhausaufenthalte sowie eine zeitnahe Zahlung der Pflegesätze) genutzt werden.

Soweit die Aufnahme von Betriebsmittelkrediten zur Überbrückung von Liquiditätsschwierigkeiten erforderlich ist, sollten die Kredite und die daraus resultierenden Zinsen durch eine gesonderte Kontoführung nachgewiesen werden.

Zinsen zur Finanzierung von Investitionen oder von Anlauf- und Umstellungskosten zählen nicht zu den Betriebsmittelkreditzinsen.

1.3 Abgrenzung zwischen Finanzbuchführung und Kostenrechnung

Das Grundprinzip der Abgrenzung zwischen Finanzbuchführung und Kostenrechnung ergibt sich allgemein aus der begrifflichen Abgrenzung zwischen Aufwendungen und Kosten. Das bedeutet, daß die neutralen Aufwendungen nicht in die Kostenrechnung übernommen werden und zusätzlich zum Zweckaufwand (= Grundkosten) die kalkulatorischen Kosten in der Kostenartenrechnung zu erfassen sind.

Da der Kostenbegriff des Krankenhausfinanzierungsrechts ein pagatorischer ist, der auf erfolgswirksame Ausgaben abstellt, bleiben in der Kostenrechnung der Krankenhäuser kalkulatorische Kosten meist unberücksichtigt. Das bedeutet, daß sich die Abgrenzung zwischen Aufwandsarten der Finanzbuchhaltung und Kostenarten auf die betriebsfremden Aufwendungen beschränkt. Diese Art der Abgrenzung wird dadurch unterstrichen, daß Budget und Pflegesätze der Krankenhäuser zukunftsorientiert vereinbart werden und der Frage der außerordentlichen und periodenfremden Aufwendungen daher untergeordnete Bedeutung zukommt.

2. Kostenstellenrechnung

2.1 Aufgaben der Kostenstellenrechnung

Während die Kostenartenrechnung aufzeigt, welche Kosten in einer Rechnungsperiode entstanden sind, gibt die Kostenstellenrechnung Auskunft darüber, wo die Kosten angefallen sind, d.h. sie ermittelt Art und Umfang des in den einzelnen Leistungsstellen des Krankenhauses entstandenen Werteverzehrs,

---

[28]) Kosten sind dann pflegesatzfähig, wenn sie nach den Bestimmungen der Bundespflegesatzverordnung über Budget und Pflegesätze gedeckt werden.

Kostenerfassung und Kostenverteilung · III

indem sie die in der Kostenartenrechnung erfaßten Kosten auf die jeweiligen Leistungsbereiche verteilt. Diese Leistungsbereiche, die Orte der Kostenentstehung sind, nennt man **Kostenstellen**.

Die Kostenstellenrechnung hat grundsätzlich folgende **Aufgaben**:

(1) Kostenstellenbezogene Kontrolle der Wirtschaftlichkeit

(2) Überwachung kostenstellenbezogener Budgets

(3) Vorbereitung der Kostenträgerrechnung

Die beiden ersten, für jede Kostenstellenrechnung geltenden Ziele, sind für die Kostenstellenrechnung im Krankenhaus in § 8 KHBV ausdrücklich genannt. Damit wird deutlich, daß der Schwerpunkt der Kosten- und Leistungsrechnung im Krankenhaus auf der Kostenstellenrechnung liegt. Die Bedeutung der Kostenstellenrechnung im Krankenhaus ergibt sich jedoch nicht nur aus den Formulierungen des § 8 KHBV, sondern steht auch in Übereinstimmung mit den Erfordernissen der Krankenhauspraxis.

Wenn Budget und Pflegesätze medizinisch leistungsgerecht sind, dann bedeutet das lt. § 3 Abs. 1 BPflV, daß sie es **einem** Krankenhaus ermöglichen, **bei wirtschaftlicher Betriebsführung** seinen Versorgungsauftrag zu erfüllen. In dieser Situation kommt der Kostenkontrolle, insbesondere der kostenstellenbezogenen Kostenkontrolle, im Krankenhaus überragende Bedeutung zu.

Die Kostenstellenrechnung des Krankenhauses soll darüber hinaus das Erstellen der Leistungs- und Kalkulationsaufstellung nach den Vorschriften der BPflV ermöglichen.

Da in der Leistungs- und Kalkulationsaufstellung nur die Vergütungen der allgemeinen Krankenhausleistungen über Budget und Pflegesätze beantragt werden, bedeutet das, daß die Gesamtkosten des Krankenhauses entsprechend ihrer Deckung differenziert werden müssen. Diese Differenzierung erfolgt je Kostenstelle nach Kostenarten und ist Vorbereitung bzw. der erste Schritt der Kostenträgerrechnung (Umsetzung des Nettoprinzips).

Um den beiden oben genannten Aufgaben, Betriebssteuerung und Wirtschaftlichkeitskontrolle, gerecht zu werden, muß die Kostenstellenrechnung einen Soll-Ist-Vergleich ermöglichen. Das bedeutet die Forderung nach einer Plankostenrechnung.

2.2 Die Gestaltung der Kostenstellenrechnung

2.2.1 Überblick

Erster Schritt bei der Einrichtung einer Kostenstellenrechnung ist das Bilden von Kostenstellen, die im **Kostenstellenplan** dokumentiert werden.

Liegt der Kostenstellenplan vor, so müssen die Vorschriften für die Zuordnung der Kostenarten auf die Kostenstellen (**Kostenstellenkontierung**) festgelegt

III · Kostenerfassung und Kostenverteilung

werden. Die Bestimmung der Kosten je Kostenstelle ist im Krankenhaus eine wichtige Aufgabe der Kostenstellenrechnung, da im Krankenhaus alle Kosten den Kostenstellen zugeordnet werden und eine direkte Verrechnung von Kosten auf Kostenträger ausscheidet.[29])

Die **Verteilung der Kosten innerhalb des Kostenstellensystems** bildet die letzte Stufe der Kostenstellenrechnung und bereitet die Kostenträgerrechnung vor.

Aufgrund des Sachzielbezuges der Kosten soll diese Verrechnung leistungsbezogen erfolgen **(innerbetriebliche Leistungsverrechnung)**.

Wo eine Leistungsmessung nicht möglich ist oder wo aus Wirtschaftlichkeitsgründen auf eine Leistungsmessung verzichtet wird, erfolgt die Verteilung anhand von Bezugsgrößen, die ihrerseits so auszuwählen sind, daß zwischen ihnen und den Kosteneinflußgrößen eine proportionale Beziehung besteht (Umlagenrechnung). Aufgrund des Kostenträgers „Basispflegesatz" ist eine Umlagenrechnung im Krankenhaus auch künftig weitgehend verzichtbar. In der Vergangenheit war sie bei einem „rechentechnischen" Kostenträger „allgemeiner Pflegesatz" generell verzichtbar, da der Pflegesatz mit dem Verfahren der Divisionskalkulation ermittelt wurde und somit für die Kalkulation eine Kostenstellenrechnung nicht benötigt wurde.

Die **leistungsbezogene Kostenverteilung** setzt eine krankenhausspezifische Leistungsrechnung voraus. Diese Leistungsrechnung ist aber vor allem Voraussetzung dafür, daß sich sowohl die Produktionswirtschaftlichkeit als auch die Anforderungswirtschaftlichkeit[30]) im Krankenhaus kostenstellenbezogen kontrollieren lassen.

2.2.2 Bildung und Einteilung von Kostenstellen

Kostenstellen sind Orte der Kostenentstehung und damit auch Orte der Kostenzurechnung.

Bei der Bildung von Kostenstellen sind neben den bereits genannten räumlichen auch funktionale Aspekte sowie die Verantwortlichkeit für den Kostenanfall zu berücksichtigen.[31])

Unabhängig von der Frage, ob bei der **Kostenstellenbildung** funktionale oder räumliche Kriterien dominieren, sind folgende Grundsätze zu beachten:[32])

---

29) Schweitzer/Küpper nennen die Bestimmung der Kosten je Kostenstelle generell als Hauptaufgabe der Kostenstellenrechnung. Vgl. Schweitzer M, Küpper, H.-U.: a.a.O., S.741
30) Mit dem Begriff der Anforderungswirtschaftlichkeit wird hier das Maß der Beschränkung auf die notwendigen Leistungen zum Ausdruck gebracht. Demgegenüber beschreibt die zweite Komponente wirtschaftlicher Betriebsführung, die „Produktionswirtschaftlichkeit", die Wirtschaftlichkeit bei der Leistungserstellung.
31) Vgl. Hummel, S., Männel, W.: Kostenrechnung 1, a.a.O., S.198
32) Vgl. Haberstock, L.: Kostenrechnung I, a.a.O., S.119f., Hummel, S., Männel, W.: Kostenrechnung 1, a.a.O., S.198

Kostenerfassung und Kostenverteilung · III

– Jede Kostenstelle soll ein selbständiger Verantwortungsbereich sein, d.h. es wird die Identität von Kostenstelle und Verantwortungsbereich gefordert. Diese Forderung ist dann besonders wichtig, wenn, wie im Krankenhaus, innerhalb der Aufgaben der Kostenstellenrechnung die Kosten- und Wirtschaftlichkeitskontrolle einen besonders hohen Stellenwert hat.

– Die Kostenstellen sollen so gebildet werden, daß möglichst eindeutige Beziehungen bestehen zwischen den in der Kostenstelle erstellten Leistungen und den anfallenden Kosten.

– Bei der Bildung von Kostenstellen ist ferner darauf zu achten, daß sich die Kosten zweifelsfrei und eindeutig auf die einzelnen Kostenstellen zuordnen lassen (Kostenstellenkontierung).

– Bei der Differenzierung der Kostenstellen im Rahmen der Kostenstellengliederung sind generell die Prinzipien von Übersichtlichkeit und Wirtschaftlichkeit zu beachten, d.h., daß insbesondere der Nutzen einer weitergehenden Gliederung in einem angemessenen Verhältnis zum damit verbundenen Aufwand stehen muß.

Wie für die Kostenartenrechnung so gibt auch für die Kostenstellenrechnung im Krankenhaus die Krankenhausbuchführungsverordnung (KHBV) die Grundstruktur vor, und zwar in Form des **Kostenstellenrahmens** für die Kosten- und Leistungsrechnung, der als Anlage 5 Bestandteil der Krankenhausbuchführungsverordnung (KHBV) ist.

Dieser Kostenstellenrahmen ist gemäß § 8 Nr. 1 Satz 1 KHBV für die Krankenhäuser verbindlich, d.h., daß mindestens die im Kostenstellenrahmen aufgeführten Kostenstellen gebildet werden sollen, wobei je nach Betriebsstruktur eine weitere Differenzierung möglich, eine weitergehende Verdichtung jedoch unzulässig ist.

Die Tiefe der Kostenstellengliederung eines Krankenhauses wird im wesentlichen durch die Betriebsgröße, das Leistungsprogramm sowie die Aufbau- und Ablauforganisation bestimmt.

In Abbildung 12 wird der Kostenstellenrahmen für die Kosten- und Leistungsrechnung laut Anlage 5 KHBV wiedergegeben.

Im Zusammenhang mit der Vorbereitung der Kostenträgerrechnung werden Kostenstellen unter leistungstechnischen Kriterien in **Haupt-, Hilfs- und Nebenkostenstellen** differenziert. Unter rechnungstechnischen Gesichtspunkten lassen sich **Vor- und Endkostenstellen** unterscheiden.

In den **Hauptkostenstellen** werden die eigentlichen Leistungen (Marktleistungen) des Krankenhauses erstellt. Für die stationäre Behandlung sind das vor allem die Kostenstellengruppen 93–96.

Die **Hilfskostenstellen** dienen mittelbar dieser Leistungserstellung, indem sie innerbetriebliche Leistungen an andere Kostenstellen, insbesondere die Hauptkostenstellen, abgeben.

III · Kostenerfassung und Kostenverteilung

90	**Gemeinsame Kostenstellen**
900	Gebäude einschl. Grundstücke und Außenanlagen
901	Leitung und Verwaltung des Krankenhauses
902	Werkstätten
903	Nebenbetriebe
904	Personaleinrichtungen (für den Betrieb des Krankenhauses unerläßlich)
905	Aus-, Fort- und Weiterbildung
906	Sozialdienst, Patientenbetreuung
907	frei
908	frei
909	frei
91	**Versorgungseinrichtungen**
910	Speisenversorgung
911	Wäscheversorgung
912	Zentraler Reinigungsdienst
913	Versorgung mit Energie, Wasser, Brennstoffen
914	Innerbetriebliche Transporte
915	frei
916	frei
917	Apotheke / Arzneimittelausgabestelle
918	Zentrale Sterilisation
919	frei
92	**Medizinische Institutionen**
920	Röntgendiagnostik und -therapie
921	Nukleardiagnostik und -therapie
922	Laboratorien
923	Funktionsdiagnostik
924	Sonst. diagnostische Einrichtungen
925	Anästhesie, OP-Einrichtungen und Kreißzimmer
926	Physikalische Therapie
927	Sonst. therapeutische Einrichtungen
928	Pathologie
929	Ambulanzen
93–95	**Pflegefachbereich – Normalpflege**
930	Allgemeine Kostenstelle
931	Allgemeine Innere Medizin
932	Geriatrie
933	Kardiologie
934	Allgemeine Nephrologie
935	Hämodialyse / künstliche Niere (alternativ 962)
936	Gastroenterologie
937	Pädiatrie
938	Kinderkardiologie
939	Infektion
940	Lungen- und Bronchialheilkunde
941	Allgemeine Chirurgie
942	Unfallchirurgie
943	Kinderchirurgie
944	Endoprothetik
945	Gefäßchirurgie
946	Handchirurgie
947	Plastische Chirurgie
948	Thoraxchirurgie
949	Herzchirurgie
950	Urologie
951	Orthopädie
952	Neurochirurgie
953	Gynäkologie
954	HNO und Augen
955	Neurologie
956	Psychiatrie
957	Radiologie
958	Dermatologie und Venerologie
959	Zahn- und Kieferheilkunde, Mund- und Kieferchirurgie
96	**Pflegefachbereiche – abweichende Pflegeintensität**
960	Allgemeine Kostenstellen
961	Intensivüberwachung
962	Intensivbehandlung
963	frei
964	Intensivmedizin
965	Minimalpflege
966	Nachsorge
967	Halbstationäre Leistungen – Tageskliniken
968	Halbstationäre Leistungen – Nachtkliniken
969	Chronisch- und Langzeitkranke
97	**Sonstige Einrichtungen**
970	Personaleinrichtungen (für den Betrieb des Krankenhauses unerläßlich)
971	Ausbildung
972	Forschung und Lehre
973–979	frei
98	**Ausgliederungen**
980	Ambulanzen
981	Hilfs- und Nebenbetriebe
982–989	frei
99	**frei**

Abb. 12: Kostenstellenrahmen für die Kosten- und Leistungsrechnung nach KHBV (Anlage 5)

Kostenerfassung und Kostenverteilung · III

In den **Nebenkostenstellen** werden Leistungen erbracht, die nicht zum eigentlichen Leistungsprogramm des Krankenhauses gehören. Es handelt sich dabei z.b. um Wohnheime und Kindertagesstätten.

Vorkostenstellen geben entsprechend dem Prozeß der Leistungserstellung ihre Kosten an die **Endkostenstellen** weiter, von denen aus die Kosten auf die Kostenträger weiterverrechnet werden.

Wegen des engen Zusammenhanges zwischen leistungstechnischen Kriterien und rechnungstechnischen Gesichtspunkten, werden die Begriffe Hauptkostenstelle und Endkostenstelle sowie die Begriffe Hilfskostenstelle und Vorkostenstelle oft synonym gebraucht.

Besondere Bedeutung kommt kostenrechnerisch gesehen den Kostenstellen der Gruppe 92 **(Medizinische Institutionen)** zu.

Diese Kostenstellen des Untersuchungs- und Behandlungsbereiches erbringen diagnostische und therapeutische Leistungen nicht nur für stationäre, sondern in der Regel auch für ambulante Patienten.

Soweit Leistungen für stationäre Patienten erbracht werden, handelt es sich um **innerbetriebliche Leistungen,** die von Endkostenstellen der Kostenstellengruppe 93 – 96 angefordert werden. Bezüglich der ambulanten Behandlung sind diese Kostenstellen selbst Endkostenstellen, da sie für die ambulanten Patienten Marktleistungen erbringen.

Eine Besonderheit ist bei der Kostenstellenuntergruppe 929 **(Ambulanzen)** zu beachten:

Im Kostenstellenrahmen kommen die „Ambulanzen" zweimal vor:

929 Ambulanzen
980 Ambulanzen.

Bei den Kostenstellen der Untergruppe 929 handelt es sich, differenziert nach Fachabteilungen, um zentrale Diagnose- und Therapiebereiche, in denen eine Vielzahl qualitativ unterschiedlicher Leistungen erbracht wird:[33])

- **stationäre Leistungen**
  - Aufnahmeuntersuchungen
  - Erstversorgung von Notfällen
  - Behandlung stationärer Patienten der eigenen Abteilung
  - konsiliarische Tätigkeit für stationäre Patienten anderer Abteilungen des Krankenhauses
- **ambulante Leistungen des Krankenhauses**
  - Notfallbehandlungen (sofern nicht Nebentätigkeit des Chefarztes)
  - Leistungen für stationäre Patienten anderer Krankenhäuser (sofern nicht Nebentätigkeit des Chefarztes)

---

33) Dietz, O., Bofinger, W.: a.a.O., KHBV, Teil C Kosten- und Leistungsrechnung, Abschnitt B, Kostenstellenbildung. Dietz/Bofinger sprechen statt von „Ambulanzen" von „gemeinsamen Bereichen". Damit soll deutlich gemacht werden, daß es sich um Leistungsbereiche handelt, die für die stationäre und ambulante Behandlung „gemeinsam" genutzt werden.

III · Kostenerfassung und Kostenverteilung

- **ambulante Leistungen des Arztes** (Nebentätigkeitsbereich)
  - Notfallbehandlungen (soweit Nebentätigkeit)
  - Leistungen für stationäre Patienten anderer Krankenhäuser (soweit Nebentätigkeit)
  - Gutachten
  - übrige ambulante Behandlung (Kassenambulanz, Privatambulanz, Durchgangsarztambulanz)

Eine Trennung der Kosten dieser Leistungsbereiche in Kosten der stationären und Kosten der ambulanten Behandlung ist Aufgabe der Ambulanzkostenrechnung.[34]) Dies gilt auch für die übrigen Kostenstellen der Gruppe 92 soweit sie Leistungen für ambulante Patienten erbringen.

Die Kostenstellen der Untergruppe 980 sind keine Leistungsbereiche. Sie haben nur rechnungstechnische Funktion. Hier werden die Ergebnisse der Kostenausgliederung den (laufend gebuchten) Erlösen (aus der Leistungsabrechnung oder aus der Kostenerstattung, z.B. der Ärzte) gegenübergestellt.

Der **Kostenstellenrahmen** ist für das einzelne Krankenhaus Grundlage für das Erstellen des hausindividuellen **Kostenstellenplanes**. Ein solcher Kostenstellenplan ist in Abbildung 13 wiedergegeben. Er berücksichtigt die Anforderungen, die sich aus der Kostenstellenkontierung (vgl. Abschnitt III.2.2.3) ergeben.

Kostenstellen-nummer-	Kostenstellen-bezeichnung	Kostenstellen-verantwortlicher
90	Gemeinsame Kostenstellen	
900	Gebäude einschließlich Grundstück und Außenanlagen	Technischer Leiter
90000	Allgemeine Kostenstelle Gebäude und Außenanlagen	
90010	Krankengebäude	
90020	Personalwohnheim	
90030	Außenanlagen	
901	Leitung und Verwaltung des Krankenhauses	Verwaltungsleiter
90100	Allgemeine Kostenstelle Leitung und Verwaltung des Krankenhauses	
90110	Pforte	
90120	Übrige Verwaltung	

---

34) Zur spezifischen Fragestellung und Methode der Ambulanzkostenrechnung vgl. Kehres, E.: Kosten- und Kostendeckung der ambulanten Behandlung im Krankenhaus, Essen 1994

Kostenerfassung und Kostenverteilung · III

Kostenstellen-nummer-	Kostenstellen-bezeichnung	Kostenstellen-verantwortlicher
902	**Werkstätten**	Technischer Leiter
90200	Allgemeine Kostenstelle Werkstätten	
90210	Werkstatt Medizintechnik	
90220	Malerwerkstatt	
90230	Tischlerwerkstatt	
90240	Elektrowerkstatt	
90250	Werkstatt Heizung, Sanitär	
904	**Personaleinrichtungen (für Betrieb Krankenhaus unerläßlich)**	Verwaltungsleiter
90400	Allgemeine Kostenstelle Personaleinrichtungen	
90410	Cafeteria	
90420	Personaluntersuchungen/ Betriebsarzt	
905	**Aus-, Fort- und Weiterbildung**	Leitende Schulschwester
90500	Allgemeine Kostenstelle Aus-, Fort- und Weiterbildung	
90510	Krankenpflegeschule	
90520	Krankenpflegehilfeschule	
906	**Sozialdienst/ Patientenbetreuung**	
90600	Allgemeine Kostenstelle Sozialdienst/ Patientenbetreuung	
91	**Versorgungseinrichtungen**	
910	**Speisenversorgung**	Küchenleitung
91000	Allgemeine Kostenstelle Speisenversorgung	
911	**Wäscheversorgung**	Wäschereileitung
91100	Allgemeine Kostenstelle Wäscheversorgung	
91110	Wäscherei	
91120	Lager und Ausgabe Textilien	
91130	Näherei	

III · Kostenerfassung und Kostenverteilung

Kostenstellen-nummer-	Kostenstellen-bezeichnung	Kostenstellen-verantwortlicher
912	**Zentraler Reinigungsdienst**	Reinigungsmeister
91200	Allgemeine Kostenstelle zentraler Reinigungsdienst	
913	**Versorgung mit Energie, Wasser, Brennstoffen**	Technischer Leiter
91300	Allgemeine Kostenstelle Versorgung mit Energie, Wasser, Brennstoffen	
91310	Wärme- und Dampfversorgung	
91320	Strombezug und -verteilung	
91330	Notstromversorgung	
91340	Zentrale Versorgung mit medizinischen Gasen	
91350	Wasserbezug, Wasseraufbereitung, Wasserverteilung	
914	**Innerbetriebliche Transporte**	Technischer Leiter
91400	Allgemeine Kostenstelle innerbetriebliche Transporte	
91410	Hol- und Bringedienst	
91420	Krankenhaustransportdienst	
91430	Fuhrpark	
915	**Bettenzentrale**	Technischer Leiter
91500	Allgemeine Kostenstelle Bettenzentrale	
916	**Entsorgung**	Technischer Leiter
91600	Allgemeine Kostenstelle Entsorgung	
91610	Verbrennungsanlage	
91620	Übrige Entsorgung	
917	**Versorgung mit medizinischem Bedarf**	Apotheker
91700	Allgemeine Kostenstelle Versorgung mit medizinischem Bedarf	
91710	Apotheke	
91720	Lager medizinischer Bedarf (soweit nicht Apotheke)	

Kostenerfassung und Kostenverteilung · III

Kostenstellen-nummer	Kostenstellen-bezeichnung	Kostenstellen-verantwortlicher
918	**Zentrale Sterilisation**	Leiter der Sterilisation
91800	Allgemeine Kostenstelle zentrale Sterilisation	
919	**Lager Wirtschafts- und Verwaltungsbedarf**	Wirtschaftsleiter
91900	Allgemeine Kostenstelle Wirtschafts- und Verwaltungsbedarf	
92	**Medizinische Institutionen**	
920	**Radiologie**	Chefarzt Radiologie
92000	Allgemeine Kostenstelle Radiologie	
92010	Allgemeine Röntgendiagnostik	
92020	Computertomographie	
92030	Nuklearmedizin	
922	**Laboratorien**	Laborleitung/ltd. MTA
92200	Allgemeine Kostenstelle Zentrallabor	
923	**Funktionsdiagnostik**	Chefarzt Kardiologie
92300	Allgemeine Kostenstelle Funktionsdiagnostik (kardiologische Diagnostik, Ultraschall)	
924	**Sonstige diagnostische Einrichtungen**	Chefarzt Gastroenterologie
92400	Allgemeine Kostenstelle Endoskopie	
925	**Anästhesie, OP-Einrichtungen, Kreißzimmer**	
92500	Allgemeine Kostenstelle Anästhesie, OP-Einrichtungen	
92510	Allgemeine Kostenstelle Anästhesie	Chefarzt Anästhesie
92511	Zentrale Anästhesieabteilung	Chefarzt Anästhesie
92512	Aufwachraum	Chefarzt Anästhesie
92520	Allgemeine Kostenstelle OP-Einrichtungen	ltd. OP-Pfleger

III · Kostenerfassung und Kostenverteilung

Kostenstellen-nummer-	Kostenstellen-bezeichnung	Kostenstellen-verantwortlicher
92521	Chirurgischer OP	Chefarzt Chirurgie
92522	Urologischer OP	Chefarzt Urologie
92523	Gynäkologischer OP	Chefarzt Gynäkologie
92530	Kreißzimmer, geburtshilfliche Behandlung	Chefarzt Gynäkologie
926	**Physikalische Therapie**	
92600	Allgemeine Kostenstelle Physikalische Therapie	
92610	Bäderabteilung	Ltd. Bademeister
92620	Krankengymnastik	Ltd. Krankengymnastin
928	**Pathologie**	
92800	Allgemeine Kostenstelle Pathologie	
929	**Ambulanzen**	
92900	Allgemeine Kostenstelle Ambulanzen	
92910	Ambulanz des Krankenhauses (Notfallbehandlung)	Chefarzt Chirurgie
92920	Chirurgische Ambulanz	Chefarzt Chirurgie
92930	Kardiologische Ambulanz	Chefarzt Kardiologie
92940	Gastroenterologische Ambulanz	Chefarzt Gastroenterologie
92950	Urologische Ambulanz	Chefarzt Urologie
92960	Gynäkologische Ambulanz	Chefarzt Gynäkologie
93	**Pflegefachbereiche Normalpflege**	**Pflegedienstleitung Chefärzte**
930	**Allgemeine Kostenstellen**	
93010	Allgemeine Kostenstelle	
93020	Nachtdienst, allgemein	
93030	Schüler/Schülerinnen, allgemein	
93040	Station 9, allgemein	
931	**Innere Medizin**	
93100	Allgemeine Kostenstelle Innere Medizin	
93110	Station 1	
93120	Station 2	

Kostenerfassung und Kostenverteilung · III

Kostenstellen-nummer	Kostenstellen-bezeichnung	Kostenstellen-verantwortlicher
93130	Station 3	
93140	Station 4	
93150	Station 5	
941	**Chirurgie**	
94100	Allgemeine Kostenstelle Chirurgie	
94110	Station 6	
94120	Station 7	
94130	Station 8	
94140	Station 9	
950	**Urologie**	
95000	Allgemeine Kostenstelle Urologie	
95010	Station 10	
95020	Station 11	
95030	Station 12	
95040	Station 9	
953	**Gynäkologie/Geburtshilfe**	
95300	Allgemeine Kostenstelle Gynäkologie/Geburtshilfe	
95310	Station 13	
95320	Station 14	
95320	Station 15	
95330	Säuglingszimmer	
96	**Pflegefachbereich - abweichende Pflegeintensität**	Pflegedienst-leitung, Chefärzte
96000	Allgemeine Kostenstelle Intensivmedizin	
96100	Internistische Intensivmedizin	
96200	Operative Intensivmedizin	
97	**Sonstige Einrichtungen**	Schulleiter, ltd. Schulschwester
97000	Allgemeine Kostenstelle Krankenpflege- und Kranken-pflegehilfsschule	
97010	Krankenpflegschule	
97020	Krankenpflegehilfsschule	

III · Kostenerfassung und Kostenverteilung

Kostenstellen-nummer-	Kostenstellen-bezeichnung	Kostenstellen-verantwortlicher
98	**Ausgliederungen**	
980	Ambulanzen	
98000	Allgemeine Kostenstelle Ambulanzen	
98010	Ambulanz des Krankenhauses (Notfallambulanz)	
98020	Chirurgische Ambulanz	
98030	Kardiologische Ambulanz	
98040	Gastroenterologische Ambulanz	
98050	Urologische Ambulanz	
98060	Gynäkologische Ambulanz	
98070	Radiologische Ambulanz	
98080	Ambulanz Physikalische Therapie	
99	**Sonstige Kostenstellen**	
991	**Wahlleistungen**	
99110	Ärztliche Wahlleistungen	
99120	Wahlleistung Unterkunft	
992	**Erlöskostenstellen**	
99210	Erlöse Kosten- und Leistungsnachweis	
99220	Sonstige Erlöse	
993	**Abstimmungskostenstelle Abschreibungen Fördermittel**	
99300	Abstimmungskostenstelle Abschreibungen Fördermittel	
994	**Neutraler Bereich**	
99400	Kostenstelle neutrale Aufwendungen und Erträge	

Abb.13: Kostenstellenplan

Beim Aufbau des individuellen Kostenstellenplanes ist neben den oben genannten Grundsätzen insbesondere darauf zu achten, daß je Kostenstellengruppe oder -untergruppe „allgemeine Kostenstellen" eingerichtet werden, denen sich die Kosten verursachungsgemäß zurechnen lassen, die mehrere nachgeordnete Kostenstellen gemeinsam betreffen.[35])

---

35) Auf diese Weise entsteht eine Kostenstellenhierarchie, wie sie für die Einzelkosten- und Deckungsbeitragsrechnung typisch ist und die Relativität des Begriffes „Einzelkosten" deutlich werden läßt.

Kostenerfassung und Kostenverteilung · III

2.2.3 Kostenstellenkontierung

Laut § 8 KHBV sind die Kosten und Leistungen verursachungsgerecht nach Kostenstellen zu erfassen.

Das Ziel besteht hierbei darin, die Kosten möglichst nach dem Ort ihrer Entstehung getrennt zu ermitteln. Die Isomorphie und Genauigkeit der Kostenstellenrechnung wird umso größer, je mehr diese direkte Zuordnung gelingt, und die Kosten als Kostenstelleneinzelkosten erfaßt werden.[36]

Wie bei der Kostenartenkontierung ist auch bei der Kostenstellenkontierung der Grundsatz der Einheitlichkeit zu beachten.

Die entsprechenden Zuordnungsvorschriften, die in Form eines Kostenstellenkontierungskataloges dokumentiert werden, werden durch die Organisationsform der Kostenrechnung vorgelagerten Nebenrechnungen (Personalrechnung, Materialrechnung) bestimmt.

Die Zuordnung der Personalkosten erfolgt in der Regel über ein gesondertes **DV-Programm Personalrechnung.**

Indem jedem Mitarbeiter je nach Einsatzbereich ein Kostenstellenmerkmal zugeordnet wird, wird jede Aufwandsartenbuchung gleichzeitig zur Kostenstellenkontierung.[37]

Dieser Grundsatz, daß jede Aufwandsbuchung durch Angabe eines Kostenstellenmerkmales gleichzeitig zur Kostenstellenkontierung wird, gilt nicht nur für die Zuordnung der Personalkosten, sondern auch für die übrigen Kostenarten.

Der Kostenstellenplan der Krankenhäuser ist so aufgebaut, daß es in den meisten Fällen möglich ist, die Kosten an irgendeiner Stelle „direkt" zu erfassen.

Für diese Möglichkeit sorgen die Kostenstellengruppen 90 (gemeinsame Kostenstellen) und 91 (Versorgungseinrichtungen) sowie die allgemeinen Kostenstellen, die je Kostenstellenuntergruppe üblicherweise eingerichtet werden. Für die Pflegefachbereiche bedeutet das, daß z.B. neben den Stationen eine (übergeordnete) allgemeine Kostenstelle existiert, der die Kosten zugeordnet werden, die alle Stationen der Fachabteilung gemeinsam betreffen, die jedoch diesen nicht direkt zugeordnet werden können (z.B. ärztlicher Dienst, Chefarztsekretärin).[38]

---

36) Vgl. Schweitzer, M., Küpper, H.-U.: a.a.O., S.134
37) Die Kosten der ärztlichen Mitarbeiter, die sowohl in Vorkostenstellen (z.B. OP, Endoskopie, Röntgendiagnostik) als auch in Endkostenstellen (bettenführende Fachabteilungen) Leistungen erbringen, werden generell der Endkostenstelle zugeordnet. Dadurch reduziert sich in der Regel lediglich der Umfang der innerbetrieblichen Leistungsverrechnungen, da z.B. die operativen Abteilungen im OP im wesentlichen ihre eigenen Patienten operieren und die Internisten im wesentlichen ihre eigenen Patienten endoskopieren.
Der in der Leistungs- und Kalkulationsaufstellung (LKA) geforderte Ausweis von (beantragten) Kosten der innerbetrieblichen Leistungen (vgl. Anhang 2) verlangt eine leistungsbezogene Verteilung der Arztkosten auf die Kostenstellen, in denen die Ärzte ihre Leistungen erbringen (z.B. OP, Endoskopie, Station). Diese Kostenverteilung erfolgt am Ende eines Abrechnungszeitraumes im Rahmen der Verteilung der Kosten innerhalb des Kostenstellensystemes (vgl. Abschnitt 2.2.4)
38) Der in Abschnitt III.2.2.2 beispielhaft wiedergegebene Kostenstellenplan eines Krankenhauses wird den hinsichtlich der Kontierung von Kostenstelleneinzelkosten zu stellenden Forderungen weitgehend gerecht.

III · Kostenerfassung und Kostenverteilung

In Abbildung 14 wird beispielhaft ein Kostenstellenkontierungskatalog dargestellt. Grundlage hierfür ist der Kostenstellenplan der Abbildung 13.

Konto-Nr.	Konteninhalt	Kostenstellenzuordnung
Kontengruppen 60-64	**Personalkosten**	Zuordnung auf Kostenstellen entsprechend dem DV-Programm Personalrechnung (= vorgelagerte Nebenrechnung)
Kontengruppe 65	**Lebensmittel**	91000
Kontengruppe 66	**Medizinischer Bedarf**	
6600	Arzneimittel	Materialrechnung Apotheke
6602	Blut, Blutkonserven, Blutersatzmittel	Materialrechnung Apotheke
6603	Verbandmaterial	Materialrechnung Lager
6604	Ärztliches und pflegerisches Verbrauchsmaterial	Materialrechnung Lager
6606	Narkose- und sonstiger OP-Bedarf	Materialrechnung Apotheke/ direkt 925
6607	Bedarf für Röntgen- und Nuklearmedizin	Materialrechnung Apotheke/ direkt 920
6608	Laborbedarf	Materialrechnung Apotheke/ direkt 922
6609	Untersuchungen in fremden Instituten	direkt
6610	Bedarf für EKG, EEG Sonographie	direkt 923
6611	Bedarf der physikalischen Therapie	direkt 926
6612	Feindesinfektionsmittel	Materialrechnung Apotheke
6613	Implantate	direkt 925
6616	Kosten für Krankentransporte	direkt
6617	Sonstiger medizinischer Bedarf (Konsiliarleistungen)	direkt
Kontengruppe 67	**Wasser, Energie, Brennstoffe**	913

Kostenerfassung und Kostenverteilung · III

Konto-Nr.	Konteninhalt	Kostenstellenzuordnung
Kontengruppe 68	**Wirtschaftsbedarf**	91900 /direkt
z.B. 6800	Reinigungs- und Desinfektionsmittel	91900
6801	Waschmittel	91110
6802	Haushaltsverbrauchsmittel	91900
6803	Treibstoffe und Schmiermittel	direkt (z.B. 91430)
69	**Verwaltungsbedarf**	91900 /direkt
6900	Büromaterialien und Druckarbeiten	
6910	Postgebühren, Bankgebühren	
6920	Fernsprech- und Fernschreibanlagen, Telegramme, Rundfunk und Fernsehen	
6930	Reisekosten, Fahrgelder Spesen	direkt
6940	Personalbeschaffungskosten	direkt
6950	Beratungskosten Prüfungs-, Gerichts- und Anwaltsgebühren	901
Kontengruppe 71	**Gebrauchsgüter**	Lagerkostenstelle/direkt
Kontengruppe 72	**Instandhaltung**	
7200	Außenanlagen	900
7201	Gebäude	900
7202	Technische Anlagen	913
7203	Einrichtungen und Ausstattungen	direkt
7209	Sonstiger Reparaturbedarf	902
7210	Nicht aktivierungsfähige, nach KHG geförderte Maßnahmen	993
Kontengruppe 73	**Steuern, Abgaben Versicherungen**	direkt/901

III · Kostenerfassung und Kostenverteilung

Konto-Nr.	Konteninhalt	Kostenstellenzuordnung
Kontengruppe 74	**Zinsen und ähnliche Aufwendungen**	
740	Zinsen für Betriebsmittelkredite	901
742	Zinsen und ähnliche Aufwendungen für sonstiges Fremdkapital	993
Kontengruppe 78	**Sonstige ordentliche Aufwendungen**	direkt/901
Kontengruppe 79	**Übrige Aufwendungen**	direkt/901/993

Abb.14: Kostenstellenkontierungskatalog

Die bisherigen Überlegungen galten den Kosten. § 8 KHBV schreibt jedoch nicht nur eine Erfassung von Kosten, sondern auch von Leistungen vor, und zwar differenziert nach Kostenstellen. Mehr noch: Kosten und Leistungen sind darüber hinaus den anfordernden Kostenstellen zuzuordnen, soweit dies für Zwecke der Kosten- und Leistungsrechnung erforderlich ist.

Da die Kosten- und Leistungsrechnung auch das Erstellen der Leistungs- und Kalkulationsaufstellung (LKA) ermöglichen soll, wird damit eine Kostenträgerrechnung gefordert, die Auswirkungen auf die Art der Leistungserfassung hat.

Wegen ihres Sachzusammenhanges werden die Fragen der Leistungserfassung und der Kosten- und Leistungsverrechnung gemeinsam im folgenden Abschnitt behandelt.

2.2.4 Verteilung der Kosten innerhalb des Kostenstellensystems

2.2.4.1 Inhalt und Aufgaben

Im Rahmen der Kostenstellenkontierung wurden den verschiedenen Kostenstellen im Krankenhaus die Kosten als Kostenstelleneinzelkosten (direkt) zugeordnet, die durch den Einsatz von Produktionsfaktoren in der jeweiligen Kostenstelle entstehen (**primäre Kosten**).

Wie bereits bei der Differenzierung der Kostenstellen deutlich wird (vgl. Abschnitt III.2.2.2), erstellen die Endkostenstellen Marktleistungen, während die Vorkostenstellen innerbetriebliche Leistungen (Betriebsleistungen) erbringen, die von den Endkostenstellen in Anspruch genommen werden.

Die Kosten der Vorkostenstellen – es handelt sich um die Kostenstellen der Kostenstellengruppen 90–92 – werden den leistungsempfangenden Endkosten-

Kostenerfassung und Kostenverteilung · III

stellen zugeordnet soweit dies für die Zwecke der Kosten- und Leistungsrechnung – insbesondere der Kostenträgerrechnung – erforderlich ist. Dadurch werden die primären Kosten der Vorkostenstellen zu sekundären Kosten der Endkostenstellen. Die Kostenverteilung kann grundsätzlich auf zweierlei Art und Weise erfolgen:

- auf der Grundlage gemessener Leistungen
  (**innerbetriebliche Leistungsverrechnung**)
- ohne Leistungsmessung (**Umlagenrechnung**)[39])

Die Verteilung der Kosten innerhalb des Kostenstellensystems (innerbetriebliche Leistungsverrechnung und Umlagenrechnung) hat folgende Aufgaben zu erfüllen:

- Wirtschaftlichkeitskontrolle, insbesondere Kontrolle der Anforderungswirtschaftlichkeit,
- Wirtschaftlichkeitsvergleich zwischen Eigenherstellung und Fremdbezug,
- Vorbereitung der Kostenträgerrechnung.

Voraussetzung für eine Kostenverteilung anhand der erbrachten Leistungen ist, daß nicht nur der Input (Kosten), sondern auch der Output (Leistungen) bekannt ist. Das bedeutet, daß für jede leistungsabgebende Kostenstelle entweder die Leistungen oder andere Bezugsgrößen als Maßgrößen der Kostenverursachung definiert und erfaßt werden müssen.

Die Erfassung von Leistungen und anderen Maßgrößen der Kostenverursachung ist jedoch nicht nur für Zwecke der Kostenverteilung innerhalb des Kostenstellensystems erforderlich, sondern auch und vor allem zur kostenstellenbezogenen Wirtschaftlichkeitskontrolle sowie als Voraussetzung für die Kostenträgerrechnung.

2.2.4.2 Leistungsrechnung

Aufgaben der Leistungsrechnung

Betriebssteuerung und Wirtschaftlichkeitskontrolle sowie Kostenträgerrechnung sind nur möglich, wenn detaillierte Informationen über die zu erbringenden bzw. die erbrachten Leistungen vorliegen. Die Leistungsrechnung macht das Leistungsgeschehen im Krankenhaus transparent, indem sie Antwort auf folgende Fragen gibt:

Wer erbringt
wo,
für wen,
wann,
welche
Leistungen?

---

39) Vgl. Hummel, S., Männel, W.: Kostenrechnung 1, a.a.O., S.217

III · Kostenerfassung und Kostenverteilung

Mit diesen Fragen sind angesprochen:
- die Dienstart, die die Leistung erbringt,
- die Leistungsstelle, in der die Leistung erbracht wird,
- die Stelle, die die Leistung anfordert (leistungsanfordernde Stelle),
- der Patient bzw. die Patientenkategorie, für den bzw. die die Leistung erbracht wird[40]),
- Art der Leistung,
- Zeitpunkt der Leistungserbringung.

Stehen neben den Kosteninformationen je Kostenstelle auch Leistungsinformationen in dieser Form zur Verfügung, so läßt sich, bezogen auf die leistungserbringende Stelle, eine Aussage über die Wirtschaftlichkeit der Leistungserbringung (Produktionswirtschaftlichkeit) machen.

Die Kosten einer Kostenstelle werden in ihrer absoluten Höhe jedoch nicht nur beeinflußt durch die Wirtschaftlichkeit der Leistungserstellung, sondern durch die Anzahl der erbrachten Leistungen.

Die Anzahl der von einer Kostenstelle angeforderten Leistung (z.B. die von der Inneren Medizin angeforderten Laborleistungen) bringt das Anforderungsverhalten dieser Stelle zum Ausdruck, das bei gegebener Patientenstruktur Ausdruck der Anforderungswirtschaftlichkeit ist und damit Ausdruck dafür, inwieweit das Ziel einer sparsamen Wirtschaftsführung erreicht wird.

Hauptaufgabe der Leistungsrechnung sind somit **Wirtschaftlichkeitskontrolle (Kontrolle der Produktionswirtschaftlichkeit** und **Kontrolle der Anforderungswirtschaftlichkeit)** und **Betriebssteuerung**. Mit Inkrafttreten der patientenbezogenen Vergütungsformen haben zusätzlich Zwecke der Kostenträgerrechnung an Bedeutung gewonnen.

Die Differenzierung der in einer Kostenstelle erbrachten Leistungen nach den anfordernden Kostenstellen ermöglicht es der Leistungsrechnung, eine weitere Aufgabe zu erfüllen, nämlich Grundlage zu sein für die **Kostenverteilung innerhalb des Kostenstellensystems**. Die zusätzliche Information, für welche Patienten (Patientenkategorie/Entgeltform) die Leistung erbracht wurde, ist Voraussetzung für eine leistungsbezogene Kostenträgerrechnung.

Von der Leistungsrechnung ist begrifflich die **Leistungsstatistik** zu unterscheiden, die die Leistungen je leistungserbringender Stelle ausweist und dabei nicht differenziert nach leistungsanfordernden Stellen vorgeht.

---

40) Die Zuordnung von Leistungen zu Patienten bzw. Patientengruppen wird durch die leistungsbezogenen Entgeltformen der Krankenhausbehandlung erforderlich. Vgl. Abschnitt III.3.3.1

Kostenerfassung und Kostenverteilung · III

Leistungsdaten für die Leistungs- und Kalkulationsaufstellung

Wie in Abschnitt II. 1 bereits erläutert wurde, ist die Leistungsrechnung im Krankenhaus eine Mengenrechnung[41].

Die in der Leistungs- und Kalkulationsaufstellung (LKA) geforderten Leistungsinformationen beschränken sich auf die Belegungsdaten des Krankenhauses (Teil L1 und L3 der LKA), die Diagnosenstatistik (Teil L4 der LKA) und die Operationsstatistik (Teil L5 der LKA).

Im folgenden wird zunächst auf die Leistungsinformationen für die Leistungs- und Kalkulationsaufstellung eingegangen und dann die Frage beantwortet, auf welcher Grundlage die innerbetriebliche Leistungsverrechnung erfolgt.

Die im Krankenhaus erbrachten Leistungen werden in der **Leistungs- und Kalkulationsaufstellung** (LKA) in Form von

(1) Belegungsdaten (Teil L1 und L3 der LKA)

(2) Diagnosen (Teil L4 der LKA)

(3) Operationsleistungen (Teil L5 der LKA)

ausgewiesen.

Der Teil L2 der LKA liefert Informationen über das Personal des Krankenhauses und damit nicht über Leistungen, sondern den Einsatz und die Kosten des Produktionsfaktors Arbeit.

Zu (1): Belegungsdaten

In den Teilen L1 und L3 der LKA werden für den laufenden Pflegesatzzeitraum und den Pflegesazzeitraum[42] folgende Belegungsdaten angegeben und zwar für das Krankenhaus insgesamt und differenziert nach Fachabteilungen:

lfd.Nr.	Belegungsdaten
1	Planbetten mit Intensiv
2	Planbetten ohne Intensiv
3	Nutzungsgrad der Planbetten
4	BT im Budgetbereich
5	davon: BT für Patienten mit SE
6	davon: BT für teilstat. Patienten

---

41) Auf den mengenmäßigen Leistungsbegriff im Krankenhausfinanzierungsrecht weist auch Hildebrandt hin. Vgl. Hildebrandt, R.: Kostenrechnung, in: Eichhorn, S. (Hrsg.): Handbuch Krankenhaus-Rechnungswesen, 2. Aufl., Wiesbaden 1988, S.380

42) Der Pflegesatzzeitraum ist ein künftiger Zeitraum, für den Leistungen und Kosten zu planen sind, auf deren Grundlagen Budget und Pflegesätze sowie andere Leistungsvergütungen beantragt werden. Hierbei müssen – nach Wegfall des Selbstkostendeckungsprinzips – die Plankosten des Krankenhauses nicht mit dem Antrag lt. LKA übereinstimmen.

III · Kostenerfassung und Kostenverteilung

lfd.Nr.	Belegungsdaten
7	Verweildauer [(Nr. 4 - Nr. 6): Nr. 13]
8	Belegungstage FP-Bereich
9	Aufnahmen
10	Entlassungen
11	davon: Verlegungen nach außen
12	Fälle mit nur vorstat. Behandlung
13	Vollstat. Fälle im Budgetbereich
14	davon: Kurzlieger bis einschl. 3 BT
15	davon: mit vorst. Behandlung
16	davon: mit nachst. Behandlung
17	davon: mit teilstat. Behandlung
18	Teilstat. Fälle im Budgetbereich
19	Fälle mit Fallpauschalen
20	davon: mit Grenz-VD-Überschreitung

Abb.15: Belegungsdaten lt. LKA

Planbetten sind die dem einzelnen Krankenhaus im Rahmen der Krankenhausplanung zugewiesenen Betten, die dem Krankenhaus bzw. dem Krankenhausträger per Festellungsbescheid mitgeteilt werden. Sie decken sich nicht immer mit den (tatsächlich) **aufgestellten Betten,** wenn sie aus baulichen oder anderen Gründen nicht in vollem Umfang in Betrieb sind.

Der **Nutzungsgrad** der Planbetten wird mit folgender Formel ermittelt:

$$\text{Nutzungsgrad} = \frac{\text{Zahl der Berechnungstage (Pflegetage)}}{\text{Zahl der Planbetten} \times 365}$$

Berechnungstage sind die nach § 14 Abs. 2 und 7 BPflV zu berechnenden Tage für die voll- und teilstationäre Behandlung.

Infolge der Art der Berechnung dieser Tage decken sich die Berechnungstage weitgehend mit den Pflegetagen.

Die Zahl der **Pflegetage** entspricht der Zahl der Mitternachtsbestände. Der jeweilige Mitternachtsbestand wird wie folgt ermittelt:

```
  Tagesanfangsbestand um    0.00 Uhr
+ Zahl der Zugänge bis     24.00 Uhr
./. Zahl der Abgänge bis   24.00 Uhr
= Tagesendbestand (Mitternachtsbestand)
```

Die **Verweildauer** ergibt sich aus der Division der Berechnungstage (Pflegetage) durch die Fallzahl.

Kostenerfassung und Kostenverteilung · III

Die **Belegungstage** im Fallpauschalenbereich (FP – Bereich) entsprechen inhaltlich den Berechnungs- bzw. Pflegetagen. Ein anderer Begriff wurde deswegen gewählt, weil die Pflegetage im Fallpauschalenbereich nicht Berechnungsgrundlage sind.

Aufnahmen und Entlassungen werden rechnerisch zur **Fallzahl** verbunden:

$$\text{Fallzahl} = \frac{\text{Aufnahmen} + \text{Entlassungen}}{2}$$

Die **Grenzverweildauer** ist die Verweildauer, bis zu der die im Rahmen einer Fallpauschale vergüteten Leistungen abgegolten sind. Die darüber hinausgehende Verweildauer eines Patienten wird zusätzlich über Pflegesätze vergütet.

Zu (2): Diagnosen

Die Zahl der je Fachabteilung entlassenen Patienten wird in der Diagnosestatistik (Teil L4 der LKA) nach Hauptdiagnosen aufgeschlüsselt.

Die Diagnose gibt Hinweise auf den Umfang der bei einem Patienten erforderlichen diagnostischen und therapeutischen Leistungen. Die Diagnosenstatistik bringt insofern die Patientenstruktur des Krankenhauses zum Ausdruck

Zu (3): Operationsleistungen

Die Informationen über die Operationsleistungen werden verschlüsselt nach ICPM (= Internationale Classifikation der Prozeduren in der Medizin) verlangt. Auf diese Weise soll das operative Geschehen im Krankenhaus transparent gemacht und die Zuordnung zu den Entgeltformen, insbesondere Fallpauschalen und Sonderentgelten, ermöglicht werden.

Weitergehende Leistungsinformationen wurden nach altem Pflegesatzrecht im Kosten- und Leistungsnachweis (KLN) verlangt, insbesondere um die Wirtschaftlichkeit der Leistungserbringung beurteilen zu können, die Vorraussetzung für die Kostendeckung war. Zu diesen Informationen gehörten:

Versorgungsleistungen

In Teil S5 des Kosten- und Leistungsnachweises wurden jeweils für das abgelaufene Geschäftsjahr folgende Informationen zur Verfügung gestellt:

Kostenerfassung und Kostenverteilung · III

lfd.Nr.	Versorgungsleistungen
	1. Versorgung mit Wasser, Energie, Brennstoffen
1	– Strom in Kwh
2	– Wasser in cbm
3	– schweres Heizöl in t
4	– leichtes Heizöl in l
5	– Kohle in t
6	– Gas in Kwh
7	– Fernwärme in t-Dampf
	2. Wäscheversorgung
8	Kilogramm Schmutzwäsche für
	– Krankenhaus
	– angegliederte Bereiche
	– sonstige
	3. Speisenversorgung
11	Beköstigungstage für
	– Patienten
12	– Personal
13	– sonstige
14	davon – Vollkos
15	– Schonkost
16	– Diät

Abb. 16: *Versorgungsleistungen lt. KLN*

Leistungsstatistik der medizinischen Institutionen

Für die nicht bettenführenden Leistungsbereiche, die ärztliche Leistungen erbringen (medizinische Institutionen), mußte das Krankenhaus eine Leistungsstatistik führen, die die in diesen Leistungsbereichen erbrachten Leistungen dokumentierte.

Aufgrund der kostenstellenbezogenen Betrachtung wurden nicht alle Leistungen einer bestimmten Leistungsart (z.B. Röntgenleistungen) ausgewiesen, sondern nur die von der entsprechenden nichtbettenführenden Kostenstelle (z.B. Röntgendiagnostik) erbrachten Leistungen.

Für die Leistungsstatistik lt. Teil L2 des Kosten- und Leistungsnachweises (KLN) nach der BPflV a.F. war die Leistungsdefinition und teilweise auch die

Kostenerfassung und Kostenverteilung · III

Leistungsbewertung entsprechend der Gebührenordnung für Ärzte (GOÄ) vorgeschrieben. Wie Abbildung 17 zeigt, wurden teils Einzelleistungen, teils die Zahl der Leistungen einer Leistungsgruppe verlangt.

lfd. Nr.	Leistungsarten	Leistungen für den stationären Bereich		Leistungen für den ambulanten Bereich und für Dritte	
		Anzahl	Punkte	Anzahl	Punkte
	1	2	3	4	5
	I. Röntgenleistungen und Anwendung radioaktiver Substanzen				
	1. Strahlendiagnostik				
1	a) Röntgen Gruppe 1 (Skelett)				
2	b) Röntgen Gruppe 2 (Brust, Magen, Darm)				
3	c) Röntgen Gruppe 3 (Urologie)				
4	d) Röntgen Gruppe 4 (Angiographie)				
5	e) Röntgen Gruppe 5 (sonstige Spezialuntersuchungen)				
6	f) Röntgen Gruppe 6 (CT, NMR)				
	2. Anwendung radioaktiver Substanzen (Radionuklide)				
	a) Diagnostische Leistungen				
7	– In-vivo-Untersuchungen				
8	– In-vitro-Untersuchungen				
9	b) Therapeutische Leistungen				
	3. Strahlentherapie				
10	a) Weichstrahlentherapie				
	b) Hartstrahlentherapie				
	II. Diagnostik				
	1. Innere Medizin				
12	a) Ganzkörperplethysmograpische Bestimmung				
13	b) Bestimmung der Lungendehnbarkeit (Compliance)				
14	c) Oszillographische/rheographische Untersuchungen				
15	d) Herzkatheter				
16	e) Anlegen eines Schrittmachers				
17	f) Verschluß-plethysmographische Untersuchungen				
18	g) Gefäßdiagnostik mittels Ultraschall-Doppler-Technik				
	h) Endoskopien				
19	– Bronchoskopien				
20	– Gastroskopien				
21	– Koloskopien				
22	– Laparoskopien				
23	i) Sonographien				

III · Kostenerfassung und Kostenverteilung

lfd. Nr.	Leistungsarten	Leistungen für den stationären Bereich		Leistungen für den ambulanten Bereich und für Dritte	
		Anzahl	Punkte	Anzahl	Punkte
	1	2	3	4	5
	2. Neurologie				
24	a) Elektroenzephalographische Untersuchungen				
25	b) Elektromyographische Untersuchungen				
	3. Geburtshilfe/Gynäkologie				
26	a) Hysteroskopien				
27	b) Laparoskopien/Pelviskopien				
28	c) Sonographien				
	4. Augen				
29	a) Fluoreszenzangiographische Untersuchungen am Augenhintergrund				
30	b) Elektromyographien der äußeren Augenmuskeln				
31	c) Ophthalmodynamometrien				
	5. Hals-Nasen-Ohren				
32	a) Audio-elektroenzephalographische Untersuchungen				
33	b) Elektronystagmographische Untersuchungen				
34	c) Sonographien				
	6. Urologie				
35	a) Zystoskopien				
36	b) Urodynamische Druckmessungen mit fortlaufender Registrierung				
37	c) Sonographien				
	III. Laboratoriumsuntersuchungen				
38	1. Qualitative und quantitative physikalisch-chemische Untersuchungsmethoden (einschließlich enzymimmunologischer Untersuchungen)				
39	2. Elektrophoretische und chromatographische Trennverfahren				
40	3. Gerinnungsphysiologische Untersuchungsmethoden				
41	4. Mikroskopische Untersuchungsmethoden				
42	5. Komplexuntersuchungen				
43	6. Funktionsprüfungen				
44	7. Serologisch-immunologische Untersuchungsmethoden				
45	8. Mikrobiologische Untersuchungsmethoden				

Kostenerfassung und Kostenverteilung · III

lfd. Nr.	Leistungsarten	Leistungen für den stationären Bereich		Leistungen für den ambulanten Bereich und für Dritte	
		Anzahl	Punkte	Anzahl	Punkte
	1	2	3	4	5
46	9. Histologie				
47	10. Zytologie				
48	11. Zytogenetik				
	IV. Physikalisch-medizinische Leistungen				
49	Krankengymnastiche Behandlungen				
50	Massagen				
51	Medizinische Bäder				
	V. Anästhesieleistungen				
52	Kombinationsnarkosen				
53	Kaudal-, Spinal- oder Periduralanästhesien				

Abb. 17: *Leistungsstatistik für medizinische Institutionen lt. KLN*

Die Leistungsstatistik nach den Vorschriften der Bundespflegesatzverordnung a.f. diente vor allem externen Zwecken, d.h. der Information der Krankenkassen im Zusammenhang mit der Pflegesatzverhandlung.[43])

Für interne Zwecke mangelte es dieser Leistungsstatistik insbesondere am notwendigen Differenzierungsgrad und an der Vollständigkeit. So wurden beispielsweise im Bereich II (Diagnostik) Leistungen nur lückenhaft genannt, ohne die nichtgenannten Leistungen unter einer Position „Sonstige" zusammenzufassen. Die Bereiche I. (Röntgenleistungen und Anwendung radioaktiver Substanzen) und III. (Laboratoriumsuntersuchungen) sind zwar vollständig, jedoch ist hier für innerbetriebliche Zwecke auf die Zahl der Einzelleistungen abzustellen, d.h. der Differenzierungsgrad zu erhöhen.

Darüber hinaus reicht – wie oben bereits festgestellt – für Zwecke der Kostenverteilung innerhalb des Kostenstellensystems eine Leistung**statistik** nicht aus, die lediglich die pro Kostenstelle erbrachten Leistungen nach Leistungsarten ausweist. Gefordert wird für diese Aufgabe eine Leistung**srechnung**, die die erbrachten Leistungen nach anfordernden Kostenstellen und nach Patienten (Patientenkategorien/Entgeltformen) differenziert. Auf diesem Grundgedanken aufbauend werden im folgenden Leistungsdefinition und Leistungsbewertung als Bestandteile der Krankenhausleistungsrechnung behandelt.

---

43) Vgl. § 16 BPflV a.F.

III · Kostenerfassung und Kostenverteilung

Die Bedeutung der sogenannten L2 - Statistik der BPflV a. F. liegt insbesondere in der Vorgabe der Leistungsdefinition im Bereich der Diagnostik. Diese ist, wie die nachfolgenden Ausführungen zeigen, auch heute brauchbar und üblich.

Leistungsdefinition und Leistungsbewertung in der internen Leistungsrechnung

Die Leistungen, definiert nach Quantität und Qualität, bringen die Kosteneinflußgrößen[44] „Beschäftigung" und „Leistungsprogramm" zum Ausdruck.

Damit die Leistungsrechnung als Instrument zur Betriebssteuerung und Wirtschaftlichkeitskontrolle sowie als Grundlage der Kostenverteilung im System der Kostenstellenrechnung dienen kann, sollten folgende Grundsätze beachtet werden:

– Leistungen sind überschneidungsfrei zu definieren, um Doppelzählungen zu vermeiden.
– Bei der Leistungserfassung ist zwischen Leistungen für stationäre und Leistungen für ambulante Patienten zu unterscheiden. Wünschenswert ist desweiteren die Differenzierung nach Leistungen, die während der Regelarbeitszeit erbracht werden und solchen Leistungen, die die Inanspruchnahme des Bereitschaftsdienstes betreffen.
– Bei der Leistungsdefinition sind die Anforderungen für die Personalbedarfsrechnung zu beachten.[45]
– Kosten und Nutzen der Leistungsrechnung müssen in einem angemessenen Verhältnis zueinander stehen, das gilt insbesondere für die patientenbezogene Leistungserfassung.

‚(1) Röntgendiagnostik

Als „Leistungen" können definiert und gezählt werden:
– Patienten,
– Untersuchungen,
– Aufnahmen/Durchleuchtungen.

Zeitraumbezogen ist dabei die Zahl der Aufnahmen größer als die Zahl der Untersuchungen, und die Zahl der Untersuchungen größer als die Zahl der Patienten, da eine Untersuchung eine oder mehrere Aufnahmen umfaßt und pro Patient teilweise mehr als eine Untersuchung durchgeführt wird.

---

[44] Zu den Kosteneinflußgrößen vgl. Abschnitt IV.2.1.2
[45] Die Personalbedarfsrechnung ist ein wichtiges Instrument für die Kostenplanung (vgl. Abschnitt IV.2.2.3.1) und damit ein Bindeglied zwischen (Plan-)Kostenrechnung und (externem) Budget. Während die Kosten- und Leistungsrechnung auf die Wirtschaftlichkeit abstellt, macht die Personalbedarfsrechnung Aussagen über die anzustrebende Arbeitsproduktivität und ist insofern eine reine Mengenbetrachtung.

Für eine möglichst differenzierte Kostenanalyse sind alle drei Leistungsinformationen wünschenswert. Kosten-Nutzen-Überlegungen führen dazu, daß man sich in der Leistungsrechnung für eine Leistungsdefinition entscheidet.

Da der Personalbedarf und damit die Personalkosten vor allem durch die Art und Anzahl der Untersuchungen bestimmt werden, empfiehlt es sich, im Rahmen der Leistungsrechnung die Leistung als Untersuchung zu definieren und dementsprechend nach Arten der Untersuchung zu differenzieren.

Betrachtet man die Kosten für Röntgenfilme, so sind diese mehr durch die Zahl der Aufnahmen als durch die Zahl der Untersuchungen bestimmt. Kontrastmittel, Katheter und dergleichen hängen wiederum nicht von der Zahl der Aufnahmen, sondern von der Zahl der Untersuchungen ab. Das gilt auch für die Raumkosten, die über die zeitliche Bindung des nichtärztlichen Personals im Sinne einer finalen Zuordnung ebenfalls durch Art und Anzahl der Untersuchungen bestimmt werden können.

Da die Untersuchungen laut GOÄ gleichartige Untersuchungen teilweise zusätzlich nach Anzahl der Aufnahmen differenzieren, ist die **Leistungsdefinition „Untersuchungen laut GOÄ"** für die Leistungsrechnung des Krankenhauses brauchbar. Für Zwecke der Personalbedarfsrechnung ist zu beachten, daß es in der GOÄ Leistungsnummern mit dem Inhalt „jede weitere Aufnahme" gibt, die keine eigenständige Leistung im Sinne der Personalbedarfsrechnung darstellen. Ausgehend von der Zahl der Untersuchungen laut GOÄ sind die Leistungen mit dem Inhalt „jede weitere Aufnahme" abzusetzen, um Leistungen im Sinne der Personalbedarfsrechnung zu erhalten.

Soweit in der Basisdokumentation (in der Regel ist das das Röntgenbuch) auch Patienten und Aufnahmen dokumentiert sind, können bei Bedarf diese zusätzlichen Informationen zur Kennzahlenbildung (Aufnahmen pro Untersuchung, Untersuchungen pro Patient) genutzt werden.

(2) Strahlentherapie

In der Strahlentherapie werden Tumorpatienten behandelt. Die Behandlung umfaßt mehrere Bestrahlungsserien, wobei jede Serie eine unterschiedliche Zahl von Sitzungen umfaßt, und je Sitzung die Bestrahlung eines oder mehrerer Bestrahlungsfelder erfolgt.

Damit gibt es in der Strahlentherapie folgende mögliche Leistungsdefinitionen:
- Patient
- Serie
- Sitzung
- Feld

Für Zwecke der Personalbedarfsrechnung (getrennt nach ärztlichem Dienst und medizinisch-technischem Dienst) werden letztlich Informationen über alle diese Leistungskategorien benötigt. Für Zwecke der Kostenverteilung empfiehlt sich die Leistungsdefinition „Sitzung", da sie die zeitliche Bindung des nichtärztlichen

III · Kostenerfassung und Kostenverteilung

Personals sowie die Raum- und Gerätenutzung zum Ausdruck bringt.

(3) Nuklearmedizin

In der Nuklearmedizin werden in-vivo-Untersuchungen (Untersuchungen am Patienten) und in-vitro-Untersuchungen (Laboruntersuchungen) unterschieden. Für beide Leistungsbereiche empfiehlt sich die Leistungsdefinition „Untersuchungen laut GOÄ" mit einer entsprechenden Leistungsgewichtung (Punkte laut GOÄ).

(4) Laboratorien

Für die Leistungsdefinition und Leistungserfassung im Zentrallabor bieten sich die Zahl der Untersuchungen (differenziert nach Untersuchungsarten) oder die Zahl der ermittelten Parameter (differenziert nach Art der Parameter) an. Teilweise ist für das Ermitteln eines Parameters eine eigenständige Untersuchung erforderlich, so daß sich die Leistungsdefinition „ermittelter Parameter" und „Untersuchung" inhaltlich nicht unterscheiden. Bei bestimmten Untersuchungen, z.B. Blutbild (Nr. 3550 GOÄ), werden mit einer Untersuchung mehrere Parameter ermittelt.

Während in der Vergangenheit häufig die ermittelten Parameter gezählt wurden, setzt sich die Leistungsdefinition „Untersuchung" zunehmend durch, da die „Untersuchung" stärker und umfassender an die Leistungserstellung anknüpft als Art und Anzahl der ermittelten Parameter.

Diese Entwicklung wurde nicht unwesentlich beeinflußt durch den Einsatz sogenannter Mehrkanalgeräte, mit denen in einem Arbeitsgang 10 und mehr Parameter ermittelt werden können.

Neben der Verdichtung nach Leistungsgruppen empfiehlt sich für Zwecke der Personalbedarfsberechnung zusätzlich eine Verdichtung und Zuordnung der Leistungen auf Geräte bzw. Arbeitsplätze.

(5) Funktionsdiagnostik und sonstige diagnostische Einrichtungen

Für die kardiologische und gastroenterologische Diagnostik sowie für die Sonographie (Ultraschalluntersuchungen) und sonstige internistische Diagnostik genügt die Leistungsdefinition „Untersuchungen laut GOÄ" den Anforderungen der Leistungsrechnung.

(6) Pathologie

Als Leistungen können Einsendungen (Materialien) und/oder Untersuchungen (Schnitte) gezählt werden.

Die Untersuchung laut GOÄ orientiert sich an den untersuchten Materialien und läßt die erforderliche Anzahl von „Schnitten", die den Aufwand und Schwierigkeitsgrad einer Begutachtung des Materials bestimmen, außer acht. Insofern empfiehlt sich für die Leistungsrechnung die Erfassung beider Größen, der

Einsendungen und der Untersuchungen. Die Relation Untersuchungen pro Einsendung bringt dabei die Leistungsstruktur in einer Kennzahl zum Ausdruck.

(7) Physikalische Therapie
Für physikalisch-medizinische Leistungen wurde in Teil L2 des Kosten- und Leistungsnachweises nur die Anzahl der Leistungen für den stationären und den ambulanten Bereich, differenziert nach krankengymnastischen Behandlungen, Massagen und medizinischen Bädern, verlangt, und dies nur von Krankenhäusern mit entsprechendem medizinischen Schwerpunkt in diesem Leistungsbereich.

Diese Differenzierung ist für die Leistungsrechnung des Krankenhauses zu grob. Zur Definition und Bewertung der Leistungen bietet sich der DKG-NT Band 1, Teil S I Bäder, Massagen, Krankengymnastik und andere Heilbehandlungen an.[46])

(8) Anästhesie
Für den Bereich Anästhesie verlangte die L2-Statistik die Anzahl der
- Kombinationsnarkosen und
- Kaudal-, Spinal- oder Periduralanästhesien.

Eine Gewichtung der Leistungen mit Punkten laut GOÄ war nicht vorgeschrieben.

Für Zwecke der Leistungsrechnung ist eine weitergehende Differenzierung und Bewertung laut GOÄ wenig sinnvoll, da die dort definierten Leistungen zum einen nicht immer eine eigenständige Leistung darstellen, und zum anderen die Anästhesiedauer nur in einem groben Raster angegeben wird, wie das folgende Beispiel zeigt:

Tarifnummer	Leistung
462	Kombinationsnarkose mit endotrachealer Intubation, bis zu 1 Std.
463	Kombinationsnarkose mit endotrachealer Intubation jede weitere angefangene halbe Stunde

Für Zwecke der Leistungsrechnung sind Anzahl und Dauer der Anästhesien zu erfassen, wobei die Dauer der Anästhesie die Zeit von der Einleitung bis zur Ausleitung der Anästhesie umfaßt.

---

46) Die Formulierung „andere Heilbehandlungen" macht deutlich, daß es sich bei diesen Leistungen nicht um ärztliche Leistungen handelt, die in Teil E (physikalisch-medizinische Leistungen) der GOÄ ausgewiesen werden. Die Bewertung der Leistungen laut DKG-NT ist eine Bewertung mit einem Preis in DM und nicht eine Bewertung mit Punkten wie bei den ärztlichen Leistungen in der GOÄ.

III · Kostenerfassung und Kostenverteilung

Die Definition der Anästhesiedauer wird bestimmt durch Erfordernisse des personalbedarfsrechnerischen Ansatzes[47]) und der Kostenträgerrechnung.

(9) OP-Einrichtungen

Informationen über die OP-Tätigkeit wurden in Teil L2 des Kosten- und Leistungsnachweises nicht verlangt. Im KLN wurde, was den Umfang der OP-Tätigkeit angeht, lediglich in Teil L1 (Diagnosenstatistik) die Anzahl der Operationen (Anzahl der operierten Patienten) angegeben.

Eine Differenzierung der OP-Leistungen entsprechend der GOÄ, wie sie verschiedentlich empfohlen wird, oder eine Differenzierung entsprechend den Höhnschen Kategorien in große, mittlere und kleine Eingriffe[48]), sind für die Leistungsrechnung nur bedingt brauchbar, da sie die Kostenentstehung nur eingeschränkt widerspiegeln und insbesondere mit ihrer Leistungsdefinition nicht die Anforderungen der Personalbedarfsrechnung berücksichtigen, mit deren Hilfe der geplante Personaleinsatz und damit auch die geplanten Personalkosten bestimmt werden.

Mit der Leistungsdefinition in der Systematik des ICPM – Schlüssels liegt inzwischen eine verbindliche Vorgabe für die Leistungs- und Kalkulationsaufstellung (LKA) vor.

Für Zwecke der Leistungsrechnung, die Grundlage der Wirtschaftlichkeitskontrolle und der Kostenverteilung sein soll, empfiehlt sich folgender Ansatz:

- Anzahl der operierten Patienten[49])
- OP-Dauer
- OP-Team (Ärzte)[50])

Entsprechend dieser Differenzierung ergibt sich das Leistungsvolumen eines Zeitraumes in folgender Form:

---

47) Vgl. Abschnitt III.3.3.3.2
48) Vgl. Höhn, H.-G.: Operationskatalog für Betriebsvergleiche, in: Krankenhausumschau 2/1992 S.51ff.
49) Eine Differenzierung nach Eingriffsarten liefern ICPM-Statistik und die Eingriffsartenstatistik, die von den Chefärzten im Rahmen der Facharztausbildung geführt wird. Zu beachten ist hierbei jedoch die unterschiedliche Leistungsdefinition. Die Zahl der Eingriffe im Sinne einer selbständigen operativen Leistung ist in der Regel größer als die Zahl der operierten Patienten, da bei einem Patienten in einer Anästhesie zum Teil mehrere „Eingriffe" durchgeführt werden (z.B. Nagelung einer Oberschenkelfraktur und osteosynthetische Versorgung einer Fußfraktur).
 Soweit Eingriffe als Sonderentgelte oder über Fallpauschalen abgerechnet werden, wird die Leistungszuordnung entsprechend ICPM hergestellt.
50) Ohne Anästhesisten

Kostenerfassung und Kostenverteilung · III

Anzahl der Operationen (operierte Patienten) x durchschnittliche OP-Dauer (Schnitt – Naht – Zeit)[51]) x durchschnittliches OP-Team (Operateure und Assistenten).

Bei beispielsweise 2.500 operierten Patienten, einer durchschnittlichen OP-Dauer von 100 Minuten und einem durchschnittlichen OP-Team von 2,5 Ärzten ergibt sich folgende Rechnung:

2500 OP/Jahr x 100 Minuten/Kraft x 2,5 Kräfte/OP = 625.000 Minuten/Jahr

Entsprechend dem zeitlichen Ablauf eines operativen Eingriffes können – die Tätigkeit der Anästhesie mit einbezogen – folgende Zeiten unterschieden werden:
- Übernahme des Patienten
- Einleitung der Anästhesie
- Schnitt
- Naht
- Ausleitung der Anästhesie
- Abgabe des Patienten

Diese Daten werden im Anästhesieprotokoll dokumentiert, das Grundlage für die Leistungsrechnung im OP-Bereich ist.

(10) Kreißsaal

Im Rahmen der Leistungsrechnung wird im Kreißsaal die Anzahl der entbundenen Frauen erfaßt und dabei differenziert nach Art der Entbindung (Spontangeburt, Vakuumextraktion, Zangengeburt, Schnittentbindung) sowie nach der Dauer der Entbindung, die derzeit Kriterium für die Zuordnung zu den geburtshilflichen Fallpauschalen sind. Die Differenzierung dieser Entgelte führt zu neuen Vorgaben für die Leistungsdefinition und -erfassung.

Zusätzlich werden üblicherweise die CTG-Überwachungen dokumentiert, die personalbedarfsrechnerisch dann eine Bedeutung haben, wenn sie außerhalb der Entbindung erfolgen.

Da der Kreißsaal in der Regel ausschließlich Leistungen für die Geburtshilfe erbringt, werden an die Bewertung der Leistungen keine besonderen Anforderungen gestellt. Die Leistungsrechnung dient in diesem Bereich vor allem der Wirtschaftlichkeitskontrolle und der Kostenträgerrechnung.

(11) Ambulanzen

In den Ambulanzen – es handelt sich um zentrale Diagnose- und Therapiebereiche einer Klinik – werden unterschiedliche Leistungen sowohl für stationäre als auch für ambulante Patienten erbracht.[52])

---

51) Diese enge Definition der OP-Dauer wird deswegen gewählt, weil die Zeit für Vor- und Nachbereitung (OP-Zwischenzeit) sich von Leerzeiten und anders genutzten Zeiten nicht immer exakt trennen läßt. Für personalbedarfsrechnerische Zwecke und Zwecke der Kalkulation wird zur durchschnittlichen OP-Dauer im Sinne der Schnitt-Naht-Zeit eine durchschnittliche OP-Zwischenzeit addiert.
52) Vgl. Abschnitt III.2.2.2

III · Kostenerfassung und Kostenverteilung

Eine Leistungserfassung, entsprechend der Systematik der GOÄ, wie sie teilweise empfohlen wird, ist vor dem Hintergrund der Kosten-Nutzen-Relation abzulehnen.

In der Krankenhauspraxis hat es sich bewährt, die Leistungsrechnung auf der üblichen Basisdokumentation aufzubauen.

Das **Ambulanzbuch** liefert die Anzahl der Patienten (getrennt nach stationären und ambulanten Patienten), die die jeweilige Ambulanz „durchlaufen" haben.

Wundversorgungsbuch, Gipsbuch, Endoskopiebuch und vergleichbare Dokumente liefern Anzahl und Art der umfangreicheren Einzelleistungen.

Neben dieser Basisdokumentation steht zusätzlich die Zahl der ambulanten „**Fälle**" und der **Umsatz pro Fall** aus der Ambulanzabrechnung zur Verfügung. Diese zur Verfügung stehenden Daten machen es möglich, die erbrachten Leistungen mit einer durchschnittlichen zeitlichen Bindung zu bewerten.

Die Verteilung der Kosten der Ambulanzen auf den stationären Bereich (Kostenstellengruppe 93–96) und den ambulanten Bereich (Kostenstellenuntergruppe 980) ist ein wesentlicher Teil der Ambulanzkostenrechnung, die vom Grundsatz her eine Kostenverteilungsrechnung ist, wobei nicht abbaubare Leerkosten, die aus der Vorhaltefunktion des stationären Bereichs resultieren, in vollem Umfang der stationären Behandlung zugeordnet werden, während die ambulante Behandlung nur in soweit belastet wird, als Kosten der Inanspruchnahme (Nutzkosten) angefallen sind.

Leistungserfassung

Mit der Entscheidung über Leistungsdefinition und Leistungsbewertung ist eine Festlegung getroffen, welchen Inhalt eine Leistung hat und welches Gewicht einer einzelnen Leistung gegenüber einer vergleichbaren Leistung beizumessen ist. Über die Art der Leistungserfassung im Sinne der Erfassungstechnik ist damit noch keine Aussage getroffen. Grundsätzlich bestehen folgende **Möglichkeiten für die Leistungserfassung:**

(1) Manuelle Erfassung bzw. Auswertung

(2) Tastaturerfassung

(3) Belegleser

(4) Barcode

Die Qualität der Leistungsrechnung wird nicht durch die Erfassungstechnik bestimmt, sondern durch den konzeptionellen Ansatz, insbesondere die sachgerechte Leistungsdefinition und die fehlerfreie Erfassung.

Da je nach leistungserbringender Stelle und Zahl der leistungsempfangenden Stellen unterschiedliche Datenvolumina zu verarbeiten sind, wird ein Krankenhaus in der Regel verschiedene Erfassungs- bzw. Auswertungstechniken kombinieren.

Bei der Auswahl der Erfassungstechnik ist auch die Art der vorhandenen Basisdokumentation zu beachten (z.b. Röntgenbücher, OP-Bücher, Anästhesieprotokolle, Endoskopiebücher).

So scheidet z.b. für den OP-Bereich eine Leistungserfassung mit Barcode aus, da man dort auf Anästhesieprotokolle zurückgreifen kann, deren Daten sich beispielsweise mit einem PC verarbeiten lassen.

Im Zentrallabor, wo eine sehr hohe Anzahl von Leistungen für eine große Zahl von Kostenstellen im Krankenhaus erbracht wird, empfiehlt es sich, die Leistungsrechnung mit einem Laborsteuerungssystem zu kombinieren.

Endoskopische Leistungen lassen sich in kleineren und auch mittleren Krankenhäusern anhand der Basisdokumentation (Endoskopiebuch) auswerten und so für Zwecke der Leistungsrechnung aufbereiten.

Bei der Bewertung der unterschiedlichen Möglichkeiten für die Leistungserfassung genügt es nicht, sich nur auf den Arbeitsaufwand beim Erfassen zu konzentrieren. Es sind darüber hinaus Fehlerquoten, Flexibilität, Organisationswiderstand bei der Einführung einer neuen Erfassungstechnik und die Auswertungsmöglichkeiten der eingegebenen Daten zu berücksichtigen. In jedem Fall sind die angestellten Überlegungen durch eine Kosten-Nutzenanalyse zu ergänzen. Diese schließt auch den Umfang der Leistungsrechnung ein; denn im Krankenhaus können nicht in jedem Leistungsbereich alle Leistungen erfaßt werden. Die Leistungserfassung muß sich auf die Leistungen beschränken, die eine entsprechende Bedeutung für das Erreichen der Ziele der Leistungsrechnung haben. Das bedeutet in der Regel eine Beschränkung auf Leistungen mit nennenswertem kostenmäßigen Gewicht, die Bezugsgrößen im Hinblick auf die Kostenentstehung sind. Die Erfordernisse der Kostenträgerrechnung (patientenbezogene Leistungserfassung) führen zunehmend zu einer DV-gestützten Leistungsrechnung.

2.2.4.3 Verfahren der innerbetrieblichen Umlagen- und Leistungsverrechnung

Arten innerbetrieblicher Leistungsverflechtungen im Überblick

Das für die innerbetriebliche Umlagen- und Leistungsverrechnung anzuwendende Verfahren wird wesentlich durch die Art der innerbetrieblichen Leistungsverflechtung und die an die Genauigkeit der Kostenverteilung gestellten Anforderungen bestimmt.

Hummel/Männel unterscheiden folgende Grundtypen innerbetrieblicher Leistungsverflechtungen:[53])

---

53) Vgl. Hummel, S., Männel, W.: Kostenrechnung 1, a.a.O., S.211ff.

III · Kostenerfassung und Kostenverteilung

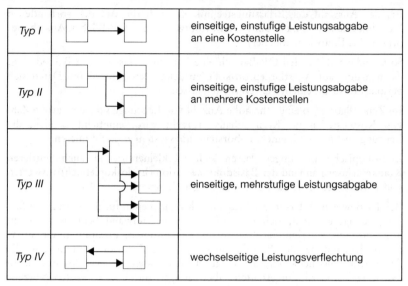

Abb. 18: *Grundtypen innerbetrieblicher Leistungsverflechtungen*

Eine **einseitige, einstufige Leistungsabgabe** an eine Kostenstelle kommt im Krankenhaus selten vor. Beispielhaft sei hierfür ein Speziallabor im OP-Bereich eines Großkrankenhauses genannt, das ausschließlich Leistungen für den OP-Bereich erbringt und deswegen als eigene Kostenstelle geführt wird, weil es einem anderen Verantwortungsbereich zugeordnet ist als der OP-Bereich.

Eine **einseitige, einstufige Leistungsabgabe** an mehrere Kostenstellen liegt zum Beispiel dann vor, wenn Versorgungseinrichtungen (z.B. Speisenversorgung) oder medizinische Institutionen (z.B. Röntgendiagnostik) ihre Leistungen ausschließlich an verschiedene Endkostenstellen abgeben.

Eine **einseitige, mehrstufige Leistungsabgabe** liegt z.B. in der Wäscheversorgung vor, die unter anderem für die medizinischen Institutionen erfolgt, die ihrerseits Leistungen für die Pflegefachbereiche erbringen. Wechselseitige Leistungsverflechtungen gibt es im Krankenhaus unter anderem innerhalb der Pflegefachbereiche, wo für Patienten einer anderen Fachrichtung Konsiliarleistungen erbracht und von anderen Fachrichtungen empfangen werden.

Um die Leistungsverflechtungen im Krankenhaus transparent zu machen, empfiehlt es sich, für jede Kostenstelle die Frage zu beantworten, an welche Kostenstellen sie Leistungen abgibt und von welchen Kostenstellen sie Leistungen empfängt. Diese Informationen sind – in tabellarischer Form aufgebaut – eine wichtige Hilfe zur Auswahl des geeigneten Verfahrens der Kostenverrechnung und zur Entscheidung über die Reihenfolge der Verrechnung, sofern wechselseitige Leistungsbeziehungen nicht vorliegen bzw. kostenrechnerisch vernachlässigt werden können.

Im Krankenhaus sind dabei die spezifischen Aufgaben der Kostenverteilung zu beachten, die nicht nur die Verteilungstechnik, sondern auch den materiellen Inhalt im Hinblick auf den Umfang der zu verteilenden Kosten betreffen.

Da mit der innerbetrieblichen Umlagen- und Leistungsverrechnung die Kostenträgerrechnung vorbereitet wird, bestimmen die Erfordernisse der Kostenträgerrechnung Art und Umfang dieser Verrechnungen im Kostenstellensystem.

Einstufige Verrechnung eines einseitigen Leistungsstroms

Die einstufige einseitige Verrechnung betrifft die Leistungsströme der oben genannten Typen 1 und 2.

Ein kostenrechnerisches Verteilungsproblem besteht beim Typ 1 insofern nicht, als alle Kosten der leistenden Kostenstelle an die eine empfangende Kostenstelle weiterverrechnet werden. Eine Entscheidung ist hier nur dahingehend zu treffen, ob diese Verrechnung summarisch erfolgen oder ob die Kostenartenstruktur der leistenden Kostenstelle erhalten bleiben soll. Diese grundlegende Frage ist auch bei jeder anderen Form der Kostenverrechnung zu beantworten. Sie hat für das Krankenhaus insofern große Bedeutung, als die Leistungs- und Kalkulationsaufstellung (LKA) nach Kostenarten aufgebaut ist und der dort geforderte Nettoausweis, d.h. die Beschränkung auf Kosten der stationären Behandlung, nur bei einer Kostenverteilung unter Beibehaltung der Kostenartenstruktur möglich ist.

Der Unterschied zwischen einer summarischen Kostenverteilung und einer Kostenverteilung unter Beibehaltung der Kostenartenstruktur wird anhand des nachfolgenden Beispiels (vgl. Abbildung 20 und Abbildung 21) verdeutlicht.[54]

Als Endkostenstellen wurden dabei nicht nur die bettenführenden Abteilungen berücksichtigt, in denen Patienten verpflegt werden, sondern auch die „Ausgliederungskostenstelle" Personalverpflegung/Verpflegung Dritter.

Abbildung 20 zeigt die summarische Kostenstellenumlage, wie sie nach den Bestimmungen der Bundespflegesatzverordnung alter Fassung ausreichte. Eine Beibehaltung der Kostenartenstruktur war deswegen nicht erforderlich, weil die Darstellung der Kosten im Kosten- und Leistungsnachweis (KLN) nach dem

---

[54] Die Kostenverteilung erfolgt dabei proportional zu den Leistungen. Für Zwecke der Kostenausgliederung, d.h. Ermittlung der Kosten, die nicht durch Budget und Pflegesätze gedeckt werden, stellt sich materiell die Frage nach der Abbaufähigkeit der Kosten im Sinne eines entscheidungsinternen Kostenbegriffs. Insofern dient das gewählte Beispiel vor allem der methodischen Darstellung des Verfahrens. Die derzeitige Vergütungsform „Basispflegesatz" macht ausgehend von den Nettokosten (Kosten der stationären Behandlung) eine Verteilung dieser Kosten auf Endkostenstellen entbehrlich.

III · Kostenerfassung und Kostenverteilung

Bruttoprinzip erfolgte, d.h. von den nach Kostenarten gegliederten Gesamtkosten des Krankenhauses wurden ohne Kostenartendifferenzierung Kosten abgezogen, die nicht die stationäre Behandlung betrafen.

Das Ergebnis waren dann – ausgehend von den Bruttokosten – Nettogesamtkosten der stationären Behandlung, auf deren Grundlage der allgemeine Pflegesatz errechnet wurde.

Die Bundespflegesatzverordnung 1995 ersetzte das Kostendeckungsprinzip durch das Prinzip medizinisch leistungsgerechter Entgelte, bei dem die individuellen Kosten des einzelnen Krankenhauses keine bzw. eine untergeordnete Rolle spielen.

Hieraus resultiert das Nettoprinzip der LKA, d.h. die Kostenbetrachtung beschränkt sich auf die stationäre Behandlung.

Die Kostenartendifferenzierung der LKA erfordert eine Kostenverteilung unter Beibehaltung der Kostenartenstruktur. Diese Kostenverteilung betrifft nicht nur die stationären Leistungen, sondern auch die Leistungen des Krankenhauses, deren Kosten „auszugliedern" und auf andere Art und Weise, d.h. nicht über Budget und Pflegesätze, zu decken sind.

Schwerpunkt der Kostenverteilung im Krankenhaus ist die innerbetriebliche Leistungsverrechnung. Eine Umlagenrechnung ist für die Kosten der stationären Behandlung deswegen entbehrlich, weil die Kosten der betroffenen Kostenstellen über den Basispflegesatz abgegolten werden, der im Wege der Divisionskalkulation ohne Kostenstellendifferenzierung ermittelt wird. Lediglich für die „Ausgliederung" der Kosten, die nicht die stationäre Behandlung betreffen, ist die Umlagenrechnung von gewisser Bedeutung.

Bei der Leistungsabgabe an mehrere Kostenstellen sind für jede leistende Kostenstelle Maßgrößen der Kostenverteilung festzulegen.

Die Kostenverteilung im Sinne einer Umlagenrechnung kann auf bestandsgrößenbezogene Schlüssel abstellen wie z.B.:

– Fläche oder Rauminhalt von Gebäuden bzw. Gebäudeteilen als Schlüssel zur Verteilung von Heizungskosten,

– installierte Kilowatt zur Verteilung von Stromkosten,

– die Zahl der in einer Kostenstelle beschäftigten Mitarbeiter als Schlüssel zur Verteilung von Verwaltungskosten.

Derartige bestandsgrößenbezogene Schlüssel werden dann angewandt, wenn die Leistungsabgabe schwer oder gar nicht zu messen ist. Bei den Kosten der leistenden Kostenstelle handelt es sich meist um fixe Kosten, deren Verteilung unter dem Aspekt der Kostenverursachung problematisch ist. Das gilt insbesondere bei einer „Kostenausgliederung" für die Leistungen, deren Kosten nicht durch Budget und Pflegesätze gedeckt werden dürfen.

Kostenerfassung und Kostenverteilung · III

Primär- und Sekundärkosten	Kostenstellen	Vorkostenstellen Küche	Endkostenstellen Innere Medizin	Endkostenstellen Chirurgie	Endkostenstellen Personal/Sonstige
Beköstigungstage in Anspruch genommene Beköstigungstage		100.000	40.000	35.000	25.000
Personalkosten					
Ärztlicher Dienst		–	1.000.000	850.000	600.000
Pflegedienst		–	2.500.000	2.000.000	1.500.000
Med.-techn.-Dienst		–	200.000	180.000	120.000
Wirtschafts- und Versorgungsdienst		600.000	–	–	–
		600.000	3.700.000	3.030.000	2.220.000
Sachkosten					
Lebensmittel		1.000.000	–	–	–
Medizinischer Bedarf		–	800.000	750.000	300.000
Wirtschaftsbedarf		10.000	3.000	2.500	2.000
Verwaltungsbedarf		1.000	8.000	6.000	4.000
Instandhaltung		20.000	40.000	30.000	20.000
		1.091.000	851.000	788.500	326.000
Primärkosten		1.631.000	4.551.000	3.818.500	2.546.000
Sekundärkosten			652.400	570.850	407.750
Primäre und sekundäre Kosten nach Verrechnung innerbetrieblicher Leistungen		–	5.203.400	4.389.350	2.953.750

Abb. 19: *Summarische Kostenstellenumlage*

Die Kostenumlage kann auch mit bewegungsgrößenbezogenen Schlüsseln erfolgen. Als Beispiele hierfür seien genannt:

- Der Wert des verbrauchten Materials als Schlüssel zur Verteilung der Kosten des Zentrallagers oder der Apotheke,
- die Personalkosten als Schlüssel zur Verteilung der Verwaltungskosten.

Maßgröße für die Verteilung der Kosten von innerbetrieblichen Leistungen, die in schwankender Höhe anfallen und auch gemessen werden, sind die erbrachten und bewerteten Leistungen, entsprechend der Leistungsrechnung des Krankenhauses (Innerbetriebliche Leistungsverrechnung).

In der Abbildung 21 sind, differenziert nach Kostenstellen bzw. Kostenstellengruppen, die im Krankenhaus üblichen Maßgrößen der Kostenverteilung zusammengestellt.

III · Kostenerfassung und Kostenverteilung

Kostenstellen / Primär- und Sekundärkosten	Vorkostenstellen Küche	Endkostenstellen Innere Medizin			Endkostenstellen Chirurgie			Endkostenstellen Personal/Sonstige		
		Primärkosten	Sekundärkosten	Kosten gesamt	Primärkosten	Sekundärkosten	Kosten gesamt	Primärkosten	Sekundärkosten	Kosten gesamt
Beköstigungstage	100.000									
in Anspruch genommene Beköstigungstage			40.000			35.000			25.000	
Personalkosten										
Ärztlicher Dienst	–	1.000.000	–	1.000.000	850.000	–	850.000	600.000	–	600.000
Pflegedienst	–	2.500.000	–	2.500.000	2.000.000	–	2.000.000	1.500.000	–	1.500.000
Med.-techn.-Dienst	–	200.000	–	200.000	180.000	–	180.000	120.000	–	120.000
Wirtschafts- und Versorgungsdienst	600.000	–	240.000	240.000	–	210.000	210.000	–	150.000	150.000
	600.000	3.700.000	240.000	3.940.000	3.030.000	210.000	3.240.000	2.220.000	150.000	2.370.000
Sachkosten										
Lebensmittel	1.000.000	–	400.000	400.000	–	350.000	350.000	–	250.000	250.000
Medizinischer Bedarf	–	800.000	–	800.000	750.000	–	750.000	300.000	–	300.000
Wirtschaftsbedarf	10.000	3.000	4.000	7.000	2.500	3.500	6.000	2.000	2.500	4.500
Verwaltungsbedarf	1.000	8.000	400	8.400	6.000	350	6.350	4.000	250	4.250
Instandhaltung	20.000	40.000	8.000	48.000	30.000	7.000	37.000	20.000	5.000	25.000
	1.091.000	851.000	412.400	1.236.400	788.500	360.850	1.149.350	326.000	257.750	583.750
Primärkosten	1.631.000	4.551.000			3.818.500			2.546.000		
Sekundärkosten	–		652.400	5.203.400		570.850	4.389.350		407.750	2.953.750

Abb. 20: *Kostenstellenumlage unter Beibehaltung der Kostenartenstruktur*

Kostenerfassung und Kostenverteilung · III

Kostenstellen-Nr.	Bezeichnung	Kostenverteilung nach
90	**Gemeinsame Kostenstelle**	
900	Gebäude einschl. Grundstücke und Außenanlagen	Fläche
901	Leitung und Verwaltung des Krankenhauses	Anzahl der Mitarbeiter
902	Werkstätten	Leistungserhebung mit Stundenzetteln
904	Personaleinrichtungen	Anzahl der Mitarbeiter
905	Aus-, Fort- und Weiterbildung	Anzahl der Schüler und Schülerinnen/Ausbildungsplan
906	Sozialdienst/Praktikantenbetreuung	Pflegetage
91	**Versorgungseinrichtungen**	
910	Speisenversorgung	Beköstigungstage
911	Wäscheversorgung	OP lt. Aufzeichnung/Interview, Rest nach Pflegetagen
912	Zentraler Reinigungsdienst	gewichtete Reinigungsfläche[55])
913	Versorgung mit Wasser, Energie, Brennstoffen	Großverbraucher[56]) nach Zähler bzw. Interview, Rest nach Fläche
914	Innerbetriebliche Transporte	Tourenplan/Einsatzplan, Fuhrpark direkt, Kostenstelle 93010[57])
915	Bettenzentrale	Fallzahl
916	Entsorgung	100% Kostenstelle 93010[58])
917	Versorgung mit medizinischem Bedarf	Wert der angeforderten Materialien
918	Zentrale Sterilisation	Anteil OP lt. Interview, Rest nach Pflegetagen
919	Lager Wirtschaftsbedarf	Wert der angeforderten Materialien

---

55) Berücksichtigung der Reinigungshäufigkeit pro Woche und der Reinigungsintensität (Kategorien entsprechend den Hamburger Richtlinien.) Vgl. Braunschweig, B., Abel, K.: Richtlinien für die Gebäudereinigung in Krankenhäusern der Freien und Hansestadt Hamburg, in: das Krankenhaus 2, (1975), S.61–65
56) Küche, Wäscherei, OP, Physikalische Therapie
57) Soweit ausschließlich betrieblich genutzt.
58) Soweit ausschließlich betrieblich genutzt.

III · Kostenerfassung und Kostenverteilung

Kosten-stellen-Nr.	Bezeichnung	Kostenverteilung nach
92	**Medizinische Institutionen**	
920	Radiologie	Leistungen bewertet lt. GOÄ
922	Laboratorien	Leistungen bewertet lt. GOÄ
923	Funktionsdiagnostik	Leistungen bewertet lt. GOÄ
924	Sonstige diagnostische Einrichtungen	Leistungen bewertet lt. GOÄ
925	Anästhesie, OP-Einrichtungen, Kreißzimmer 100%	OP-Minuten,[59] Kostenstelle 953
926	Physikalische Therapie	Leistungen bewertet lt. DKG-NT Teil S
928	Pathologie	Leistungen bewertet lt. GOÄ
929	Ambulanzen	Sonderrechnung (Ambulanzkostenrechnung)

Abb. 21: Kostenverteilungsschlüssel

Sofern die Kostenverteilung unter Beibehaltung der Kostenartenstruktur durchgeführt wird, besteht grundsätzlich die Möglichkeit, für verschiedene Kostenarten unterschiedliche Schlüsselgrößen anzuwenden. Auf diese Weise läßt sich die Genauigkeit des kostenrechnerischen Ergebnisses erhöhen; allerdings ist dieses Verfahren mit einem deutlich höheren Aufwand verbunden.

Im Krankenhaus wurden in der Vergangenheit an die Genauigkeit der Kostenverteilung innerhalb des Kostenstellensystems deswegen nur begrenzte Anforderungen gestellt, weil die Kosten der stationären Behandlung mit einem allgemeinen Pflegesatz vergütet wurden und nicht vom einzelnen Patienten, sondern letztlich von der zuständigen Krankenkasse bzw. Krankenversicherung getragen wurden. Das bedeutet, daß das Solidaritätsprinzip wirksam wurde und es weniger darauf ankam, ob mit einem einheitlichen Pflegesatz recht unterschiedliche Leistungsbündel abgegolten wurden, als darauf, ob die Summe der mit einer Krankenkasse abgerechneten Pflegesätze in einem angemessenen Verhältnis zur Summe der für deren Patienten erbrachten Leistungen stand.

Insofern ist klar zu unterscheiden zwischen dem Ziel wirtschaftlicher Leistungserbringung und dem Ziel einer genauen, d.h. leistungsbezogenen Kostenverteilung. Eine Erhöhung der Genauigkeit der Kostenverteilung ist keineswegs identisch mit einer Erhöhung der Wirtschaftlichkeit. Dieser Zusammen-

---

[59] Anzahl der operierten Patienten x durchschnittliche OP-Dauer x Ärzte/OP

Kostenerfassung und Kostenverteilung · III

hang ist insbesondere zu beachten, wenn im Krankenhaus eine weitere Differenzierung der Vergütungsformen diskutiert wird, an die dann im Hinblick auf die Wirtschaftlichkeit bzw. Kostensenkung bestimmte Erwartungen gestellt werden. Eine differenzierte Leistungsvergütung kann nur mittelbar eine Erhöhung der Wirtschaftlichkeit zur Folge haben, indem das Krankenhaus gezwungen wird, die Prozesse der Leistungserstellung analytisch zu durchdringen.

Die in der Bundespflegesatzverordnug 1995 festgelegten differenzierten Entgeltformen, mit denen der Grundsatz medizinisch leistungsgerechter Entgelte realisiert werden soll, stellt an die innerbetriebliche Leistungsverrechnung höhere Anforderungen. Diese resultieren aus den Anforderungen der LKA bzw. der Kostenträgerrechnung.

Diese Anforderungen betreffen insbesondere die Verteilung der Kosten des ärztlichen Dienstes, die während des Jahres in den Kostenstellengruppen 93 bis 95 (Pflegefachbereiche) kontiert werden.

Diese Kosten sind im Hinblick auf die LKA den Kostenstellen zuzuordnen, in denen die Ärzte ihre Leistungen erbringen (z.B. Station, OP, Endoskopie). Grundlage bzw. Ausgangspunkt hierfür ist eine Personalbedarfsrechnung.

In der Abbildung 22 ist dieser Zusammenhang in vereinfachter Form dargestellt.

Mit der leistungsbezogenen Verteilung des Personaleinsatzes bzw. der Personalkosten anhand des Personalbedarfs sind primär die Kosten der Regelarbeitszeit angesprochen; die Kosten der Bereitschaftsdienste sind gegebennenfalls anders zu verteilen. Grundlage hierfür können die Bereitschaftsdienstaufzeichnungen sein, die für Vergütungszwecke (Eingruppierung in Bereitschaftsdienststufen entsprechend der Inanspruchnahme) in größeren Zeitabständen durchgeführt werden.

Ferner stellt sich die Frage, ob die Abweichungen zwischen Ist-Besetzung und Personalbedarf proportional zu verteilen sind, wie in Abbildung 24 unterstellt, oder ob die Abweichung dem Leistungsbereich mit der am wenigstens aussagekräftigen Bezugsgröße, d.h. der Station zuzuordnen ist.

Chirurgie	Personalbedarf		Ist-Besetzung
	Vollkräfte	%	Vollkräfte
OP	5,0	50	6,0
Station	4,0	40	4,8
Ambulante Behandlung	1,0	10	1,2
	10,0	100	12,0

III · Kostenerfassung und Kostenverteilung

Anästhesie	Personalbedarf		Ist-Besetzung
	Vollkräfte	%	Vollkräfte
OP	8,3	75	7,5
Kreißsaal	0,2	2	0,2
Intensivstation	2,5	23	2,3
	11,0	100	10,0

Abb. 22: *Personalbedarf als Grundlage zur Verteilung der Arztkosten im Rahmen der innerbetrieblichen Leistungsverrechnung*

Mehrstufige Verrechnung einseitiger Leistungsströme

Zur Verrechnung mehrstufiger, einseitiger Leistungsströme steht insbesondere das Kostenstellenumlageverfahren[60]) mit seinen Varianten

(1) Anbauverfahren und

(2) Stufenleiterverfahren

zur Verfügung.

Zu (1): Anbauverfahren

Das Anbauverfahren ist die einfachste Variante des Stellenumlageverfahrens. Bedingung für die Anwendung dieses Verfahrens ist, daß jede Kostenstelle jeweils nur eine Leistungsart erstellt und die innerbetriebliche Leistungsverrechnung nicht für Leistungen der gleichen Ebene erfolgt (z.b. zwischen verschiedenen Hilfskostenstellen), bzw. die Leistungsverflechtungen zwischen den Kostenstellen einer Ebene bewußt nicht berücksichtigt werden. In der Regel werden nur die Beziehungen zwischen Vor- und Endkostenstellen erfaßt, so daß für Vorkostenstellen auch keine sekundären Kosten anfallen können.

Die Verrechnungssätze der Vorkostenstellen ergeben sich aus der Division der primären Kostenstellenkosten (Kostenstelleneinzelkosten) durch die abgegebenen Leistungen dieser Stelle, die durch eine Maßgröße der Kostenverursachung oder eine Schlüsselgröße gemessen werden.

---

60) Das Kostenstellenumlageverfahren mit seinen Varianten stellt auf die periodenbezogene Verrechnung homogener Leistungen oder ähnlicher Leistungen, die sich mit Hilfe von Äquivalenzziffern gleichnamig machen lassen, ab. Für die Verrechnung einzelner heterogener Leistungen stehen das Kostenstellenausgleichsverfahren und das Kostenträgerverfahren zur Verfügung. Vgl. hierzu Hummel, S., Männel, W.: Kostenrechnung 1, a.a.O., S.235ff. Auf eine Darstellung dieser Verfahren wird verzichtet, da sie in der Kostenrechnung der Krankenhäuser untergeordnete Bedeutung haben.

Kostenerfassung und Kostenverteilung · III

Ein Hauptmangel des Anbauverfahrens, der sich aus der Nichterfassung der Leistungsverflechtungen zwischen Kostenstellen einer Kategorie ergibt, läßt sich durch die Anwendung des Stufenleiterverfahrens (Stufenumlage- oder Treppenverfahren) vermeiden.

Zu (2): Stufenleiterverfahren

Das Stufenleiterverfahren wird vor allem dort angewandt, wo Leistungsströme über mehrere Stufen hinweg in eine Richtung fließen. Das Problem, das bei der Anwendung dieses Verfahrens zu lösen ist, besteht darin, die Kostenstellen in einer solchen Reihenfolge anzuordnen, daß jede Kostenstelle ausschließlich (bzw. überwiegend) Leistungen von vorgelagerten Kostenstellen erhält und andererseits nur (bzw. überwiegend) Leistungen an nachgelagerte Vor- oder Endkostenstellen abgibt.

Der rechnungstechnische Ablauf wird beim Stufenleiterverfahren in der Reihenfolge vorgenommen, daß zunächst die Kosten einer Vorkostenstelle auf die nachfolgenden Kostenstellen im Verhältnis des Umlageschlüssels verteilt werden. Sodann erfolgt in der gleichen Weise die Umlage der Kosten der nächsten Kostenstelle. Dieses Verfahren wird so oft wiederholt, bis die Kosten der Vorkostenstellen auf Endkostenstellen verteilt sind. In Abbildung 23 wird das Stufenleiterverfahren anhand eines einfachen Beispiels dargestellt. Dabei wird aus Vereinfachungsgründen das Verfahren der summarischen Kostenverteilung gewählt und auf die Darstellung der Kostenartenstruktur verzichtet.

Kostenstellen / Primär- und Sekundärkosten	Vorkostenstellen		Endkostenstellen		
	Sterilisation	OP	Innere Medizin	Chirurgie	Gynäkologie
Primärkosten	150.000 ⟶	1.500.000 100.000	5.000.000 20.000	4.000.000 18.000	2.500.000 12.000
Zwischensumme	–	1.600.000 ⟶	5.020.000 –	4.018.000 1.200.000	2.512.000 400.000
Primär- und Sekundärkosten nach Leistungsverrechnung	–	–	5.020.000	5.218.000	2.912.000

Abb. 23: Beispiel für die innerbetriebliche Leistungsverrechnung nach dem Stufenleiterverfahren

Bereits in Abschnitt III.2.2.4.3.1 wurde angeregt, die **Leistungsverflechtungen** innerhalb des Krankenhauses in der Weise transparent zu machen, daß zu jeder leistenden Kostenstelle die Kostenstellen angegeben werden, von denen Leistungen empfangen werden, und die Kostenstellen, an die Leistungen abgegeben werden. Ausgehend von einer derartigen Aufstellung läßt sich die

III · Kostenerfassung und Kostenverteilung

Reihenfolge der Kostenverrechnung bei der Anwendung des Stufenleiterverfahrens in der Weise optimieren, daß Ungenauigkeiten durch teilweise bestehende gegenseitige Leistungsverflechtungen minimiert werden.

Verrechnung wechselseitiger Leistungsverflechtungen

Das Stufenleiterverfahren hat den Nachteil, daß wechselseitige Leistungsverflechtungen außer acht gelassen werden.

Da bei einer wechselseitigen Leistungsverflechtung die leistende Kostenstelle zugleich leistungsempfangende Kostenstelle ist bzw. sein kann, können ihre Gesamtkosten nicht eher ermittelt und verteilt werden, bevor sie nicht mit den Sekundärkosten der Kostenstelle belastet ist, von der sie Leistungen empfangen hat. Die **abrechnungstechnische Interdependenz** führt dazu, daß die Kosten aller innerbetrieblichen Leistungen simultan, d.h. gleichzeitig, verrechnet werden müssen. Die exakte Lösung dieses Problems erfolgt durch das **Gleichungsverfahren** (mathematisches Verfahren, Simultanverfahren).

Bei diesem Verfahren werden die innerbetrieblichen Leistungsverflechtungen durch ein System linearer Gleichungen dargestellt, in das die Menge der innerbetrieblichen Leistungen laut Leistungsrechnung als Daten und die gesuchten Verrechnungspreise als Variable eingehen.

Nachfolgend wird das Gleichungsverfahren anhand eines einfachen Beispiels (gegenseitiger Leistungsaustausch zweier Vorkostenstellen) dargestellt.

Die primären Kosten in den Vorkostenstellen betragen

$K_{v1} = 1000; K_{v2} = 1500$.

Der innerbetriebliche Leistungsaustausch zwischen den Vorkostenstellen sowie den Vorkostenstellen und den Endkostenstellen geht aus der Abbildung 24 hervor.

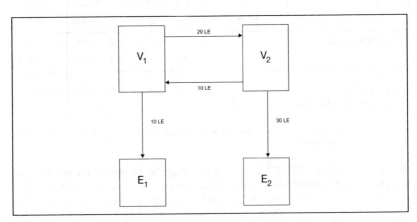

Abb. 24: Beispiel für gegenseitige Leistungsbeziehungen

Kostenerfassung und Kostenverteilung · III

Die Gesamtkosten einer Kostenstelle setzen sich aus den primären und den sekundären Kosten zusammen. Dabei sind die sekundären Kosten durch das Produkt der bekannten empfangenen Leistungen und den noch unbekannten Verrechnungspreisen k_1 bestimmt, so daß für die Gesamtkosten von K_{v1} und K_{v2} gilt:

$$K_{v1} = 1000 + 10\,k_2$$
$$K_{v2} = 1500 + 20\,k_1$$

Die gesamten Kosten einer Kostenstelle ergeben sich aber auch als Produkt der gesamten erstellten Leistungen und dem jeweiligen Verrechnungspreis, so daß folgende Beziehungen gelten:

$$K_{v1} = 30\,k_1$$
$$K_{v2} = 40\,k_2$$

Durch Einsetzen erhält man folgendes Gleichungssystem:

$$\underline{\begin{aligned} 30\,k_1 &= 1000 + 10\,k_2 \\ 40\,k_2 &= 1500 + 20\,k_1 \end{aligned}}$$

$$\underline{\begin{aligned} 1000 &- 30\,k_1 + 10\,k_2 = 0 \\ 1500 &+ 20\,k_1 - 40\,k_2 = 0 \quad \times 1{,}5 \end{aligned}}$$

$$\underline{\begin{aligned} 1000 &- 30\,k_1 + 10\,k_2 = 0 \\ 2250 &+ 30\,k_1 - 60\,k_2 = 0 \end{aligned}}$$

$$\underline{\begin{aligned} 50\,k_2 &= 3250 \\ k_2 &= 65 \end{aligned}}$$

$$\underline{k_1 = 55}$$

Nachdem die Verrechnungspreise bekannt sind, ist es möglich, die Kostenverrechnung durchzuführen. Für die beiden Vorkostenstellen ergeben sich die folgenden Kosten:

$$\underline{\begin{aligned} Kv_1 &= 1000 + 10 \times 65 \\ Kv_1 &= 1650 \end{aligned}}$$

$$\underline{\begin{aligned} Kv_2 &= 1500 + 20 \times 55 \\ Kv_2 &= 2600 \end{aligned}}$$

Da im Krankenhaus die materielle Bedeutung wechselseitiger Leistungsverflechtungen relativ gering ist, kommt dem Gleichungsverfahren im Krankenhaus keine praktische Bedeutung zu.

III · Kostenerfassung und Kostenverteilung

2.2.4.4 Umlagenrechnung und innerbetriebliche Leistungsverrechnung im Krankenhaus

Die **Umlagenrechnung** als spezifisches Verfahren der Verteilung der Kosten innerhalb des Kostenstellensystems betrifft im Krankenhaus solche Leistungsbereiche, deren Kosten über den Basispflegesatz abgegolten werden. Für Zwecke der Kostenträgerrechnung ist bei stationären Leistungen insofern eine Umlagenrechnung verzichtbar.

Da mit Budget und Pflegesätzen nur stationäre Leistungen vergütet werden, ist es jedoch erforderlich, ausgehend von den Gesamtkosten des Krankenhauses, die Kosten der übrigen Leistungen (z.B. ambulante Behandlung, Speisenversorgung Dritter) „auszugliedern".

Diese Kostenausgliederung als Umsetzung des in der Bundespflegesatzverordnung verankerten Nettoprinzips, auf dessen Grundlage die Leistungs- und Kalkulationsaufstellung (LKA) erstellt wird, macht es erforderlich, auch solche Kosten zu berücksichtigen, die üblicherweise Gegenstand einer Umlagenrechnung sind.

Diese Berücksichtigung kann auf zweierlei Art und Weise erfolgen.

Ein Ansatz besteht darin, für die betroffenen Leistungsbereiche eine Umlagenrechnung durchzuführen, d.h., die entsprechenden Leistungsbereiche (z.B. Ambulanzen, Küche) im Rahmen einer Umlagenrechnung mit solchen Kostenarten zu belasten, die bei der stationären Behandlung mit dem Basispflegesatz abgegolten sind (sogenannte Basiskosten). Ergibt sich unter Berücksichtigung des Ergebnisses dieser Umlagenrechnung eine Unterdeckung bei der jeweiligen Leistung, so erfolgt eine Modifikation der Kostenzuordnung unter Berücksichtigung von Leistungsabhängigkeit und Kostentragfähigkeit.

Der einfachere, ergebnisorientierte Ansatz besteht darin, auch für Zwecke der Kostenausgliederung auf eine geschlossene Umlagenrechnung zu verzichten und die Kostenausgliederung, ausgehend von den Kostenstelleneinzelkosten, unter Berücksichtigung der genannten Grundsätze, nämlich Leistungsabhängigkeit und Kostentragfähigkeit, durchzuführen.

Die Kostenausgliederung bzw. das Umsetzen des Nettoprinzips ist grundsätzlich Teil der Kostenträgerrechnung[61]).

Unter dem Aspekt der Leistungsabhängigkeit von Kosten ist eine Umlagenrechnung im Krankenhaus dann erforderlich, wenn für bestimmte Leistungsbereiche die Entscheidung zwischen Eigen- und Fremdleistung zu treffen ist (z.B. Wäscherei).

---

61) Vgl. Abschnitt 3

Kostenerfassung und Kostenverteilung · III

Große Bedeutung kommt im Krankenhaus der **innerbetrieblichen Leistungsverrechnung** zu. Sie ist unverzichtbar für

(1) die Vorbereitung der Kostenträgerrechnung,
(2) das Erstellen der Leistungs- und Kalkulationsaufstellung (LKA),
(3) die Steuerung und Kontrolle des Betriebsgeschehens.

Zu (1): Vorbereitung der Kostenträgerrechnung

Erster Schritt bei der Vorbereitung der Kostenträgerrechnung ist das Verteilen der Kosten des Ärztlichen Dienstes, die auf den allgemeinen Kostenstellen in der Kostenstellengruppe 93 ff. kontiert werden, auf die Leistungsbereiche, in denen die Ärzte tätig sind. Das entsprechende Verfahren wurde oben beschrieben.

Zur Kalkulation von Fallpauschalen und Sonderentgelten ist eine innerbetriebliche Leistungsverrechnung nicht erforderlich. Die Kosten der Marktleistungen (Fallpauschalen, Sonderentgelte, Abteilungspflegesätze) ergeben sich als Summe der Kosten der Betriebsleistungen, insbesondere der Kosten von Diagnostik, Therapie und Pflege[62]).

Zu (2): Erstellen der Leistungs- und Kalkulationsaufstellung (LKA)

In Teil K7 der LKA werden unter der Überschrift „Innerbetriebliche Leistungsverrechnung" für jede Fachabteilung Kosteninformationen verlangt über

– Intensivmedizin,
– OP und Anästhesie,
– medizinische Institutionen (Diagnostik und Physikalische Therapie).

Die Verteilung der Nettokosten dieser Leistungsbereiche erfolgt entsprechend den in Abschnitt 2.2.4.3 genannten Maßgrößen der Kostenverteilung.

zu (3): Steuerung und Kontrolle des Betriebsgeschehens

Die innerbetriebliche Leistungsverrechnung ist eine Kostenverteilung auf der Grundlage angeforderter Leistungen.

Der Umfang angeforderter Leistungen bringt eine Art der Wirtschaftlichkeit (Anforderungswirtschaftlichkeit) zum Ausdruck, die zusammen mit der Produktionswirtschaftlichkeit, d.h. der Wirtschaftlichkeit der Leistungserstellung, die Wirtschaftlichkeit insgesamt beschreibt.

Da die innerbetriebliche Leistungsverrechnung im kostenrechnerischen Sinne beide Arten der Wirtschaftlichkeit vermischt, indem sie bezogen auf bestimmte Leistungsanforderungen Ist-Kosten verrechnet, bedeutet das letztlich eine Vermengung von zwei Kosteneinflußgrößen.

---

62) Vgl. Abschnitt 3.5 und 3.6

III · Kostenerfassung und Kostenverteilung

Um im Zeit- oder Soll-Ist-Vergleich die Wirkung des Anforderungsverhaltens isoliert quantifizieren zu können, ist es sinnvoller, für Zwecke der Steuerung und Betriebskontrolle nicht Ist-Kosten zu verteilen, sondern die angeforderten Leistungen oder die mit Standardpreisen bewerteten angeforderten Leistungen zu benutzen. Im Bereich der Diagnostik bieten sich zur Leistungsbewertung die Punkte lt. GOÄ an. Bezogen auf das Labor bedeutet das, daß die anfordernden Bereiche an der Zahl der Untersuchungen bzw. der mit Punkten lt. GOÄ bewerteten Untersuchungen gemessen werden. Damit trägt z.B. der Internist die Verantwortung dafür, welches Leistungsvolumen er, gemessen in Punkten lt. GOÄ, anfordert. Der Laborleiter ist dafür verantwortlich, mit welchen Kosten er diese Leistungen erbringt. Eine verdichtete Aussage hierüber gibt der Verrechnungssatz[63]) in der Dimension DM/GOÄ-Punkt.

2.2.4.5 Betriebsabrechnungsbogen

Der Betriebsabrechnungsbogen (BAB) ist ein organisatorisches Hilfsmittel zur tabellarischen Durchführung der Kostenstellenrechnung.
Der BAB wird heute nur noch selten manuell, sondern meistens mit Hilfe von Datenverarbeitungsanlagen erstellt. Das hat zur Folge, daß der Betriebsabrechnungsbogen kein „Bogen" mehr ist, sondern die Ergebnisse der Kostenverrechnungen innerhalb des Kostenstellensystems in tabellarischer Form als **Kostenstellenblätter** ausgedruckt werden. Aufbau und Inhalt werden dabei vor allem durch die Anforderungen bestimmt, die die Leistungs- und Kalkulationsaufstellung (LKA) stellt.

3. Kostenträgerrechnung

3.1 Aufgaben und Grundbegriffe der Kostenträgerrechnung

In der Kostenträgerrechnung als letzte Stufe der Kostenrechnung werden die anfallenden Kosten auf die Kostenträger verteilt, nachdem sie in der Kostenartenrechnung erfaßt und in der Kostenstellenrechnung auf die Endkostenstellen weiter verrechnet worden sind. Die Kostenträgerrechnung zeigt, wofür die Kosten in den verschiedenen Kostenstellen entstanden sind.

Kostenträger aus Sicht der Kostenrechnung sind alle betrieblichen Leistungen, durch Kosten verursacht werden, und die dementsprechend die entstandenen Kosten „tragen" müssen. Die wichtigsten Kostenträger sind die für den Absatz bestimmten Leistungen (Marktleistungen, Endleistungen). Im weiteren Sinne zählen hierzu jedoch auch die innerbetrieblichen Leistungen, soweit sie erfaßt, kalkuliert und abgerechnet werden können.[64])

---

63) Vgl. Abschnitt 3.5.2
64) Vgl. Hummel, S., Männel, W.: Kostenrechnung 1, a.a.O., S.255

Kostenerfassung und Kostenverteilung · III

Die Verrechnung innerbetrieblicher Leistungen ist grundsätzlich Aufgabe der Kostenstellenrechnung. Da jedoch im Krankenhaus auch in Vorkostenstellen Absatzleistungen erbracht werden – insbesondere für ambulante Patienten – und sich die Absatzleistungen je nach Entgeltform aus betrieblichen Einzelleistungen zusammensetzen, für deren Kosten man sich bei der Kalkulation der Absatzleistungen interessiert, resultiert hieraus eine Verzahnung von Kostenstellen und Kostenträgerrechnung.

Die Aufgaben der Kostenträgerrechnung[65]) lassen sich in drei Gruppen zusammenfassen:

(1) Preisbildung
(2) Wirtschaftlichkeitskontrolle
(3) Planung, Steuerung und Analyse des Leistungsprogramms

Zu (1): Preisbildung

Die Hauptaufgabe der Kostenträgerrechnung besteht in der Ermittlung von Angebotspreisen und Preisuntergrenzen.[66]) Letztere Aufgabe ist vor allem dann von Bedeutung, wenn für betriebliche Leistungen Marktpreise existieren und insofern Preise vom einzelnen Unternehmen nicht autonom festgesetzt werden können. Diese Situation trifft für Krankenträger bei Leistungen zu, die über Fallpauschalen und Sonderentgelte vergütet werden.

Zu (2): Wirtschaftlichkeitskontrolle

Die Wirtschaftlichkeitskontrolle ist primär Aufgabe der Kostenstellenrechnung, indem am Ort der Kostenentstehung Kosten und Leistungen oder geplante Kosten und Ist-Kosten einander gegenübergestellt werden.

Die Kostenträgerrechnung als Instrument der Wirtschaftlichkeitskontrolle hat in verschiedener Hinsicht Bedeutung:

– als Instrument kostenstellenbezogenen Kostenkontrolle
– als Instrument des zwischenbetrieblichen Vergleichs und
– bei der Frage nach Eigenherstellung oder Fremdbezug bestimmter Leistungen

Zu (3): Planung, Steuerung und Anlayse des Leistungsprogramms

Zur Planung, Steuerung und Analyse des Leistungsprogramms werden neben Erlösinformationen Kosteninformationen benötigt, die die Kostenträgerrechnung zur Verfügung stellt.

Das Erfüllen dieser Aufgabe macht es erforderlich, die Kostenträgerstückrechnung (Kalkulation), mit deren Hilfe insbesondere Fragen der Preisbildung

---

[65] Vgl. hierzu Haberstock, L.: Kostenrechnung I, S.163f., Hummel, S., Männel, W.: Kostenrechnung 1, S.258f.
[66] Vgl. Hummel, S., Männel, W.: a.a.O., S.258

III · Kostenerfassung und Kostenverteilung

beantwortet werden, um eine **Kostenträgerzeitrechnung** zu ergänzen, die zusammen mit der Erlösrechnung zur Kostenträgerergebnisrechnung (kurzfristige Erfolgsrechnung) wird.

Nach dem Zeitpunkt der Durchführung der Kostenträgerstückrechnung (Kalkulation) werden folgende Kalkulationsarten[67]) unterschieden.

- Vorkalkulationen,
- Nachkalkulationen,
- Plankalkulationen.

Vorkalkulationen sind ex ante durchgeführte Kalkulationen für bestimmte Leistungen oder Aufträge, die als Grundlage für Preisverhandlungen dienen und mit deren Hilfe über Aufnahme oder Ablehnung von Aufträgen entschieden wird.

Nachkalkulationen werden ex post durchgeführt und dienen der stückbezogenen Kosten- und Erfolgskontrolle. Sie werden damit auch zur Grundlage für die zeitraumbezogene kurzfristige Erfolgsrechnung.

„Unter **Plankalkulationen** versteht man Kalkulationen, bei denen für eine bestimmte Planungsperiode im voraus geplante Herstell- und Selbstkosten pro Erzeugniseinheit ermittelt werden. Die Kostendaten der Plankalkulationen entsprechen der nach Kostenarten und Kostenstellen differenzierten Kostenplanung."[68])

Nach dem Umfang der auf die Kostenträger verrechneten Kosten wird zwischen Vollkostenkalkulationen und Grenzkostenkalkulationen unterschieden. Soweit ein Betrieb eine Vollkostenrechnung durchführt – dazu sind Krankenhäuser gesetzlich verpflichtet – ist die Kalkulation als Vollkostenkalkulation aufgebaut. Entsprechend ergibt sich bei Betrieben mit einer Grenzkostenrechnung eine Grenzkostenkalkulation.

In den Betrieben, die mit einer Grenzkostenrechnung, insbesondere einer Grenzplankostenrechnung arbeiten, ist es heute meist üblich, das Verfahren der Parallel- oder Doppelkalkulation anzuwenden, bei dem nebeneinander Voll- und Grenzkosten ermittelt werden.[69])

Für Krankenhäuser, bei denen wegen der Art der Preisbildung auf eine Vollkostenkalkulation nicht verzichtet werden kann, besteht das Verfahren der Parallel- oder Doppelkalkulation darin, die Vollkostenkalkulation durch eine Grenz(Plan)kostenkalkulation zu ergänzen. Eine derartige Kalkulation dient der Ermittlung von Preisuntergrenzen,[70]) der leistungsbezogenen Wirtschaft-

---

67) Vgl. Kilger, W.: Flexible Plankostenrechnung und Deckungsbeitragsrechnung, 10.Aufl., Wiesbaden 1993, S.677
68) Kilger, W.: a.a.O., S.677
69) Vgl. Kilger, W.: a.a.O., S.679
70) Diese Aufgabe gewinnt an Bedeutung, wenn Krankenhausleistungen mit extern vorgegebenen Sonderentgelten und Fallpauschalen vergütet werden. Vgl. Abschnitt III.3.3

lichkeitskontrolle und als Informationsgrundlage für die Planung, Steuerung und Analyse des Leistungsprogrammes. Kosten für nichtstationäre Leistungen werden nach Wegfall des Selbstkostendeckungsprinzips auch im Sinne einer (langfristigen) Grenzkostenbetrachtung ermittelt. Dieser Ansatz ergibt sich inhaltlich aus dem entscheidungsorientierten Kostenbegriff.

3.2 Verfahren der Kostenträgerstückrechnung (Kalkulation)

3.2.1 Überblick

Die in Wirtschaftsbetrieben angewandten Kalkulationsverfahren werden insbesondere vom Leistungsprogramm, vom Fertigungsverfahren[71]) und anderen speziellen Merkmalen der verschiedenen Branchen geprägt. Hauptformen der Kostenträgerstückrechnung[72]) sind:

- die Divisionskalkulation,
- die Zuschlagskalkulation,
- die Verrechnungssatzkalkulation,
- die Kuppelkalkulation.

3.2.2 Divisionskalkulation

Die Divisionskalkulation ist vor allem für Einproduktbetriebe entwickelt worden. Sie wird in verschiedenen Varianten angewandt, nämlich als:

- einstufige Divisionskalkulation,
- mehrstufige Divisionskalkulation oder als
- Divisionskalkulation mit Äquivalenzziffern (Äquivalenzziffernrechnung).

Bei der einstufigen Divisionskalkulation werden die Gesamtkosten der Periode durch die im gleichen Zeitraum erstellten Leistungseinheiten geteilt:

$$k = \frac{K}{x}$$

mit:

k : Kosten/Stück (Stückkosten)
K : Gesamtkosten
x : Leistungsmenge

---

71) Ein Fertigungsverfahren wird beschrieben durch die Zuordnung zu einem Fertigungstyp und zu einem Organisationstyp der Fertigung. Kriterium für die Unterscheidung der Fertigungstypen, nämlich Einzelfertigung und Mehrfachfertigung (Massenfertigung, Serienfertigung, Sortenfertigung) ist die Häufigkeit der Wiederholung des Fertigungsvorgangs bzw. des Vorgangs der Leistungserstellung.
Kriterium für die Differenzierung der Organisationstypen der Fertigung, nämlich Fließfertigung und Werkstattfertigung, ist die räumliche Anordnung der Betriebsmittel.
72) Vgl. Haberstock, L.: a.a.O., S.167, Hummel, S., Männel, W.: a.a.O. S.268ff.

III · Kostenerfassung und Kostenverteilung

Voraussetzung für die Möglichkeit einer sachgerechten Anwendung dieses Kalkulationsverfahrens ist eine einheitliche Leistung, wie sie zum Beispiel bei Elektrizitätswerken gegeben ist.

Die einstufige Divisionskalkulation kann auch für die Kalkulation innerbetrieblicher Leistungen angewendet werden, wenn die in einer Kostenstelle erbrachten Leistungen durch eine einheitliche Bezugsgröße bestimmt sind.

Die Errechnung von Pflegesätzen stellt vom rechentechnischen Verfahren her ebenfalls eine einstufige Divisionskalkulation dar. Trotzdem handelt es sich hierbei nicht um eine Kostenträgerrechnung im eigentlichen Sinne, da der „rechentechnische" Kostenträger „Berechnungstag" kein Kostenträger im engeren Sinne der Kostenträgerrechnung ist.

Die mit der Divisionskalkulation ermittelten Stückkosten sind eine statistische Beziehungszahl. Sie lassen keine Aussage zu, wieviel Kosten die einzelne Leistungseinheit im Sinne einer verursachungsgerechten Kostenzuordnung verursacht hat. Eine derartige Aussage ist nur dann möglich, wenn die Gesamtkosten einer Periode in Kostenkategorien differenziert werden, insbesondere in Einzelkosten sowie fixe und variable Gemeinkosten.

Bei Anwendung der Divisionskalkulation im Einproduktbetrieb kann auf die Durchführung einer Kostenstellenrechnung für Zwecke der Kalkulation, nicht jedoch für Zwecke der Kostenkontrolle verzichtet werden.
Die **einstufige Divisionskalkulation** kann nur dann angewandt werden, wenn folgende Voraussetzungen gegeben sind:[73])

– Es muß sich um eine(n) Einprodukt-Betrieb bzw. -Kostenstelle handeln,

– es dürfen keine Lagerbestandsveränderungen entstehen.

Vollzieht sich die Leistung in mehreren Stufen und hat dies Lagerbestandsveränderungen zur Folge, so ist die **mehrstufige Divisionskalkulation** anzuwenden, ein Kalkulationsverfahren, das für das Krankenhaus keine Bedeutung hat.

Werden in einem Betrieb nicht einheitliche, aber artverwandte Leistungen erstellt, kann die **Divisionskalkulation mit Äquivalenzziffern** (Äquivalenzziffernrechnung) angewendet werden.

Bei diesem Kalkulationsverfahren wird davon ausgegangen, daß die Kosten der Leistungen aufgrund der arbeitsablauftechnischen Ähnlichkeiten in einem bestimmten Verhältnis zueinander stehen, das der Kostenverursachung entspricht. Dieses Verhältnis wird durch Beobachtung oder Messung festgestellt und in einer Äquivalenzziffer ausgedrückt, die angibt, in welcher Kostenrelation die einzelnen Leistungen zueinander stehen.

---

73) Vgl. Haberstock, L.: a.a.O., S.169

Kostenerfassung und Kostenverteilung · III

Die Schwierigkeit der Anwendung der Äquivalenzziffernkalkulation[74] besteht in der Ermittlung der Äquivalenzziffern. Grundlage hierfür können detaillierte Analysen der Betriebsprozesse oder auch einfache Plausibilitätsüberlegungen sein.

Für das Krankenhaus wurden in der BPflV a. F. z.B Äquivalenzziffern in Form der Punkte laut GOÄ im Verordnungswege vorgegeben, um artverwandte Leistungen der Diagnostik im beschriebenen Sinne vergleichbar und vor allem addierbar zu machen.[75]

Das Verfahren der Äquivalenzziffernkalkulation wird z.b. eingesetzt, wenn im Zusammenhang mit der Ermittlung des Basispflegesatzes die Kosten der Wahlleistung Unterkunft (Unterbringung in 1-Bett- oder 2-Bett-Zimmer) ermittelt werden. Eine beispielhafte Berechnung hierfür zeigt Abbildung 25.

	Berechnungs-tage	Faktor lt. § 7 Abs. 2 Nr.7 BPflV	Kosten DM *)
1-Bett-Zimmer	4.000	0,65	364.000
1-Bett-Zimmer bei 2-Bett-Zimmern als allgemeine Krankenhausleistung	–	0,35	–
2-Bett-Zimmer	24.000	0,25	840.000
Berechnungstage insgesamt	28.000	–	1.204.000

Abb. 25: Äquivalenzziffernkalkulation zur Ermittlung der Kosten gesondert berechenbarer Unterkunft

Sowohl die Äquivalenzziffern für die Wahlleistung Unterkunft als auch die Punkte, mit denen die laut GOÄ definierten diagnostischen Leistungen bewertet werden, bringen Kostenrelationen zum Ausdruck. Diese können den tatsächlichen Verhältnissen entsprechen, müssen es aber nicht unbedingt.

Der Umrechnung der Berechnungstage mit der Wahlleistung Unterbringung im 1-Bett-Zimmer mit dem Faktor 0,65 bedeutet, daß davon ausgegangen wird, daß die Kosten bei der Unterbringung im 1-Bett-Zimmer 86% ($\frac{0,65}{0,35} \cdot 100$) höher

---

74) Eichhorn subsumiert die Äquivalenzziffernkalkulation unter Sortenkalkulation, wobei für ihn Sorten dann vorliegen, wenn ein Betrieb ungleichartige, ungleichwertige, jedoch arbeitstechnisch verwandte Leistungen erstellt, ohne daß der Betriebsprozeß getrennt verläuft. Vgl. Eichhorn, S.: Krankenhausbetriebslehre, Bd.II, Köln 1976, S.194
75) vgl. Abschnitt III.2.2.4.2
*) Bei einem Basispflegesatz von 140,– DM

III · Kostenerfassung und Kostenverteilung

sind als die Kosten, die bei einer Unterbringung im Zweibettzimmer entstehen. Der Kostenvergleich bezieht sich hierbei nicht nur auf die Kosten der Unterbringung, sondern auf die Kosten insgesamt, die mit dem Basispflegesatz abgegolten sind.

Die Punkte laut GOÄ als Ausdruck von Kostenrelationen werden immer wieder kritisiert. Dies vor allem deswegen, weil sie auf die Kostenstrukturen niedergelassener Ärzte abstellen und auch dort teilweise „vergütungspolitische" Hintergründe haben. So wird bei der Festlegung der Bewertung von Leistungen vor allem den Leistungen besondere Beachtung geschenkt, die am Abrechnungsvolumen niedergelassener Ärzte einen vergleichsweise hohen Anteil haben, wobei sich Bewertungsänderungen dementsprechend auf das Einkommen des einzelnen Arztes spürbar auswirken. Hieraus resultiert tendenziell eine Überbewertung einfacher und eine Unterbewertung aufwendiger Leistungen.

Ergänzend zu den kritischen Anmerkungen ist jedoch festzustellen, daß für die Kalkulation innerbetrieblicher Leistungen und die Kostenverteilung im Krankenhaus Bezugsgrößen den gestellten Anforderungen genügen, die mit hinreichender Genauigkeit arbeiten, denn sie bestimmen nicht das Kostenniveau des Krankenhauses, sondern lediglich die Genauigkeit der Kostenverteilung auf die Patienten und ihre Kostenträger (Krankenkassen).

3.2.3 Zuschlagskalkulation

Die Zuschlagskalkulation wird in Produktionsbetrieben bei sehr heterogenem Produktionsprogramm angewendet. Bei diesen Betrieben sind die Fertigungstypen Sorten- und Einzelfertigung anzutreffen, bei denen eine Kostenträgerrechnung in Form der Divisionskalkulation nicht mehr möglich bzw. zulässig ist.

Die Leistungserstellung ist in vielen Bereichen des Krankenhauses – sowohl in Vorkostenstellen als auch in Endkostenstellen – abrechnungstechnisch mit der Sorten- oder Einzelfertigung vergleichbar.

Gegenstand der Zuschlagskalkulation ist die einzelne Leistungseinheit in mehrstufigen Betriebsprozessen. Mit Hilfe der Zuschlagskalkulation lassen sich jedoch auch innerbetriebliche Leistungen abrechnen.

Die Zuschlagskalkulation basiert auf der **Trennung von Kostenträgereinzelkosten** und **Kostenträgergemeinkosten**. Ziel der Zuschlagskalkulation ist es dabei, die Selbstkosten einer Leistungseinheit in der Weise zu ermitteln, daß den Einzelkosten je Leistungseinheit ein Gemeinkostenanteil möglichst verursachungsgemäß zugerechnet wird.

Die Einzelkosten werden der Kostenartenrechnung entnommen und den Kostenträgern direkt zugerechnet.[76]

---

76) Vgl. Abschnitt II.3

Kostenerfassung und Kostenverteilung · III

Gemeinkosten (Kostenträgergemeinkosten) entstehen gemeinsam für mehrere Kostenträger. Hauptproblem der Zuschlagskalkulation ist daher die Wahl der Zuschlagsbasis, die in einem proportionalen Verhältnis zu den angefallenen Gemeinkosten stehen soll. Als Bezugsgrößen kommen grundsätzlich Mengengrößen (Leistungsmengen, Verbrauchsmengen), Zeitgrößen (vor allem leistungsbezogener Zeitbedarf, z.b. für eine diagnostische Leistung) oder Wertgrößen (z.b. Einzelkosten des medizinischen Bedarfs, Personalkosten für einen bestimmten Arbeitsablauf bzw. eine bestimmte Leistung) in Frage.

Sofern möglich, sollten die Gemeinkosten auf der Grundlage einer relativ großen Bezugsbasis verteilt werden; denn je kleiner die Bezugsbasis ist, umso größer ist demzufolge der zu verrechnende Gemeinkostenbetrag und damit die Fehleranfälligkeit der Kostenverteilung.

Da die Zuschlagskalkulation als Vollkostenkalkulation alle Gemeinkosten – auch die fixen Gemeinkosten – verteilt, ist dies nach dem Verursachungsprinzip allein nicht möglich. Das Verursachungsprinzip wird durch das Durchschnittsprinzip ergänzt.[77])

Grundsätzlich lassen sich zwei verschiedene Verfahren der Zuschlagskalkulation unterscheiden:
- die summarische Zuschlagskalkulation und
- die differenzierende Zuschlagskalkulation.

Die **summarische Zuschlagskalkulation** verteilt sämtliche Gemeinkosten einer Periode auf der Grundlage einer Bezugsbasis. Der Zuschlagsatz in Prozent für die Stückkostenkalkulation ergibt sich aus folgender Beziehung:

$$\text{Zuschlagssatz in \%} = \frac{\text{Kostenträgergemeinkosten}}{\text{Bezugsbasis}} \times 100$$

Der ermittelte Zuschlagsatz (Kalkulationssatz)[78]) gilt für alle Leistungen. Die Kosten je Leistungseinheit werden nach folgendem Schema ermittelt:

    Einzelkosten je Leistungseinheit
+ Gemeinkosten je Leistungseinheit (= Einzelkosten x Zuschlagssatz)
= Kosten je Leistungseinheit

Die summarische Zuschlagskalkulation ist ein sehr grobes Verfahren. Ihre Anwendung ist nur dann zu vertreten, wenn die Gemeinkosten im Vergleich zu den Einzelkosten relativ gering sind.

Produktionsbetriebe verwenden zum Teil nur eine Einzelkostenart als Basis, z.B. die Fertigungslohnkosten oder die Fertigungsmaterialkosten. Dabei wird eine Proportionalität von Einzel- und Gemeinkosten unterstellt, die in der Regel nicht besteht. Dem Nachteil einer nicht verursachungsgerechten Gemeinkostenverteilung steht der Vorteil gegenüber, daß für die summarische

---

77) Zu den Prinzipien der Kostenzuordnung und Kostenverteilung vgl. Abschnitt III.3
78) Vgl. Abschnitt III.2.2.4.5

III · Kostenerfassung und Kostenverteilung

Zuschlagskalkulation keine Kostenstellenrechnung erforderlich ist. Sie bietet sich daher vor allem für kleinere Betriebe mit nur einer Fertigungsstufe an. Werden die Gemeinkosten nicht summarisch, sondern nach Kostenstellen differenziert auf unterschiedliche Bezugsgrößen verrechnet, so liegt eine differenzierende Zuschlagskalkulation vor. Der synonyme Ausdruck „elektive Zuschlagskalkulation" soll andeuten, daß versucht wird, jene Bezugsgrößen „auszuwählen", die in einer verursachungsgerechten Beziehung zu den Gemeinkosten stehen.[79])

Bei der **differenzierenden Zuschlagskalkulation** wird häufig nach dem in Abb. 26 dargestellten allgemeinen Kalkulationsschema vorgegangen.

Materialeinzelkosten	Material-kosten		
Materialgemeinkosten			
Fertigungslohn	Fertigungs-kosten	Herstell-kosten	
Fertigungsgemein-kosten			
Sondereinzelkosten der Fertigung			Selbstkosten
Verwaltungsgemeinkosten			
Vertriebsgemeinkosten			
Sondereinzelkosten des Vertriebs			

Abb. 26: *Allgemeines Kalkulationsschema der differenzierenden Zuschlagskalkulation*

Neben dem Vorteil der abrechnungstechnischen Einfachheit weist die Zuschlagskalkulation auch Nachteile[80]) auf:

- Kalkulationsfehler, weil die Gemeinkosten oft nicht in der unterstellten Weise mit den Einzelkosten korrelieren.

- Jede Lohnerhöhung erfordert eine Umrechnung der Zuschlagssätze und eine Veränderung der Kalkulation.

- Mechanisierung und Automatisierung der Fertigung führen zu immer höheren Fertigungsgemeinkosten. Entsprechend werden die Zuschlagssätze auf den Fertigungslohn (Fertigungsgemeinkosten) immer höher und die Fehler bei einer fehlerhaften Beurteilung der Kostenverursachung immer größer.

Losgelöst von dieser Beurteilung der Zuschlagskalkulation stellt sich die Frage, welche Bedeutung dieses Kalkulationsverfahren für Krankenhäuser hat.

---

79) Vgl. Haberstock, L.: Kostenrechnung I, a.a.O., S.180
80) Vgl. Haberstock, L: a.a.O., S.183, Hummel, S., Männel, W.: a.a.O., S.301ff.

Kennzeichnend für die Zuschlagskalkulation ist die Trennung der Gesamtkosten des Betriebes in Kostenträgereinzel- und Kostenträgergemeinkosten. Während die Kostenträgereinzelkosten den Kostenträgern direkt zugerechnet werden, werden die Kostenträgergemeinkosten den einzelnen Leistungen mit Hilfe von Zuschlagssätzen angelastet. Für die Kostenstellenrechnung bedeutet das, daß nur die Kostenträgergemeinkosten im Rahmen der Kostenstellenverrechnung verrechnet werden.

Beide Merkmale der Zuschlagskalkulation sind in der Kostenrechnung der Krankenhäuser nicht gegeben. Zum einen wird nicht differenziert zwischen Kostenträgereinzelkosten und Kostenträgergemeinkosten, zum anderen schreibt § 8 KHBV vor, daß alle Kosten nach Kostenstellen zu erfassen sind, d.h. Kostenträgereinzelkosten und Kostenträgergemeinkosten werden über die Kostenstellenrechnung geleitet.

3.2.4 Verrechnungssatzkalkulation

Die Verrechnungssatzkalkulation setzt an den Schwächen der Zuschlagskalkulation an, insbesondere an der ihr immanenten Fehlerhaftigkeit, die vielfach daraus resultiert, daß man von einem ursächlichen Zusammenhang zwischen Fertigungslohn und Fertigungsgemeinkosten und/oder Materialeinzelkosten und Materialgemeinkosten ausgeht.

Die Verrechnungssatzkalkulation stellt ab auf die „eigentlichen" Kosteneinflußgrößen, um dem tatsächlichen Kostenanfall besser gerecht zu werden.[81])

Bei Anwendung der Verrechnungssatzkalkulation werden die Kosten der verschiedenen Kostenstellen proportional zu deren Leistungsvolumen verrechnet. Der Verrechnungssatz je Kostenstelle ergibt sich allgemein aus der Relation Kostenstellenkosten zu Leistungen der Kostenstelle.

Die Schwierigkeit bei der Anwendung dieses Kalkulationsverfahrens besteht allgemein in der Messung der Kostenstellenleistungen, die je Kostenstelle in einer einheitlichen Dimension erfolgen muß, da es nur dann möglich ist, einen Verrechnungssatz pro Leistung der Kostenstelle zu ermitteln.[82])

Zur Leistungsmessung bietet sich bei arbeitsintensiven Betrieben die Arbeitszeit an. Bei Betrieben mit einem hohen Technisierungsgrad tritt an die Stelle der Arbeitszeit die Laufzeit der Maschinen. Für Krankenhäuser gibt die Leistungsrechnung (vgl. Abschnitt III.2.2.4.2) Antwort auf die Frage der Leistungsmessung.

---

81) Vgl. Hummel, S., Männel, W.: Kostenrechnung I, a.a.O., S.302
82) Werden im Sinne der Verfeinerung dieses Kalkulationsverfahrens für eine Kostenstelle differenziert nach Kostenarten oder Arbeitsplätzen mehrere Verrechnungssätze gebildet, so können für jeden dieser Verrechnungssätze die Leistungen der Kostenstelle in einer unterschiedlichen Dimension angegeben werden.

III · Kostenerfassung und Kostenverteilung

Sind je Kostenstelle die Leistungen gemessen, so werden die Verrechnungssätze mit den Methoden der Divisionskalkulation ermittelt. Da sowohl die Kostenstellenkosten als auch die Leistungen Istwerte und/oder Planwerte sein können, lassen sich sowohl Ist- als auch Plankalkulationssätze ermitteln. Daher lassen sich die Verrechnungssätze als Instrument der **Wirtschaftlichkeitskontrolle** einsetzen, indem man die Istleistungen mit dem Planverrechnungssatz multipliziert und diesen Wert den Istkosten der Kostenstelle gegenüberstellt.[83]

Die Kalkulation der Marktleistungen des Betriebes erfolgt in der Weise, daß zu den Kostenträgereinzelkosten die Summe der mit Verrechnungssätzen bewerteten Kostenstellenleistungen addiert wird. Werden alle Kosten über die Kostenstellenrechnung geleitet, wie das bei Krankenhäusern der Fall ist, so entfallen die Kostenträgereinzelkosten; die Kosten der jeweiligen Marktleistungen ergeben sich allein aus der Summe der mit Verrechnungssätzen bewerteten Kostenstellenleistungen.

Da die Verrechnungssätze je Kostenstelle mit dem Verfahren der Divisionskalkulation ermittelt werden, stellt sich die Frage, worin der Unterschied zwischen den verschiedenen Verfahren der Divisionskalkulation und der Verrechnungssatzkalkulation besteht.

Die Verrechnungssatzkalkulation ist auch zur differenzierenden Kalkulation sehr heterogener Leistungsarten geeignet. Voraussetzung hierfür ist allerdings, daß die Inspruchnahme der einzelnen Kostenstellen durch die verschiedenen Leistungen transparent gemacht wird. Instrumente hierfür sind Stücklisten, Durchlauffolge- und Arbeitsfolgepläne.[84]

Divisionskalkulation und Verrechnungssatzkalkulation unterscheiden sich auch insofern, als bei der Divisionskalkulation nicht differenziert wird zwischen Kostenträgereinzelkosten und Kostenträgergemeinkosten. Diese Differenzierung ist bei Anwendung der Verrechnungssatzkalkulation zwar nicht zwingend, aber üblich. Diese ist insofern eine Weiterentwicklung der Zuschlagskalkulation.

Insgesamt ist festzustellen, daß das Verfahren der Verrechnungssatzkalkulation sich sehr umfassend anwenden läßt, d.h. auch in den Fällen, in denen – wie im Krankenhaus – alle Kosten über die Kostenstellenrechnung geleitet werden. Es hat für die Kostenrechnung im Krankenhaus die größte Bedeutung.[85]

Die unter Abschnitt III.2.4.3 angestellten Überlegungen zur Umlagen- und innerbetrieblichen Leistungsverrechnung machen deutlich, daß dort und im Rahmen der Verrechnungssatzkalkulation mit letztlich identischen Grundüber-

---

83) Vgl. Abschnitt II.5.2.3
84) Vgl. Hummel, S., Männel, W.: a.a.O., S.302
85) Die in Abschnitt III.3.2.2 am Beispiel der Endoskopie dargestellte Äquivalenzziffernkalkulation kann auch als Verrechnungssatzkalkulation aufgefaßt werden. Verrechnngssatz ist dabei der DM-Betrag je GOÄ-Punkt. Das Verfahren der Verrechnungssatzkalkulation wird auch bei der Kalkulation von Sonderentgelten und Fallpauschalen angewendet (vgl. Abschnitt III.3.3.3 und III.3.3.4).

Kostenerfassung und Kostenverteilung · III

legungen und Verrechnungsprinzipien gearbeitet wird. Das Ziel besteht jeweils darin, zwischen Leistungserstellung und Kostenverursachung eine Beziehung herzustellen, die entweder über die Leistungen direkt erfolgt oder aber über Maßgrößen der Kostenverursachung, die als Bezugsgrößen bezeichnet werden. Aus diesem Grund wird die Verrechnungssatzkalkulation auch als **Bezugsgrößenkalkulation** bezeichnet.[86])

Die Proportionalisierung der Beziehungen zwischen Leistungen und Kosten einer Kostenstelle ist Kennzeichen einer Vollkostenkalkulation und vernachlässigt die Differenzierung in Bereitschafts- und Leistungskosten. Da Vollkostenrechnungen und Teilkostenrechnungen unterschiedliche Ziele haben und sich nicht gegenseitig ausschließen, sondern ergänzen, empfiehlt es sich, für die Bereitschaftskosten und die Leistungskosten getrennte Verrechnungssätze zu ermitteln, wenn neben der Vollkostenkalkulation auch eine Teilkostenkalkulation durchgeführt wird. In Krankenhäusern ist eine derartige Parallel- bzw. Doppelkalkulation zur Zeit noch nicht üblich.

3.2.5 Kuppelkalkulation

Merkmal einer Kuppelproduktion ist die produktionswirtschaftliche Leistungsverbundenheit, d.h. aus ein und demselben Produktionsprozeß gehen zwangsläufig verschiedenartige Erzeugnisse in einem bestimmten Mengenverhältnis hervor.[87])

Ziel der Kuppelkalkulation ist es, die in einem derartigen Produktionsprozeß anfallenden Kosten auf die einzelnen Endprodukte zu verteilen.

Aus dem engen produktionswirtschaftlichen Leistungsverbund ergibt sich ein entsprechender Kostenverbund. Sowohl die fixen als auch die variablen Kosten der Kuppelproduktion sind Kostenträgergemeinkosten. Eine verursachungsgerechte Kostenverteilung ist in einer derartigen Situation nicht möglich. Das bedeutet, daß die Kostenverteilung mit Hilfe des Kostentragfähigkeits- oder mit Hilfe des Durchschnittsprinzips erfolgen muß.[88]) In diesem Sinne stehen zwei Kalkulationsmethoden zur Verfügung:

- die Restwert- oder Subtraktionsmethode und
- die Verteilungsmethode.

Die **Restwertmethode** wird dann angewandt, wenn die Kuppelprodukte aus einem Hauptprodukt und einem oder mehreren Neben- bzw. Abfallprodukten bestehen.

Die Anwendung der **Verteilungsmethode** soll das Kostenverteilungsproblem in den Fällen lösen, in denen annähernd gleichwertige bzw. gleich bedeutsame Produkte das Ergebnis der Kuppelproduktion sind.

---

86) Vgl. Hummel, S., Männel, W.: a.a.O., S.304
87) Vgl. Hummel, S., Männel, W., a.a.O., S.305
88) Vgl. Abschnitt II.4

III · Kostenerfassung und Kostenverteilung

Im Krankenhaus findet zwar keine Kuppelproduktion im engen Sinne dieses Begriffes statt, es besteht jedoch in bestimmten Bereichen des Krankenhauses eine leistungswirtschaftliche Verbundenheit insofern, als Leistungen für die Endkostenstellen der stationären Behandlung und für Dritte erbracht werden.

Zwar führt dieser Leistungsverbund nicht zu festen Relationen, was die erbrachten Leistungen angeht, jedoch ist in diesen Fällen die Leistung für die Endkostenstellen des stationären Bereichs das Hauptprodukt, während die Leistungen für Dritte den Charakter von Nebenleistungen haben. Beispiele hierfür sind die Kosten für die Leistungen, die nach den Vorschriften der BPflV a. F. in Teil K3 (Kostenabzüge) des Kosten- und Leistungsnachweises von den Gesamtkosten des Krankenhauses abzusetzen waren, um die Selbstkosten (Kosten der allgemeinen Krankenhausleistungen) zu ermitteln und die auch heute noch von den Kosten der stationären Leistungen zu trennen sind.

Für diese Kostenabzüge hatte der Verordnungsgeber in bestimmten Fällen und unter bestimmten Voraussetzungen den Erlösabzug zugelassen. Die in diesen Fällen angewandte sogenannte **Erlösmethode** ist nichts anderes als die Anwendung der Restwertmethode, wie sie in der Kuppelkalkulation üblich ist.

Wie in der Kuppelkalkulation die Erlöse aus der Verwertung der Nebenprodukte als Kostenminderung im Hinblick auf das Hauptprodukt wirken, so reduzieren die Erlösabzüge die Selbstkosten des Krankenhauses.

Bei der Interpretation des Restwertes bei Anwendung der Restwertmethode ist darauf hinzuweisen, daß der Restwert nicht gleichzusetzen ist mit den Kosten des Hauptproduktes, sondern lediglich eine Aussage über die noch zu deckenden Kosten darstellt. Insofern ist der Restwert eine Kostendeckungsvorgabe.[89]

Diese Interpretation läßt sich auch übertragen auf das Krankenhaus.

Zu beachten ist jedoch, daß das Nettoprinzip der LKA einen nach Kostenarten differenzierten Kostenausweis verlangt. „Erlösabzüge" sind daher in eine Kostenartenstruktur zu transformieren soweit sie nicht in der Systematik der LKA selbst erfolgen.

Die Verteilungsmethode, bei der die Kostenverteilung nach den Prinzipien der **Äquivalenzziffernrechnung** vorgenommen wird, hat für die Kostenrechnung im Krankenhaus keine Bedeutung und wird daher an dieser Stelle nicht behandelt.

---

89) Vgl. Hummel, S., Männel, W.: a.a.O., S.310

3.3 Kostenträger im Krankenhaus

3.3.1 Überblick

Krankenhäuser sind Einrichtungen, in denen durch ärztliche und pflegerische Hilfeleistung Krankheiten, Leiden oder körperliche Schäden festgestellt, geheilt oder gelindert werden sollen, und in denen die zu versorgenden Personen untergebracht und verpflegt werden können.[90])

Aus der Aufgabenstellung der Krankenhäuser ergibt sich die **Marktleistung** (Primärleistung), nämlich eine „Statusveränderung" als Behandlungsergebnis.[91])

Um das Behandlungsergebnis bzw. die Marktleistung zu erreichen, müssen Leistungen der
- Diagnose,
- Therapie,
- Pflege und
- Unterbringung

erbracht werden. Diese Leistungen sind **Betriebsleistungen** und stellen im Hinblick auf die Marktleistung (Primärleistung) Sekundärleistungen dar.

Die vom Krankenhaus erbrachten Marktleistungen wurden nach der BPflV a. F. noch durch die geleisteten Berechnungstage gemessen. Hierbei wurden die Kosten pro Berechnungstag (Pflegesatz) nach dem Verfahren der Divisionskalkulation ermittelt, obwohl deren Anwendungsvoraussetzungen[92]) nicht vorlagen.

Da sich hinter dem Berechnungstag ein Bündel heterogener Leistungen verbirgt und der Pflegesatz als Preis pro Berechnungstag nur ein Abschlag auf die zeitraumbezogene Leistungsvergütung, das Budget, ist, ist die „Kalkulation" des Pflegesatzes keine Kalkulation im eigentlichen Sinne, sondern nur ein Instrument der Kostenverteilung mit einem mangelhaften Leistungsbezug.

Da die Marktleistung der Krankenhäuser auf die Verbesserung des Gesundheitszustandes der Patienten abstellt, ist der sachgerechte Kostenträger im Krankenhaus der Patient. Kostenrechnerisch bedeutet das eine Patientenkalkulation auf der Grundlage von Betriebsleistungen, die als patientenbezogene Einzelfertigung[93]) interpretiert werden kann.

Eine Kostenträgerrechnung für jeden einzelnen Patienten scheidet jedoch aus Gründen der Praktikabilität im Hinblick auf den Erfassungs- und Verrechnungsaufwand sowie im Hinblick auf die erforderliche Kalkulationsgenauigkeit aus.

---

90) Vgl. § 2 Abs.1 KHG
91) Vgl. Abschnitt I.
92) Vgl. Abschnitt III.3.2.2
93) Vgl. Martius, G.H.: Die Patientenkalkulation im Krankenhausbetrieb, Diss., Berlin 1989, S.37

III · Kostenerfassung und Kostenverteilung

Eine Patientenkalkulation orientiert sich an Patientengruppen/Fallgruppen, die in sich weitgehend homogen sind und dementsprechend weitgehend übereinstimmende Betriebsleistungen[94]) erfordern.

Bei der Entwicklung und Anwendung einer Patientenkalkulation sind zunächst Patientenkategorien zu bilden, die den genannten Anforderungen genügen.

Diskutiert wurde und wird in diesem Zusammenhang insbesondere das Konzept der **DRGs (Diagnosis Related Groups)** und das Konzept der **PMCs (Patient Management Categories)**. Im einen Fall orientiert sich die Kategorisierung stärker an der Diagnose, im anderen Fall stehen Behandlungsmethoden im Vordergrund.[95])

Bewertet man den Kostenträger Berechnungstag und den Kostenträger Fallgruppe im Hinblick auf die mit der Kostenträgerrechnung zu erreichenden Ziele, so wird die Überlegenheit einer Patientenkalkulation deutlich (vgl. Abbildung 27).

Ziele	Zielerfüllung beim Kostenträger	
	Berechnungstag	Fallgruppe
Preisbildung/Abrechnung	bedingt	ja
Kontrolle der – Produktionswirtschaftlichkeit	bedingt	ja
– Anforderungswirtschaftlichkeit	nein	ja
Sortimentspolitik	nein	ja

Abb. 27: Kostenträger und Zielerreichung der Kostenträgerrechnung

Der Patientenkalkulation im Krankenhaus sind jedoch Grenzen gesetzt.

Die Häufigkeitsverteilung bestimmter Krankheitsbilder und Behandlungsmethoden legt es nahe, die Patientenkalkulation auf solche Fallgruppen/Patientenkategorien zu beschränken, die gemessen am Leistungsprogramm des Krankenhauses insgesamt einen entsprechend hohen Anteil haben. Diese Vorgehensweise ergibt sich aus Kosten-Nutzen-Überlegungen im Hinblick auf den kalkulatorischen Aufwand, der die Kostenplanung einschließt.

Wenn eine „flächendeckende" Patientenkalkulation aus den genannten Gründen ausscheidet, so müssen die Marktleistungen des Krankenhauses durch eine Kombination verschiedener Entgeltformen vergütet werden. Entsprechend sieht die Bundespflegesatzverordnung für stationäre Leistungen folgende Entgeltformen – und damit Kostenträger – vor:

---

94) Betriebsleistungen (Sekundärleistungen) umfassen in Abgrenzung zu den Marktleistungen (Primärleistungen) nicht nur die innerbetrieblichen Leistungen, die insbesondere in den medizinischen Institutionen erbracht werden, sondern auch die Leistungen, die die Endkostenstellen erbringen.

95) Vgl. Luithlen, E., Tuschen, K.H.: Weiterentwicklung des Entgeltsystems der Krankenhäuser – Erfahrungsbericht des BMA zu KHG und BPflV –, in: das Krankenhaus, 4/1989, S.151 ff.

Kostenerfassung und Kostenverteilung · III

(1) Tagesgleiche Pflegesätze nach § 13 BPflV
(2) Sonderentgelte und Fallpauschalen nach § 11 BPflV

Zu (1): Pflegesätze

In der Vergangenheit wurden die Benutzerkosten der Krankenhäuser mit Hilfe eines allgemeinen Pflegesatzes auf die Patienten bzw. deren Kostenträger verteilt.

In der neuen Bundespflegesatzverordnung wird der allgemeine Pflegesatz durch einen Basispflegesatz und Abteilungspflegesätze abgelöst.

Mit den Abteilungspflegesätzen werden die ärztlichen und pflegerischen Leistungen des Krankenhauses vergütet und zwar differenziert nach Fachabteilungen in unterschiedlicher Höhe. Der Basispflegesatz ist das Leistungsentgelt für die übrigen Leistungen (Basisleistungen) des Krankenhauses, insbesondere Unterkunft, Verpflegung und Verwaltungsleistungen. Dementsprechend setzt sich die Leistungsvergütung für jeden Patienten aus zwei Komponenten zusammen: Dem Basispflegesatz und dem Abteilungspflegesatz.

Zu (2): Sonderentgelte und Fallpauschalen

Sonderentgelte stellen nicht nur auf eine leistungsbezogene Vergütung der Krankenhausbehandlung ab, sondern haben auch die Funktion, Pflegesätze dadurch vergleichbarer zu machen, daß besonders aufwendige Leistungen gesondert vergütet werden.

Diese gesonderte (zusätzliche) Vergütung bezieht sich auf bestimmte Kostenarten.[96] Das bedeutet, daß die leistungsbezogene Vergütung bei den Patienten, bei denen sonderentgeltfähige Leistungen erbracht werden, künftig aus drei Komponenten besteht:

- Basispflegesatz,
- Abteilungspflegesatz,
- Sonderentgelt.

Als neue Entgeltform wurde mit Artikel 12 des GSG (Änderung der Bundespflegesatzverordnung) die Fallpauschale eingeführt.

Für bestimmte Patienten bzw. Patientenkategorien tritt die Fallpauschale an die Stelle von Basispflegesatz, Abteilungspflegesatz und ggf. Sonderentgelt.[97]

Die §§ 10 bis 13 BPflV regeln die Vergütung vollstationärer Leistungen und definieren dementsprechend die Kalkulationsobjekte im Sinne der Kostenträgerrechnung.

---

[96] Kosten des ärztlichen Dienstes, des Pflegedienstes, des medizinisch-technischen Dienstes, des Funktionsdienstes und Kosten des medizinischen Bedarfs.
[97] Vgl. Tuschen, K.H.: a.a.O., S.6

III · Kostenerfassung und Kostenverteilung

Die Beziehung zwischen den Kostenarten und den Entgeltformen der vollstationären Behandlung zeigt die nachstehende Abbildung 28.[98])

lfd. Nr.	Kostenarten	Basispflegesatz	Medizinische Institution	Abteilungspflegesätze	Fallpauschalen Int.* OP/An. M.I.* BP*	Sonderentgelt
1		2	3	4	5	6
1	Ärztlicher Dienst		1	1	1 1 1	1
2	Pflegedienst			2	2	2
3	Medizin.-techn.Dienst		3	3	3 3	3
4	Funktionsdienst		4	4	4 4	4
5	Klinisches Hauspersonal	5			5	
6	Wirtschafts- u.Versorgungsd.	6			6	
7	Technischer Dienst	7			7	
8	Verwaltungsdienst	8			8	
9	Sonderdienste	9			9	
10	Sonstiges Pflegepersonal	10			10	
11	Nichtzurechenbare Personalko.	11			11	
12	Personalkosten insgesamt					
13	Lebensmittel	13			13	
14	Medizinischer Bedarf		14	14	14 14 14	14
15	Wasser, Energie, Brennstoffe	15			15	
16	Wirtschaftsbedarf	16			16	
17	Verwaltungsbedarf	17			17	
18	Zentrale Verwaltungsdienste	18			18	
19	Zentrale Gemeinschaftsdienste	19			19	
20	Steuern, Abgaben, Versicherung.	20			20	
21	Instandhaltung	21	21*	21*	21* 21* 21* 21	
22	Gebrauchsgüter	22	22	22	22 22 22 22	
23	Sonstiges	23			23	
24	Sachkosten insgesamt					
25	Zinsen f. Betriebsmittelkredite	25				
26	Krankenhauskosten insgesamt					
–	Innerbetriebl. Leistungsver. – OP und Anästhesie – Intensivabteilung – Untersuchungs- u.Behandlungsbereich (KStGr. 92)		./. ./. ./.	+ + +		
	– Sonstiges		./.	+		
30	Kosten der Ausbildungsstätten			30		
31	Gesamtkosten					
32	– Abzüge ...	32	327	32		

*Int. = Intensiv, OP/An = OP-Bereich, M.I. = Medizinische Institution, B.P = Basispflegesatz

Abb. 28: Zuordnung der Kosten zu den Entgeltformen

---

98) Vgl. Arbeitsgruppe „Entgeltsysteme" im Bundesgesundheitsministerium (Hrsg.): Grundkonzeption eines neuen Entgeltsystems, Bonn 16.02.93, veröffentlicht durch: Niedersächsische Krankenhausgesellschaft e.V., Mitteilung Nr. 75/93 Anlage 1
*) Instandhaltung Medizingeräte

Kostenerfassung und Kostenverteilung · III

Mit dem neuen Entgeltsystem sollen folgende Ziele erreicht werden:[99]
- Leistungsbezogene Vergütung der Krankenhausleistungen
- Leistungsbezogene Kostenverteilung auf die Patienten und ihre Kostenträger,
- Verbesserung der Transparenz des Kosten- und Leistungsgeschehens im Krankenhaus,
- Erhöhung der Vergleichbarkeit der Pflegesätze.

Die vollstationäre Behandlung ist jedoch nur eine Form der Krankenhausbehandlung. Das SGB V (§§ 39 Abs.1, 115 a und 115 b) sieht folgende Formen der Krankenhausbehandlung vor:

- vollstationäre Behandlung,
- teilstationäre Behandlung,
- vor- und nachstationäre Behandlung,
- ambulantes Operieren.

Die Rangfolge bei der Anwendung der Formen der Krankenhausbehandlung zur Erreichung des Behandlungszieles geben die §§ 39 Abs.1 und 73 Abs. 4 SGB V in „umgekehrter Reihenfolge", d.h. vollstationäre Behandlung darf erst dann angeordnet werden, wenn die ambulante Versorgung einschließlich des ambulanten Operierens sowie die teilstationäre Behandlung das Erreichen des Behandlungszieles nicht ermöglichen.

Kostenträger sind für das Krankenhaus jedoch nicht nur die genannten Formen der Krankenhausbehandlung, sondern auch die Leistungen, deren Kosten nach der BPflV a. F. in Teil K3 des Kosten- und Leistungsnachweises ausgegliedert wurden, insbesondere die ambulante Behandlung durch das Krankenhaus als Institut und die ambulante Behandlung durch die Ärzte des Krankenhauses. Die Kosten dieser Leistungen werden entsprechend dem Nettoprinzip in der LKA nicht gezeigt; das „Ausgliederungsproblem" bleibt jedoch erhalten.

In Abbildung 29 sind die Vergütungsformen für Leistungen der Krankenhausbehandlung kategorisiert.

Leistung	Vergütungsform
vollstationäre bzw. teilstationäre Behandlung	Basispflegesatz Abteilungspflegesätze Sonderentgelte Fallpauschalen
vor- und nachstationäre Behandlung	patienten- und tagesbezogene Vergütung
Ambulante Operationen	Gebühren lt. Gebührenordnung
Institutsambulanz	Gebühren lt. Gebührenordnung
Ambulanz der Ärzte	Gebühren lt. Gebührenordnung bzw. Nutzungsentgelte der Ärzte lt.Dienstvertrag

Abb. 29: Vergütungsformen für Leistungen der Krankenhausbehandlung

---

[99] Vgl. Luithlen, E.; Tuschen, K.H.: Weiterentwicklung des Entgeltsystems der Krankenhäuser, in: das Krankenhaus, 4/1989, S.151

III · Kostenerfassung und Kostenverteilung

3.3.2 Basispflegesatz und Abteilungspflegesätze

Die „Kalkulation" eines Pflegesatzes bedeutet, darauf wurde bereits hingewiesen, die Anwendung der Divisionskalkulation, ohne daß deren Anwendungsbedingungen vorliegen. Der Pflegesatz ergibt sich bei vereinfachter Betrachtung aus folgender Relation:

$$\text{Pflegesatz} = \frac{\text{Kosten}}{\text{Berechnungstage}}$$

Der Pflegesatz ist nur ein Instrument, mit dem das Budget des Krankenhauses auf die Patienten und ihre Kostenträger verteilt wird. Ein Pflegesatz erhebt nicht den Anspruch, daß die Kostenverteilung für den einzelnen Patienten leistungsgerecht erfolgt.

Der einfachen Anwendung des „Verteilungsinstrumentes" wird Vorrang eingeräumt vor dessen Genauigkeit; eine Entscheidung, die deswegen vertretbar ist, weil die Leistungen nicht vom behandelten Patienten direkt vergütet werden, sondern von dessen Kostenträger (Krankenkasse), der im Sinne des Solidarprinzips die Kosten für eine sehr große Anzahl von Patienten trägt, so daß sich die Ungenauigkeiten, die sich, bezogen auf die Leistung des einzelnen Patienten ergeben, aufgrund des Gesetzes der großen Zahl weitgehend ausgleichen.

Es ist ein noch heute weit verbreitetes Mißverständnis des Systems der **Budgetierung**, wenn die Ansicht vertreten wird, mit dem allgemeinen Pfegesatz wurden keine Leistungen vergütet. Richtig ist vielmehr, daß im Rahmen der Budgetierung Leistungen und Kosten für einen zukünftigen Zeitraum geplant werden und somit auch die Höhe des allgemeinen Pflegesatzes durch eben diese Leistungen bestimmt wurde.

Eine Verfeinerung der Kostenverteilung im Hinblick auf die im einzelnen in Anspruch genommenen Leistungen ist nicht zu verwechseln mit einer Erhöhung der Wirtschaftlichkeit der Leistungserbringung.

Die Ablösung des allgemeinen Pflegesatzes durch einen Basispflegesatz und verschiedene Abteilungspflegesätze bedeutet somit zunächst eine stärker leistungsorientierte Kostenverteilung bzw. -abrechnung. Die Möglichkeit zur Erhöhung der Wirtschaftlichkeit ist jedoch insofern gegeben, als mit den Abteilungspflegesätzen die Kosten fachabteilungsspezifisch gesondert ermittelt werden, durch die sich die Patientenversorgung in den verschiedenen Fachabteilungen unterscheiden. Hierdurch wird die Transparenz des Leistungsgeschehens erhöht und der in § 13 Abs. 2 BPflV a. F. genannte Wirtschaftlichkeitsmaßstab, nämlich die „Kosten und Leistungen vergleichbarer Krankenhäuser", gewinnt eine neue Dimension.

Der Krankenhausvergleich auf dieser neuen Grundlage wird in § 5 BPflV zur Grundlage der Bemessung von medizinisch leistungsgerechten Budgets und tagesgleichen Pflegesätzen gemacht.

Kostenerfassung und Kostenverteilung · III

Der **Kostenvergleich** bezieht sich nun nicht mehr auf Krankenhäuser insgesamt, sondern nur auf die jeweiligen Fachabteilungen. Da die Vergleichbarkeit von Fachabteilungen gleicher Art mit weniger Einschränkungen möglich ist, als der Vergleich von Krankenhäusern insgesamt, bietet die fachabteilungsspezifische „Kalkulation" von Pflegesätzen in Verbindung mit dem Instrument des zwischenbetrieblichen Vergleichs die Möglichkeit, Unwirtschaftlichkeiten aufzudecken und durch entsprechende Maßnahmen die Kosten zu senken.

Die Zuordnung der Kostenarten zu den Entgeltformen, wie sie in der BPflV vorgenommen wurde (vgl. Abb. 31), macht deutlich, daß mit dem Abteilungspflegesatz jeweils die Kosten in Rechnung gestellt werden, die sich auf Diagnostik, Therapie und Pflege des Patienten beziehen, während die Kosten der Versorgung, Verwaltung und Unterbringung, die abteilungsübergreifend in vergleichbarer Höhe anfallen, in Form des Basispflegesatzes abgerechnet werden.

Sowohl die Kalkulation des Basispflegesatzes als auch der Abteilungspflegesätze erfolgten mit dem Verfahren der Divisionskalkulation.

Lt. § 12 BPflV sind zur Ermittlung der Abteilungspflegesätze die vorauskalkulierten Erlöse aus den Sonderentgelten und Fallpauschalen von den pflegesatzfähigen Kosten des Krankenhauses abzuziehen. Anstelle des Erlösabzuges können die Krankenhäuser auch einen Kostenabzug fordern. Der Kostenabzug wird für 2002 für alle Krankenhäuser Pflicht. Lt. § 12 Abs. 3 BPflV sind dann einmalig/letztmalig die Kosten der mit Fallpauschalen und Sonderentgelten berechneten Leistungen auszugliedern. Über Art und Anzahl der ausgegliederten Fallpauschalen wird in den folgenden Kalenderjahren nicht mehr verhandelt. Für die Erlöse aus der Vergütung für vor- und nachstationäre Behandlung gilt ein Erlösabzug von 90 %.

Die Erlösabzüge sind nach Fachabteilungen aufzugliedern, bevor sie pflegesatzmindernd berücksichtigt werden können, denn die Pflegesatzminderung bezieht sich auf die Abteilungspflegesätze.

Die Differenzierung in Basis- und Abteilungspflegesätze erhöht nicht nur die Aussagekraft des zwischenbetrieblichen Vergleichs, sondern ermöglicht auch eine fachabteilungsspezifische Betriebsergebnisrechnung, die bisher in aussagefähiger Form nicht möglich war.[100])

---

100) Soweit bei einer Abrechnung der Krankenhausleistungen mit einem allgemeinen Pflegesatz derartige Über- oder Unterdeckungen ermittelt wurden, wurde damit nur eine Aussage dahingehend gemacht, ob die Kosten der betreffenden Abteilung gemessen an den durchschnittlichen Kosten des Krankenhauses über- oder unterdurchschnittlich hoch waren. Sortimentspolitische Entscheidungen dahingehend, das Leistungsangebot der „teuren" Abteilungen zu reduzieren, führen im Rahmen der Budgetierung zu niedrigeren Gesamtkosten und letztlich auch zu einem niedrigerem Pflegesatz.

III · Kostenerfassung und Kostenverteilung

Werden ausgehend vom Gesamtbudget des Krankenhauses Pflegesätze nach der Methode des Erlösabzuges ermittelt, so führt eine kostengünstige „Produktion" der über externe Preise vergüteten Leistungen (Sonderentgelte, Fallpauschalen, vor- und nachstationäre Behandlung, ambulantes Operieren) lediglich zu niedrigeren Abteilungspflegesätzen. Ein Anreiz zur Erhöhung der Wirtschaftlichkeit ist insofern nicht oder nur begrenzt gegeben. Das heißt für Krankenhäuser, die diese Leistungen kostengünstiger erbringen, empfiehlt es sich, von der Möglichkeit des Kostenabzugs Gebrauch zu machen.

3.3.3 Sonderentgelte

Mit Sonderentgelten sollen bestimmte, insbesondere teure, Leistungen stärker leistungsbezogen vergütet werden, als dies durch den Abteilungspflegesatz möglich ist. Damit werden innerhalb einer Fachabteilung Besonderheiten einer bestimmten Patientengruppe additiv in der Vergütung berücksichtigt. Hieraus resultiert zum einen eine leistungsgerechtere Belastung der Patienten bzw. ihrer Kostenträger, zum anderen wird bei der Kalkulation der Sonderentgelte das Leistungsgeschehen bei der Erbringung eben dieser Leistungen transparenter. Hinzu kommt, daß, sobald Besonderheiten der Patientenversorgung durch Sonderentgelte vergütet werden, die „Restgruppe" der Patienten einer Abteilung homogener wird und sich die Aussagekraft des zwischenbetrieblichen Vergleichs als Maßstab zur Wirtschaftlichkeitsbeurteilung und der medizinisch leistungsgerechten Vergütung erhöht.

Für die **Kalkulation der Sonderentgelte** schreibt die BPflV vor, welche Kostenarten zu berücksichtigen sind:

– Kosten des ärztlichen Dienstes,
– Kosten des Pflegedienstes,
– Kosten des medizinisch-technischen Dienstes,
– Kosten des Funktionsdienstes sowie
– Kosten des medizinischen Bedarfes.

Sollen die mit den **Sonderentgelten angestrebten Ziele**
– leistungsgerechte Vergütung,
– Erhöhung der Transparenz des Leistungsgeschehens und
– Erhöhung der Vergleichbarkeit mit anderen Krankenhäusern bzw. den Fachabteilungen in anderen Krankenhäusern

erreicht werden, so dürfen nur die mit der sonderentgeltfähigen Leistung in unmittelbarem Zusammenhang stehenden Kosten der oben genannten Kostenarten kalkulatorisch berücksichtigt werden.

In Anlage 2 (Sonderentgelt-Katalog) der BPflV wird die Vergütungsstruktur der Sonderentgelte im Sinne extern vorgegebener Preise festgelegt.[101]

---

101) Diese Festlegung erfolgt in Form von Punkten und zwar getrennt für Personal und Sachmittel. Der Punktwert, der lt.BPflV für 1993 1,– DM beträgt ist jährlich zwischen den Vertragspartnern auf Landesebene (Landeskrankenhausgesellschaft, Landesverbände der Krankenkassen) zu verhandeln.

Sonderentgelte als externe Preise entbinden das einzelne Krankenhaus jedoch nicht von der Kalkulation der von ihm angebotenen sonderentgeltfähigen Leistungen. Die krankenhausindividuelle Kalkulation wird begründet durch die Pflicht zur Kostenplanung und Kostenkontrolle. Das heißt, das Krankenhaus muß in die Lage versetzt werden, sonderentgeltfähige Leistungen im Hinblick auf Leistungsmenge und Kosten zu planen, die Einhaltung dieser Planung zu überwachen und nach Ablauf des Planungszeitraumes eine Nachkalkulation durchzuführen, um Über- oder Unterdeckungen zu ermitteln. Voraussetzung hierfür ist die Kenntnis, welche Kostenarten in welchem Umfang mit den extern vorgegebenen Preisen für Sonderentgelte abgegolten sind.

In diesem Zusammenhang hat der Bundesminister für Arbeit und Sozialordnung im Wege eines Forschungsauftrages die Kalkulation der Sonderentgelte gemäß § 6 BPflV in Auftrag gegeben.[102] Dem schloß sich das Forschungsprojekt „Entwicklung und Kalkulation eines erweiterten Sonderentgeltkataloges zur Erprobung im Modellversuch" an.[103]

3.3.4 Fallpauschalen

Mit der Fallpauschale werden alle Leistungen, die für einen Patienten im Rahmen seines Krankenhausaufenthaltes erbracht werden, abgegolten. Dabei handelt es sich um

- **patientenbezogene Leistungen,** die sonst mit dem Abteilungspflegesatz und Sonderentgelten vergütet werden.
- **sonstige Leistungen,** insbesondere Versorgungs- und Verwaltungsleistungen, die sonst mit dem Basispflegesatz abgegolten werden.

Der Katalog der Leistungen, die über Fallpauschalen vergütet werden, ist als Anlage 1 Bestandteil der Bundespflegesatzverordnung. Der derzeitige Katalog umfaßt nahezu 100 Fallpauschalen, die ausnahmslos operative und geburtshilfliche Leistungen betreffen.

Fallpauschalen sind vor allem für häufige und diagnostisch/therapeutisch eindeutig abgrenzbare Leistungen vorgesehen.

Die Leistungsabgrenzung erfolgt durch die **fallgruppenspezifische Festlegung des Leistungsspektrums** der direkten Patientenversorgung. Damit sind die Leistungen der medizinischen Institutionen, insbesondere des OP-Bereichs, sowie die Leistungen der Stationen (Normalpflege und Intensivstationen) angesprochen.

---

102) Vgl. Der Bundesminister für Arbeit und Sozialordnung (Hrsg.): Kalkulation der Sonderentgelte für die Leistungen gemäß § 6 (1) lfd. Nr. 1–16 BPflV, Forschungsbericht 167, Köln und Düsseldorf 1988
103) Vgl. Arbeitsgemeinschaft DKI-GmbH/GEBERA: Forschungsprojekt „Entwicklung und Kalkulation eines erweiterten Sonderentgeltkataloges zur Erprobung im Modellversuch", Schlußbericht, Düsseldorf und Köln, Juli 1991, veröffentlicht durch: Krankenhausgesellschaft Nordrhein-Westfalen e.V., Rundschreiben Nr. 197/91, Anlage 2

III · Kostenerfassung und Kostenverteilung

In diesen Kostenstellen bzw. Leistungsbereichen werden die Kostenarten kalkulatorisch berücksichtigt, die die direkte Patientenversorgung betreffen:

- Ärztlicher Dienst,
- Pflegedienst,
- Medizinisch-technischer Dienst,
- Funktionsdienst,
- Medizinischer Bedarf,
- Instandhaltung medizinischer Geräte sowie
- Gebrauchsgüter des medizinischen Bedarfs.

Hinzu kommen die Kosten bzw. Kostenarten, die die übrigen Leistungen (Basisleistungen) betreffen, die ansonsten über den Basispflegesatz abgegolten werden.

Die Arbeitsgruppe „Entgeltsysteme" unterscheidet bei den **Leistungen der direkten Patientenversorgung** folgende Komponenten der Fallpauschale:[104])

(1) Stationsleistungen auf Normal- und Intensivpflegeeinheiten,
(2) OP-Leistungen (einschließlich Anästhesieleistungen) im Kostenstellenbereich OP,
(3) Diagnostische und therapeutische Leistungen der medizinischen Institutionen, d.h. des Untersuchungs- und Behandlungsbereichs
(4) Basisleistungen

3.4 Nettoprinzip

Da in der Leistungs- und Kalkulationsaufstellung (LKA), mit der die Vergütungen für die verschiedenen stationären Krankenhausleistungen beantragt werden, der Ausweis von Nettokosten – differenziert nach Kostenarten – verlangt wird, sind zunächst von den Gesamtkosten des Krankenhauses (Bruttokosten) die Kosten der Leistungen abzuziehen, die nicht Budget und Pflegesätze betreffen, insbesondere ambulante Behandlung, Personalunterkunft sowie Personalverpflegung und Verpflegung Dritter.

Die Umsetzung des Nettoprinzips ist der erste Schritt im Rahmen der Kostenträgerrechnung. Die „nach außen gerichtete Kostenausgliederung", d.h. die in der LKA des Krankenhauses wirksam werdende Kostenausgliederung, orientiert sich hierbei meist an den jeweiligen Erlösen des Krankenhauses, die ausgehend vom kostenrechnerischen Ergebnis eine Kostenartenstruktur erhalten. Dadurch, daß für „auszugliedernde" Bereiche, die nicht kostendeckend sind, nur Kosten in Höhe der Erlöse von den Gesamtkosten abgesetzt werden, wird erreicht, daß Unterdeckungen in diesen Bereichen nicht sofort realisiert wer-

---

104) Vgl. DKI – GmbH / GEBERA / IfG: Definition und Kalkulation von Fallpauschalen für die Einstiegsversion des Kataloges (Stufe I), Düsseldorf, Köln, Kiel, Neubiburg 1994, S.14.

Kostenerfassung und Kostenverteilung · III

den, sondern die Chance erhalten bleibt, diese über die Vergütung der stationären Leistungen ausgeglichen zu bekommen[105]).

Die Kalkulation der Betriebsleistungen als Baustein für die Kalkulation der Marktleistungen bezieht sich nach Umsetzung des Nettoprinzips auf die stationären Leistungen und deren Kosten. Geht es um die Wirtschaftlichkeit der Leistungserbingung insgesamt, so sind die ambulanten Leistungen und deren Kosten in die Betrachtung einzubeziehen.

Das Nettoprinzip ist die logische Konsequenz des Prinzips medizinisch leistungsgerechter Entgelte, das in der neuen Bundespflegesatzverordnung das bisher das Krankenhausfinanzierungsrecht beherrschende Selbstkostendeckungsprinzip ersetzt.

Wenn das Krankenhaus in der Leistungs- und Kalkulationsaufstellung (LKA) eine Vergütung für stationäre Leistungen fordert, die es **einem** Krankenhaus ermöglicht, die geplanten Leistungen zu erbringen, so kann folglich nur auf die stationären Leistungen abgestellt werden.

Das Nettoprinzip hat formale und materielle Auswirkungen.

Der formale Aspekt besteht darin, daß in der LKA die Kosten der stationären Behandlung (Nettokosten) nach Kostenarten differenziert werden müssen[106]).

Der materielle Aspekt des Nettoprinzips bezieht sich auf den für die Kostenausgliederung verwendeten Kostenbegriff.

Die Trennung der Gesamtkosten eines Krankenhauses im Sinne der Kostenausgliederung nach altem Recht basierte entsprechend dem sogenannten Lüneburger Urteil auf einer Vollkostenbetrachtung, d.h., es wurden anteilige Kosten ermittelt und damit auch Kosten zugeordnet, die sich nach dem Verursachungsprinzip nicht zuordnen lassen. Diese Zuordnung erfolgte im wesentlichen nach dem Durchschnittsprinzip, einem der beiden „Kostenanlastungsprinzipien"[107]).

Eine derartige Kostenverteilung hat zur Folge, daß in mehr oder weniger großem Umfang auch nicht abbaubare Kosten ausgegliedert werden und somit die Kosten der stationären Behandlung eine Entlastung erfahren.

Demgegenüber müssen Budget und Pflegesätze nach der Bundespflegesatzverordnung 1995, wie oben bereits erwähnt, medizinisch leistungsgerecht sein und

---

105) Für betriebliche Entscheidungen ist demgegenüber die Kalkulation der tatsächlichen Kosten der entsprechenden Leistungen unverzichtbar.
106) Im Kosten- und Leistungsnachweis (KLN) dem „Vorgänger" der LKA war diese Differenzierung nur für die Gesamtkosten (Bruttokosten des Krankenhauses) vorgesehen. Die Kostenabzüge waren hier nicht nach Kostenarten gegliedert, sondern nur nach Leistungsbereichen differenziert. Folglich waren die Nettokosten immer nur Nettogesamtkosten, d.h., eine Differenzierung nach Kostenarten war nicht vorgesehen.
107) Das andere Kostenanlastungsprinzip ist das Prinzip der Kostentragfähigkeit (vgl. Abschnitt II 4).

III · Kostenerfassung und Kostenverteilung

einem Krankenhaus bei wirtschaftlicher Betriebsführung ermöglichen, den Versorgungsauftrag zu erfüllen.

Wenn hier von **einem** Krankenhaus die Rede ist, so kann nicht davon ausgegangen werden, daß Leistungsbereiche außerhalb der stationären Behandlung Budget und Pflegesätze subventionieren.

Übertragen auf die Umsetzung des Nettoprinzips bedeutet das, daß der Kostenbetrachtung ein entscheidungsorientierter Kostenbegriff zugrunde zu legen ist. Damit wird abgestellt auf die mit der Entscheidung für ein bestimmtes Leistungsangebot ausgelösten Ausgaben. Entscheidungsorientierte Kosten sind grundsätzlich zusätzliche oder wegfallende Kosten.

Wichtig ist es, im Zusammenhang mit dem Nettoprinzip und den medizinisch leistungsgerechten Entgelten darauf hinzuweisen, daß die Kostenrechnung des Krankenhauses auch im Hinblick auf die Anwendung des Nettoprinzips eine interne Rechnung ist, und zwar im Sinne einer Plankostenrechnung. Die Plankosten des Krankenhauses müssen nicht mit der Forderung in der LKA übereinstimmen[108]). Im übrigen haben die Kostenträger (Krankenkassen) keinen Anspruch auf die Information über Istkosten des Krankenhauses. Diese Feststellung ergibt sich aus dem Wegfall des Selbstkostendeckungsprinzips.

Die Umsetzung des Nettoprinzips erfolgt grundsätzlich differenziert nach den Kostenstellen- bzw. Leistungsbereichen, die Leistungen erbringen, deren Kosten auszugliedern sind.

Nachfolgend wird anhand eines einfachen Beispiels, nämlich der Mammographie, das Verfahren der Kostenausgliederung beschrieben.

Die nachfolgende Abbildung 30 zeigt ausgehend von den Kostenstelleneinzelkosten die anteiligen auszugliedernden Kosten der ambulanten Behandlung und die verbleibenden Kosten der stationären Behandlung (Nettokosten).

Kostenarten	Kostenstellen-einzelkosten DM gesamt	davon ambulant DM	davon stationär DM
a) Personalkosten			
Ärztlicher Dienst[109])	–	–	12.896
Medizinisch-technischer Dienst	41.889	23.039	18.850
			31.746

---

108) Das Verhandeln von Budget und Pflegesätzen auf Grundlage der LKA hat in den vergangenen Jahren dazu geführt, daß die nach außen gerichtete Rechnung (LKA) und die interne Kosten- und Leistungsrechnung in ihren Ergebnissen teilweise deutlich voneinander abweichen.
109) Lt. innerbetrieblicher Leistungsverrechnung.

Kostenerfassung und Kostenverteilung · III

Kostenarten	Kostenstellen-einzelkosten DM gesamt	davon ambulant DM	davon stationär DM
b) Sachkosten med. Bedarf			
Arzneimittel	8	–	8
Verbandsmittel	72	–	72
Verbauchsmaterial	12.148	6.681	5.467
Röntgenbedarf	8.608	4.734	3.874
Desinfektionsmittel	49	–	49
Sonstiger med. Bedarf	22	–	22
	20.9077	11.415	9.492
c) Med. Instandhaltung	3.692	1.015	2.677
	24.599	12.430	12.169
d) Insgesamt	66.488	35.469	43.915

Abbildung 30: Nettokosten am Beispiel der Kostenstelle Mammographie

Grundlage für die Trennung der Kosten in Kosten der ambulanten und Kosten der stationären Behandlung ist die Leistungsrechnung:

Nr. lt. GOÄ	Leistungsart	Punkte/ Leistung	Anzahl		Punkte lt. GOÄ	
			stationär	ambulant	stationär	ambulant
	Mammographie					
5265	1 Seite in 1 Ebene	300	65	150	19.500	45.000
5266	1 Seite in 2 Ebenen	450	270	854	121.500	384.300
5267	Ergänzende Ebenen (zusätzlich zu Nr. 5266)	150	30	50	4.500	7.500
5298	Radiographie	375	442		165.750	
418	Sonographie	210	428	306	89.880	64.260
					401.130	501.060
					45%	55%

Abbildung 31: Leistungsrechnung Mammographie

III · Kostenerfassung und Kostenverteilung

Die Kosten der ambulanten Behandlung wurden entsprechend dem **Ambulanzanteil** von 55% ermittelt. Bei der Instandhaltung wurde vor dem Hintergrund der Unterscheidung in zeitabhängige und nutzungsabhängige Instandhaltung der Ambulanzanteil halbiert.

Die Kosten des Ärztlichen Dienstes ergeben sich aus der innerbetrieblichen Leistungsverrechnung, d.h. der Verteilung der Kosten des Ärztlichen Dienstes auf die Einsatzbereiche der Ärzte. Für die ambulante Behandlung wurden keine Arztkosten angesetzt, da diese den Nebentätigkeitsbereich des leitenden Arztes betrifft.

In dieser Kostenbetrachtung wurde von den Kostenstelleneinzelkosten ausgegangen. Inwieweit indirekte Kosten (Kostenstellengemeinkosten), bei denen es sich im wesentlichen um sogenannte Basiskosten handelt, d.h. solche Kosten, die bei stationären Leistungen durch den Basispflegesatz abgegolten werden, zu berücksichtigen sind, ist gesondert zu beantworten. Hierbei ist, wie oben bereits erläutert, auf einen entscheidungsorientierten Kostenbegriff und die Kostentragfähigkeit abzustellen[110]).

Für die Leistungsbereiche, bei denen eine geschlossene Leistungsrechnung als Grundlage für die Kostenverteilung nicht vorliegt, bilden die üblichen Bezugsgrößen bzw. Umlageschlüssel die Grundlage der Kostenverteilung. Ausgehend hiervon wird die nach Kostenarten zu differenzierende Kostenausgliederung unter Berücksichtigung eines entscheidungsorientierten Kostenbegriffs (zusätzliche oder wegfallende Kosten) und der Kostentragfähigkeit (Orientierung an den erzielten Erlösen) ermittelt.

Eine Vorstellung vom Ergebnis einer derartigen Kostenausgliederung vermittelt Abbildung 32.

Kostenarten	Bruttokosten 1997 DM	davon: ambulante Behandlung DM	davon: Wohnheime DM	davon: Verpflegung DM	davon: Sonstiges[111] DM	Nettokosten 1997 DM
Ärztlicher Dienst	3.848.800	19.600	0	0	0	3.829.200
Pflegedienst	7.278.100	0	0	0	0	7.278.100
Medizinisch-technischer Dienst	1.674.000	196.051	0	0	0	1.477.949
Funktionsdienst	1.516.900	27.507	0	0	0	1.489.393
Klinisches Hauspersonal	62.000	0	0	0	0	62.000

---

110) Zur Ermittlung der Kosten der ambulanten Behandlung vgl. Kehres, E.: Kosten- und Kostendeckung der ambulanten Behandlung im Krankenhaus, Essen 1994.
111) Z.B. Kosten für vermietete Räume, Patiententelefon und Patientenfernsehen. Die Kosten für wahlärztliche Leistungen und die Kosten für Wahlleistung Unterkunft werden in der Systematik der LKA berücksichtigt.

Kostenerfassung und Kostenverteilung · III

Kostenarten	Bruttokosten 1997 DM	davon: ambulante Behandlung DM	davon: Wohnheime DM	davon: Verpflegung DM	davon: Sonstiges[111] DM	Nettokosten 1997 DM
Wirtschafts- und Versorgungsdienst	1.795.200	0	17.649	18.264	0	1.759.287
Technischer Dienst	100.600	0	0	0	0	100.600
Verwaltungsdienst	1.139.300	32.500	0	0	0	1.106.800
Sonderdienste	82.100	0	0	0	0	82.100
Sonstiges Personal	12.900	0	0	0	0	12.900
Nicht zurechenbare Personalkosten	0	0	0	0	0	0
Personalkosten gesamt	17.509.900	275.658	17.649	18.264	0	17.198.329

Kostenarten	Bruttokosten 1997 DM	davon: ambulante Behandlung DM	davon: Wohnheime DM	davon: Verpflegung DM	davon: Sonstiges[112] DM	Nettokosten 1997 DM
Lebensmittel	572.700	0	0	39.307	0	533.393
Medizinischer Bedarf	2.829.900	65.790	0	0	53.429	2.710.681
Wasser, Energie, Brennstoffe	669.500	6.337	22.000	3.255	14.996	622.912
Wirtschaftsbedarf	853.600	2.655	441	0	0	850.505
Verwaltungsbedarf	558.500	558	0	0	35.342	522.600
Zentrale Verwaltungsdienste	0	0	0	0	0	0
Zentrale Gemeinschaftsdienste	0	0	0	0	0	0
Steuern, Abgaben, Versicherungen	437.800	723	5.924	0	0	431.153
Instandhaltung	1.653.800	5.532	7.560	0	2.428	1.638.280
Gebrauchsgüter	84.700	2.266	0	0	0	82.434
Sonstiges	21.500	0	0	0	0	21.500
Sachkosten insgesamt	7.682.000	83.860	35.925	42.562	106.195	7.413.458
Zinsen für Betriebsmittelkredite	17.500	0	0	0	0	17.500
Krankenhaus insgesamt	25.209.400	359.518	53.574	60.826	106.195	24.629.287

Abbildung 32: Umsetzung des Nettoprinzips

---

112) Z.B. Kosten für vermietete Räume, Patiententelefon und Patientenfernsehen. Die Kosten für wahlärztliche Leistungen und die Kosten für Wahlleistung Unterkunft werden in der Systematik der LKA berücksichtigt.

III · Kostenerfassung und Kostenverteilung

3.5 Kalkulation der Betriebsleistungen

3.5.1 Überblick

Da, wie oben beschrieben, im Krankenhaus alle Kosten über die Kostenstellenrechnung geleitet werden müssen, ist die Kostenstellenrechnung Ausgangspunkt der Kostenträgerrechnung.

Das in der Kostenrechnung der Krankenhäuser angewandte Kalkulationsverfahren ist die Verrechnungssatzkalkulation (Bezugsgrößenkalkulation). Hierbei werden die Kosten der verschiedenen Kostenstellen proportional zu deren Leistungsvolumen verrechnet. Der Verrechnungssatz je Kostenstelle ergibt sich allgemein aus der Relation Kostenstellenkosten zu Leistungen der Kostenstelle.

Die Schwierigkeit bei der Anwendung dieses Kalkulationsverfahrens besteht allgemein in der Messung der Kostenstellenleistungen, die je Kostenstelle in einer einheitlichen Dimension erfolgen muß, da es nur dann möglich ist, einen Verrechnungssatz pro Leistung der Kostenstelle zu ermitteln[113]). Für die Krankenhäuser liefert die Leistungsrechnung die Leistungsinformationen, auf deren Grundlage die Kostenverrechnung erfolgt.

In Abbildung 33 sind die üblichen Bezugsgrößen und Verrechnungssätze zusammengefaßt.

Leistungsbereiche/ Kostenstellen	Bezugsgrößen	Verrechnungssätze
Röntgendiagnostik Nuklearmedizin Labor Funktionsdiagnostik Endoskopie Ultraschall Pathologie	} } } } Punkte laut GOÄ } } }	} } } } DM/GOÄ-Punkt } } }
Physikalische Therapie	Leistungen laut DKG-NT Band I, Teil S	DM Kosten/DM Wert
Kreißsaal - Ärztlicher Dienst - Hebammen - Medizinischer Bedarf	 } zeitliche Bindung je } Entgeltform Verbrauch je Entgeltform	 } DM/Stunde } DM laut Stückliste/DM je Hebammenstunde[114])
- Instandhaltung - Gebrauchsgüter	} zeitliche Bindung der Hebammen } je Entgeltform	} DM/Stunde }

---

113) Werden im Sinne der Verfeinerung dieses Kalkulationsverfahrens für eine Kostenstelle, differenziert nach Kostenarten oder Arbeitsplätzen, mehrere Verrechnungssätze gebildet, so können für jeden dieser Verrechnungssätze die Leistungen der Kostenstelle in einer unterschiedlichen Dimension angegeben werden. Diese Differenzierung ist bisher in der Krankenhauspraxis nicht üblich.

114) Soweit geringwertige Artikel nicht über Stücklisten erfaßt werden.

Kostenerfassung und Kostenverteilung · III

Leistungsbereiche/ Kostenstellen	Bezugsgrößen	Verrechnungssätze
OP:[115]		
- Ärztlicher Dienst Anästhesie	} zeitliche Bindung (Einlei-	} DM/Anästhesieminute
- Funktionsdienst Anästhesie	} tungs-Ausleitungs-Zeit)}	}
- Ärztlicher Dienst Operateure	} zeitliche Bindung (Schnitt-	} DM/OP-Minute
- Funktionsdienst OP	} Naht-Zeit zzgl. Nebenzeit)	
- Medizinischer Bedarf	Verbrauch je Entgeltform	DM laut Stückliste/DM je Leistung
- Instandhaltung	} Anzah/Dauer je Operation bzw.	} DM/OP-Minute bzw. OP-Stunde
- Gebrauchsgüter	} Entgeltform	}
Normalstationen:		
- Ärztlicher Dienst	Pflegetage	DM/Pflegetag
- Pflegedienst	Pflegeminuten laut PPR	DM/Pflegeminute
- Medizinischer Bedarf	Pflegetage[116]	DM/Pflegetag
- Instandhaltung	} Pflegetage	} DM/Pflegetag
- Gebrauchsgüter	}	}
Intensivstation:		
- Ärztlicher Dienst	zeitliche Bindung[117]	DM/Stunde
- Pflegedienst	zeitliche Bindung[117]	DM/Stunde
- Medizinischer Bedarf	Pflegetage[118]	DM/Pflegetag
- Instandhaltung	Pflegetage	DM/Pflegetag
- Gebrauchsgüter	Pflegetage	DM/Pflegetag

Abbildung 33: Bezugsgrößen und Verrechnungssätze

Sind je Kostenstelle die Leistungen bzw. Bezugsgrößen gemessen, so werden die Verrechnungssätze (Kalkulationssätze) mit den Methoden der Divisionskalkulation ermittelt. Da sowohl die Kostenstellenkosten als auch die Leistungen bzw. Bezugsgrößen Ist-Werte und/oder Planwerte sein können, lassen sich sowohl Ist- als auch Plankalkulationssätze ermitteln[119].

Im folgenden wird die Kalkulation der Betriebsleistungen mit Hilfe der Verrechnungssatzkalkulation beispielhaft für folgende Bereiche bzw. Leistungen erläutert:

- Diagnostische und therapeutische Leistungen des Untersuchungs- und Behandlungsbereiches,
- OP-Leistungen,
- Stationsleistungen.

---

115) Einschließlich Aufwachraum und Sterilisation.
116) Zuvor ggf. direkte Zuordnung (z.B. Kosten der Chemotherapie zum Abteilungspflegesatz).
117) Differenziert nach den Kategorien Intensivüberwachung und Intensivbehandlung.
118) Eventuell teilweise direkte Zuordnung, insbesondere zu Abteilungspflegesätzen.
119) Die Verrechnungssätze (Kalkulationssätze) lassen sich als Instrument der Wirtschaftlichkeitskontrolle einsetzen, indem man die Leistungen mit dem Planverrechnungssatz multipliziert und diesen Wert den Ist-Kosten der Kostenstellen gegenüberstellt.

III · Kostenerfassung und Kostenverteilung

Bei der Kalkulation der Betriebsleistungen ist folgendes zu beachten:

- Die Kalkulation[120]) sollte sich nicht auf Fallpauschalen und Sonderentgelte beschränken, sondern immer den jeweiligen **Abteilungspflegesatz einbeziehen**. Die dadurch gegebene Vollständigkeit der Kostenbetrachtung bedeutet eine wichtige Plausibilitätskontrolle der kostenrechnerischen Ergebnisse.

- Die **Kalkulation** sollte immer **kostenstellenbezogen** erfolgen und damit sicherstellen, daß die Kosten des Krankenhauses in der Kostenträgerrechnung vollständig verarbeitet werden, das gilt insbesondere für die den Fallpauschalen und Sonderentgelten zuzuordnenden Kosten.

3.5.2 Diagnostische und therapeutische Leistungen des Untersuchungs- und Behandlungsbereichs

Die Anwendung der Verrechnungssatzkalkulation für diese Leistungen wird nachfolgend beispielhaft für die Kostenstelle Endoskopie erläutert.

Ausgangspunkt der Kalkulation sind die **Nettokosten** des Leistungsbereiches ohne Berücksichtigung der sogenannten Basiskostenarten, die über den Basispflegesatz vergütet werden.

Kostenstelle: 92400 Endoskopie	Nettokosten DM
Personalkosten Ärztlicher Dienst Funktionsdienst	48.000 138.550
	186.550
Sachkosten Medizinischer Bedarf Instandhaltung Gebrauchsgüter	27.600 12.260 2.100
	41.960
Kosten insgesamt:	228.510

Abbildung 34: Nettokosten der Kostenstelle Endoskopie

---

120) Die Kalkulation des Basispflegesatzes erfolgt nicht kostenstellen-, sondern kostenartenbezogen. Unabhängig davon lassen sich – insbesondere in den Kostenstellen des Versorgungsbereiches – Betriebsleistungen kalkulieren, sei es zur Wirtschaftlichkeitskontrolle, sei es im Hinblick auf eine mögliche Fremdvergabe solcher Leistungen.

Kostenerfassung und Kostenverteilung · III

Die **Leistungsrechnung** liefert u. a. folgende Informationen[121]):

Tarif-Nr.	Leistung	Leistungen/Jahr (1)	Punkte/Leistung (2)	Punkte/Jahr (3)
683	Gastroskopie einschl. Oesophagoskopie	1.000	1.000	1.000.000
685	Duodenoskopie	800	1.350	1.080.000
687	Hohe Koloskopie	600	1.500	900.000
688	Partielle Koloskopie	200	900	180.000
689	Sigmoidoskopie	300	700	210.000
690	Rektoskopie	300	350	105.000
691	Oesophago-/Gastro-/Bulboskopie mit nachfolgender Sklerosierung von Oesophagusvarizen	300	1.400	420.000
701	Laparoskopie mit intraabdominalem Eingriff	200	1.050	210.000
705	Proktoskopie	300	152	45.600
		4.000		4.150.600

Abb. 35: Leistungen der Endoskopie

Die **Kostenstellenkosten** in Höhe von 228.510 DM beinhalten zum einen die Kostenstelleneinzelkosten (Kosten des Funktionsdienstes, Kosten des medizinischen Bedarfs, Instandhaltung Medizintechnik, medizinische Gebrauchsgüter) und die Kosten der Inanspruchnahme des ärztlichen Dienstes als Ergebnis der innerbetrieblichen Verrechnung der Arztkosten[122]).

Die **Leistungen** pro Jahr liefert die Leistungsrechnung[123]); mit Hilfe der GOÄ-Punkte pro Leistung werden die unterschiedlich aufwendigen Leistungen gleichnamig gemacht, mit der Folge, daß die Leistungen der Kostenstelle durch die **Bezugsgröße** „Anzahl der GOÄ-Punkte" beschrieben werden können.

Die Kosten der verschiedenen Leistungen werden mit Hilfe der **Verrechnungssätze**[124]) (DM/GOÄ-Punkt) ermittelt.

---

121) Neben diesen Informationen im Sinne einer Leistungsstatistik gibt die Leistungsrechnung jeweils die anfordernden Kostenstellen (Fachabteilungen) und die betroffenen Kostenträger (Patienten bzw. Entgeltformen) an.
122) Vgl. Abschnitt III. 2.2.4.3.
123) Zur Ermittlung des Verrechnungssatzes werden nur die Leistungen pro Jahr benötigt. Die Differenzierung der Leistungen nach anfordernden Kostenstellen bzw. Kostenträgern ist ein weiterer Schritt in der Kostenträgerrechnung.
124) Die Systematik der Leistungs- und Kalkulationsaufstellung verlangt eine Trennung in Personal- und Sachkosten.

III · Kostenerfassung und Kostenverteilung

Personalkosten:

$$\frac{186.550\ DM}{4.150.600\ Punkte} = 0{,}045\ DM\ /\ Punkt$$

Sachkosten:

$$\frac{41.960\ DM}{4.150.600\ Punkte} = 0{,}010\ DM\ /\ Punkt$$

Kosten insgesamt:

$$\frac{228.510\ DM}{4.150.600\ Punkte} = 0{,}055\ DM\ /\ Punkt$$

So ergeben sich z.B. für eine Gastroskopie folgende Kosten:

1.000 Punkte x 0,055 DM/Punkt = 55,00 DM

Mit der Information über die **Kosten je Leistung** bzw. **Kosten je GOÄ-Punkt** ist eine Verrechnung der Kosten auf die anfordernden Kostenstellen (z.B. Station Innere Medizin oder Station Allgemeinchirurgie) und auf die jeweiligen Kostenträger (z.B. Abteilungspflegesatz Innere Medizin, Abteilungspflegesatz Allgemeinchirurgie, Fallpauschale ... in der Allgemeinchirurgie) möglich.

Der Verrechnungssatz in Höhe von insgesamt 0,055 DM/Punkt gibt darüber hinaus einen Hinweis auf die erreichte Wirtschaftlichkeit[125]).

Voraussetzung für die Kalkulation von Fallpauschalen sind patientenbezogene Leistungsinformationen.

Die Ergebnisse dieser Kalkulation lassen sich in Form eines kostenträgerbezogenen Kostenstellenblattes darstellen. Aufbau und Inhalt eines derartigen Kostenstellenblattes sind in Abbildung 36 beispielhaft dargestellt.

---

125) Die Bewertung der Leistungen laut GOÄ erfolgt mit einem Punkt-Wert von 0,114 DM (GOÄ-1-fach-Satz). Mit diesem Betrag sind jedoch auch „Basiskosten" und investive Kosten abgegolten.

Kostenerfassung und Kostenverteilung · III

Kostenstelle 92000 Röntgendiagnostik			Verrechnungssätze Personalkosten = ... DM/Punkt Sachkosten = ... DM/Punkt				
Anfordernde Kostenstellen/ Kostenträger	Patienten- zahl[126] (Fallzahl)	Punkte laut GOÄ	Personalkosten		Sachkosten	
			DM	DM/Fall	DM	DM/Fall
Innere Medizin: Abteilungspflegesatz						
Chirurgie: Fallpauschale 1 Fallpauschale 2 Fallpauschale 3 . . . . Fallpauschale n _____						
Abteilungspflegesatz						
Insgesamt:						

Abbildung 36: Kostenträgerbezogenes Kostenstellenblatt

3.5.3 OP-Leistungen

Im OP-Bereich ist eine Kalkulation der Betriebsleistungen nicht wie in den diagnostischen Leistungsbereichen mit einer einzigen Bezugsgröße möglich. Die Art der Leistungen und der Leistungserbringung erfordern es, zwischen den Personalkosten, differenziert nach Dienstarten, und den Sachkosten, differenziert nach Aufwandsarten, zu unterscheiden.

---

126) Laut Belegungsstatistik, d.h. Zahl der Marktleistungen

III · Kostenerfassung und Kostenverteilung

Kalkulation der Personalkosten

Die Kalkulation der Personalkosten bezieht sich beim gewählten Beispiel (Operation eines Leisten- oder Schenkelbruches) auf den

(1) ärztlichen Dienst der Chirurgie,
(2) Funktionsdienst OP,
(3) ärztlichen Dienst Anästhesie,
(4) Funktionsdienst Anästhesie.

Zu (1): Ärztlicher Dienst der Chirurgie

(a) Personaleinsatz

	Minuten/Leistung
durchschnittliche Schnitt-Naht-Zeit	45
mittlere Rüst- und Verteilzeit (OP-Zwischenzeit)	30
Zeitaufwand je Arzt insgesamt	75

Durchschnittlicher Präsenzfaktor[127]): 2,0 Ärzte

Insgesamt ergibt sich damit folgende durchschnittliche zeitliche Bindung:

75 Minuten/Arzt x 2 Ärzte/Leistung = 150 Minuten/Leistung

(b) Personalkostensatz

	Stunden/Vollkraft
effektive Regelarbeitszeit[128])	1.604
vergütete Bereitschaftsdienst- und Überstunden	197[129])
Arbeitszeit insgesamt	1.801

1.801 Stunden/Kraft x 60 Minuten/Stunde
= 108.060 Minuten/Kraft

Die durchschnittlichen Personalkosten/Kraft betragen laut Personalabrechnung 126.587,— DM. Aus der Gegenüberstellung von DM/Kraft und Minuten/Kraft ergibt sich der Personalkostensatz:

---

127) Der Präsenzfaktor gibt an, wieviel Ärzte bei der Durchführung der operativen Leistung beteiligt sind.
128) Nach Berücksichtigung von Urlaub, Krankheit und sonstigen Ausfallzeiten
129) Diese Stunden betreffen die durchschnittliche Inanspruchnahme des Bereitschaftsdienstes; die Zeit des Bereitschaftsdienstes insgesamt – d.h. einschließlich „Wartezeiten" – ist deutlich höher.

Kostenerfassung und Kostenverteilung · III

$$\text{Personalkostensatz} = \frac{126.587 \text{ DM/Kraft}}{108.060 \text{ Minuten/Kraft}}$$

Personalkostensatz = 1,17 DM/Min.

(c) Personalkosten/Leistung

150 Minuten/Leistung x 1,17 DM/Minute = 175,50 DM/Leistung

Den Personalkosten des Ärztlichen Dienstes liegt ein Verrechnungssatz zugrunde, der sich auf Arbeitsminuten bezieht. Kostentheoretisch bedeutet das, daß nur Nutzzeiten bewertet werden bzw. daß sich Personaleinsatz im OP und leistungsbezogener Personalbedarf decken.

Wird im Rahmen der innerbetrieblichen Leistungsverrechnung (vgl. Abschnitt 2.2.4.3.) dem OP ein Personaleinsatz zugeordnet, der höher ist als der leistungsbezogene Personalbedarf, so ergibt sich , da auch Leerzeiten verrechnet werden, ein höherer Verrechnungssatz pro OP-Minute.

Wurden dem chirurgischen OP beispielsweise Arztkosten in Höhe von 380.000 DM zugeordnet und 122.700 OP-Minuten mit einem durchschnittlichen Präsenzfaktor von 2,4 Ärzten erbracht, so ergibt sich folgender Verrechnungssatz:

$$\frac{380.000 \text{ DM/Jahr}}{122.700 \text{ x } 2,4 \text{ OP-Minuten/Jahr}} = 1,29 \text{ DM/OP-Minute}$$

Bei einer Verteilung der Arztkosten auf die Bereiche OP, Stationen und Ambulanzbereich entsprechend den Relationen, die sich aus der Personalbedarfsrechnung ergeben, ist darauf zu achten, daß die Kosten des Bereitschaftsdienstes diese Leistungsbereiche in anderen Relationen betreffen, d.h. im Sinne einer verursachungsgerechten Kostenzuordnung empfiehlt es sich, die Kosten der Bereitschaftsdienste entsprechend deren Inanspruchnahme zu verteilen.

Stimmen Personaleinsatz des Ärztlichen Dienstes und leistungsbezogener Personalbedarf nicht überein, so stellt sich die Frage, in welchem bzw. in welchen Leistungsbereichen der Personalmehreinsatz erfolgt.

Da der personalbedarfsrechnerische Ansatz die operativen Leistungen mit der tatsächlichen zeitlichen Bindung bewertet, ist zu vermuten, daß eventuelle Abweichungen zwischen Ist-Besetzung und leistungsbezogenem Personalbedarf weniger den OP-Bereich als vielmehr die übrige stationäre Arbeit betreffen, für die der Personalbedarf bettenbezogen und damit mit einem vergleichsweise groben Maßstab ermittelt wird.

Zu (2): Funktionsdienst OP

(a) Personaleinsatz

OP-Zeit: 75 Minuten/Leistung

Die Berücksichtigung von in der Regel zwei Kräften/Leistung und von allgemeinen Rüst-, Warte- und sonstigen Zeiten erfolgt bei der Ermittlung des

III · Kostenerfassung und Kostenverteilung

Personalkostensatzes, d.h. die OP-Zeit als „Kernzeit" ist Bezugsgröße für die Verteilung der Personalkosten und zwar auch insoweit, als diese sonstige Tätigkeiten des OP-Personals betreffen.

(b) Personalkostensatz

	Vollkräfte
Ist-Besetzung[130])	7,0
./. Einsatz außerhalb des OP (z.B. Ambulanz)	0,5
sonderentgeltrelevante Besetzung	6,5

Durchschnittliche Personalkosten: 70.305,— DM/Kraft
Operativer Zeitaufwand (Summe der OP-Zeiten): 156.200 Minuten/Jahr.

$$\text{Personalkostensatz} = \frac{6{,}5/\text{Kräfte}/\text{Jahr} \times 70.305 \text{ DM}/\text{Kraft}}{156.200 \text{ OP-Minuten}/\text{Jahr}}$$

Personalkostensatz = 2,93 DM/OP-Minute

(c) Personalkosten/Leistung

75 OP-Minuten/Leistung x 2,93 DM/OP-Minute = 219,75 DM/Leistung

Mit dem Verrechnungssatz (Pesonalkostensatz) in Höhe von 2,93 DM/OP-Minute) in der Dimension DM/OP-Minute sind die Personalkosten aller unmittelbar oder mittelbar an der operativen Tätigkeit beteiligten Mitarbeiter abgegolten. Hinsichtlich des Personaleinsatzes bedeutet das, daß unabhängig von der Art des operativen Eingriffs von einem konstanten OP-Team ausgegangen wird.

Will man den unterschiedlichen Personaleinsatz bei verschiedenen operativen Eingriffen berücksichtigen, der im wesentlichen aus der Inanspruchnahme eines weiteren „Springers" resultiert (die Standartbesetzung bilden eine Instrumentierschwester und ein „Springer"), so bedeutet das, daß die OP-Minuten mit dem Präsensfaktor (Gleichzeitigkeitsfaktor) zu multiplizieren sind, um einen Verrechnungssatz in der Dimension DM/Kraft und OP-Minute zu ermitteln.

Ausgehend von obigem Beispiel ergibt sich bei einem Präsensfaktor von 2,2 folgender Personalkostensatz:

$$\text{Personalkostensatz} = \frac{6{,}5 \text{ Kräfte}/\text{Jahr} \times 70.305 \text{ DM}/\text{Kraft}}{156.200 \times 2{,}2 \text{ OP-Minuten}/\text{Jahr}}$$

Personalkostensatz = 1,33 DM/OP-Minute/Kraft

---

130) einschließlich OP-relevanter Sterilisation

Kostenerfassung und Kostenverteilung · III

Die Personalkosten pro Leistung betragen dann:

75 Minuten/Kraft x 2,0 Kräfte/Leistung x 1,33 DM/Minute
= 199,50 DM/Leistung

Die im Vergleich zur ersten Berechnung niedrigeren Kosten sind die Folge des für die kalkulierte Leistung unterdurchschnittlich großen OP-Teams.

Bei der Realisierung dieses vom Grundsatz her genaueren Ansatzes ist zu beachten, daß sich die OP-Zeit für den zweiten Springer in der Regel nicht exakt erfassen läßt, da er nicht immer für die gesamte Dauer eines Eingriffs benötigt wird und bei der üblichen Art der OP-Dokumentation sich Doppelerfassungen nur schwer vermeiden lassen.

Diese Schwierigkeit kann man dadurch umgehen, daß man differenziert nach Eingriffsarten ein durchschnittliches OP-Team vorgibt und dabei darauf achtet, daß die Summe der jeweiligen Vorgabewerte dem durchschnittlichen OP-Team laut Ist-Besetzung entspricht; denn nur so wird sichergestellt, daß die gesamten Personalkosten auf die verschiedenen operativen Leistungen verteilt werden.

Zu (3): Ärztlicher Dienst Anästhesie

(a) Personaleinsatz

Anästhesiedauer: 70 Minuten

Anästhesiedauer ist die Zeit von Beginn der Einleitung bis zum Ende der Ausleitung der Anästhesie.

(b) Personalkostensatz

	Vollkräfte
Ist-Besetzung	2,5
./. Einsatz außerhalb des OPs	0,4
Relevante Besetzung	2,1

Durchschnittliche Personalkosten: 143.853,– DM/Kraft

Anästhesiezeit im OP: 133.425 Minuten/Jahr

$$\text{Personalkostensatz} = \frac{2,1 \text{ Kräfte/Jahr} \times 143.853,- \text{ DM/Kraft}}{133.425 \text{ Anästhesieminuten/Jahr}}$$

Personalkostensatz = 2,26 DM/Anästhesieminute

Bei der Verteilung der Personalkosten des Ärztlichen Dienstes der Anästhesie auf den OP-Bereich, die Intensivstation und sonstige Leistungsbereiche (z.B. Schmerztherapie) ist zu beachten, daß sich die Kapazität in der Regelarbeitszeit anders verteilt als die während des Bereitschaftsdienstes. Dem sollte im Sinne einer verursachungsgerechten Kostenzuordnung Rechnung getragen werden. Kostenrechnerisch bedeutet das, daß die Kosten der Regelarbeitszeit auf der

III · Kostenerfassung und Kostenverteilung

Grundlage einer leistungsbezogenen Personalbedarfsrechnung und die Kosten des Bereitschaftsdienstes entsprechend der Inanspruchnahme, wie sie in den Bereitschaftsdienstaufzeichnungen dokumentiert sind, verteilt werden.

(c) Personalkosten/Leistung

70 Minuten/Leistung x 2,26 DM/Minute= 158,20 DM/Leistung

Zu (4): Funktionsdienst Anästhesie

(a) Personaleinsatz

Anästhesiedauer: 70 Minuten

(b) Personalkostensatz

	Vollkräfte
Ist-Besetzung	3,0
./. Einsatz außerhalb des OPs	0,9
Relevante Besetzung	2,7

Durchschnittliche Personalkosten: 71.240,— DM/Kraft
Anästhesiezeit im OP: 133.425 Minuten

$$\text{Personalkostensatz} = \frac{2{,}7 \text{ Kräfte/Jahr} \times 71.240{,}- \text{ DM/Kraft}}{133.424 \text{ Anästhesieminuten/Jahr}}$$

Personalkostensatz = 1,44 DM/Anästhesieminute

(c) Personalkosten/Leistung

70 Minuten/Leistung x 1,44 DM/Minute = 100,80 DM/Leistung

Insgesamt ergeben sich folgende Personalkosten:	DM
Ärztlicher Dienst Chirurgie	175,50
Funktionsdienst OP	219,75
Ärztlicher Dienst Anästhesie	158,20
Funktionsdienst Anästhesie	100,80
	654,25

Mit der beispielhaften Kalkulation der Personalkosten für die Operation eines Leistenbruches wurden die Schritte aufgezeigt, die für das einzelne Krankenhaus erforderlich sind, um die entsprechenden Kosten vor- oder nachzukalkulieren.

Die extern vorgegebenen Preise für Fallpauschalen und Sonderentgelte (vgl. Anhang 2) wurden auf der Basis empirisch gewonnener Werte entwickelt, d.h. Ausgangspunkt waren die Ist-Kosten der jeweiligen Leistungen in einer ausgewählten Zahl von Krankenhäusern. Diese Ist-Kosten wurden im Hinblick auf die Wirtschaftlichkeit der Leistungserbringung kritisch revidiert und bildeten dann die

Grundlage für die Bewertungsrelationen der verschiedenen Leistungen. Diese Bewertungsrelationen wurden als Mittelwerte der revidierten Daten abgeleitet.[131])

Die Bewertungsrelation zwischen den verschiedenen, durch Sonderentgelten vergüteten Leistungen, kommen durch Punkte zum Ausdruck. Der Punktwert wurde in § 28 Abs. 7 BPflV a.F. für das Jahr 1993 mit einer DM festgelegt. Die Fortschreibung des Punktwertes erfolgt durch die Vertragsparteien auf Landesebene (Landeskrankenhausgesellschaft, Landesverbände der Krankenkassen, Verbände der Ersatzkassen , Landesausschuß des Verbandes der privaten Krankenversicherung).

Die Multiplikation von Punktzahl und Punktwert ergibt einen externen Preis und damit eine Vergütung, die dem in § 3 Abs. 1 BPflV verankerten Grundsatz einer medizinisch leistungsgerechten Vergütung entspricht bzw. entsprechen soll.

Kalkulation der Sachkosten

Die Kalkulation der Sachkosten bezieht sich auf die Artikel des medizinischen Bedarfs, die als Einzelkosten für das jeweilige Sonderentgelt kalkulierbar sind. Diese Kosten werden anhand von **Stücklisten nach Artikelgruppen** erfaßt. Derartige Stücklisten liegen in Krankenhäusern in der Regel nicht vor, müssen also zur Kalkulation der mit Fallpauschalen und Sonderentgelten vergüteten Leistungen eigens entwickelt werden.[132])

In Abbildung 37 sind die Artikelgruppen der Stücklisten des medizinischen Bedarfes, wie er im Forschungsprojekt für die Kalkulation von Sonderentgelten[133]) zugrunde gelegt wurde, wiedergegeben.

Mit den Fallpauschalen und Sonderentgelten sollen alle Kosten des medizinischen Bedarfs gedeckt werden, soweit diese im OP-Bereich im Zusammenhang mit der operativen Tätigkeit anfallen.

Wenn diese Grundforderung erfüllt werden soll, bedeutet das, daß die oben genannten Stücklisten die verbrauchten Materialien vollständig erfassen müssen. Insofern empfiehlt sich ein Aufbau dieser Stücklisten zunächst in der Differenzierung nach Kostenarten und innerhalb der Kostenart nach Artikelgruppen.

Die für den OP-Bereich zu berücksichtigenden Kostenarten sind insbesondere:
– Arzneimittel
– Blut, Blutkonserven und Blutplasma

---

131) Zur Ableitung der Bewertungsrelationen der Sonderentgelte vgl. DKI – GmbH/GEBERA: Kalkulation von Bewertungsrelationen für Sonderentgelte in der Einstiegsversion des Kataloges (Stufe I), Düsseldorf und Köln 1994
132) Soweit der Einsatz von Artikeln des medizinischen Bedarfs bereits leistungsbezogen kalkuliert wird, geschieht das nur für wenige, besonders teure Artikel (z.B. Implantate und bestimmte Arzneimittel).
133) Vgl. Arbeitsgemeinschaft DKI-GmbH/GEBERA: Forschungsprojekt „Entwicklung eines erweiterten Sonderentgeltkataloges zur Erprobung im Modellversuch", Schlußbericht, Düsseldorf und Köln 1991, S.60

III · Kostenerfassung und Kostenverteilung

Artikelgruppen der Stücklisten des medizinischen Bedarfs	Anästhesie-Bedarf	OP-Bedarf
Implantate, Transplantate		X
Blut	X	
Blutersatzmittel	X	
Medikamente		
Arzneimittel	X	(X)
evtl. Antibiotikaprophylaxe	X	
Sonstiger medizinischer Bedarf		
Atemkalk, Beatmungsfilter	X	
Sauerstoff, Lachgas,	X	
zentraler Venenkatheter, sonstige Katheter	X	X
Infusionsbestecke, Elektroden, Spritzen	X	
Kanülen, Kompressen, Tuben, Pflaster	X	
Desinfektionsmittel	X	X
Laborbedarf für intraoperative Diagnostik	X	(X)
Sachbedarf für Reinigung und Sterilisation von Narkosegeräten und Zubehör	X	
Spüllösungen, Fibrinkleber	X	X
Bluttransfusionsbeutel	X	
Röntgenkontrastmittel	X	X
Nahtmaterial, Drainagen, Sauger		X
Skalpelle und Klingen		X
OP-Abdeckungen für Patienten, OP-Tisch und Geräte als Einmalartikel oder anteilig, falls resterilisierbar	X	X
Kittel, Hauben, Mundschutz, Handschuhe als Einmalartikel oder anteilig, falls resterilisierbar	X	X

Abb. 37: *Artikelgruppen der Stücklisten des medizinischen Bedarfs*

- Verband-, Heil- und Hilfsmittel
- Ärztliches und pflegerisches Verbrauchsmaterial, Instrumente
- Narkose- und sonstiger OP-Bedarf
- Implantate

Ein Vergleich mit Abbildung 32 zeigt, daß sich dort die Kostenartengliederung nur unvollständig erkennen läßt. Hieraus läßt sich die Vermutung ableiten, daß die Kosten des medizinischen Bedarfs bei der Kalkulation von Sonderentgelten und Fallpauschalen nicht in jedem Fall abschließend berücksichtigt wurden.

Diese Vermutung wird verstärkt durch den methodischen Ansatz der Kostenerfassung mit Hilfe von Stücklisten. Eine vollständige Kostenerfassung wird hierbei nur erreicht, wenn ausgehend von der Materialrechnung jeder Artikel abschließend daraufhin überprüft wird, ob und in welchem Umfang er bei der Erbringung einer durch Fallpauschalen oder Sonderentgelte vergüteten Lei-

Kostenerfassung und Kostenverteilung · III

stung benötigt wird. Es erweist sich in der Praxis als sinnvoll, mit der Stückliste nur die Artikel zu erfassen, die wertmäßig ins Gewicht fallen und nicht einheitlich bei allen OP anfallen. Die Artikel- bzw. Sachkosten können dann über Bezugsgrößen (z.b. Anzahl der OP, OP-Minuten) verteilt bzw. zugeordnet werden. In diesem Zusammenhang ist zu beachten, daß teilweise auch in der Zentralsterilisation, deren Kosten ebenfalls in die Kalkulation einfließen, Artikel des medizinischen Bedarfs verbraucht bzw. bereitgestellt werden und zwar insbesondere im Zusammenhang mit dem Packen der OP-Siebe.

Diese Hinweise machen deutlich, daß die **Kalkulation der Kosten des medizinischen Bedarfs** Probleme mit sich bringt:

- die **Vielzahl der Artikel** bedeutet einen hohen kalkulatorischen Aufwand,
- die **Abgrenzung der Artikel,** die in die Kalkulation von Fallpauschalen und Sonderentgelten einzubeziehen sind, von solchen, die über Abteilungspflegesätze vergütet werden, ist so vorzunehmen, daß die mit der Kalkulation angestrebten Ziele erreicht werden,
- **kalkulatorische Unterschiede,** die sich durch die Verwendung von Einmalartikeln und wiederverwendbaren Artikeln (z.B. Abdeckungen) ergeben, sind über die Betrachtung der Kostenart medizinischer Bedarf hinaus zu berücksichtigen.

Es ist dringend zu empfehlen, in die Kalkulation auch die über Abteilungspflegesätze vergüteten Leistungen einzubeziehen. Auf diese Weise wird eine vollständige Kostenverteilung, verbunden mit wichtigen Plausibilitätskontrollen, erreicht.

Berücksichtigung von mit der operativen Versorgung verbundenen Funktionen

Für die Berücksichtigung von mit der operativen Versorgung verbundenen Funktionen (Sterilisation, postoperative Überwachung im Aufwachraum) ist folgender kalkulatorischer Ansatz vorgesehen[134]):

Soweit Sterilisationsaufgaben für den OP im OP-Bereich durchgeführt werden, ist dieses Personal in der Ist-Besetzung des Funktionsdienstes OP und damit auch im Personalkostensatz bereits enthalten.

Für den üblichen Fall, daß die Sterilisationsaufgaben zentral wahrgenommen werden (Zentralsterilisation), soll die personelle Besetzung der Zentralsterilisation in dem Umfang zur Ist-Besetzung des OP-Personals addiert werden als Sterilisationsaufgaben für den OP wahrgenommen werden. Kalkulatorisch bedeutet das, daß der Personalkostensatz für den Funktionsdienst OP auch die OP-bezogenen Sterilisationsarbeiten berücksichtigt.

Das gleiche kalkulatorische Grundprinzip wird auch für den Aufwachraum angewendet, d.h. die personelle Besetzung des Aufwachraumes, sei er innerhalb des OP-Bereiches oder auch außerhalb, wird dem Funktionsdienst Anästhesie zugerechnet und auf diese Weise im Personalkostensatz berücksichtigt.

---

134) Vgl. Arbeitsgemeinschaft DKI-GmbH/GEBERA: a.a.O., S.62f.

III · Kostenerfassung und Kostenverteilung

Personalkosten
Ärztlicher Dienst   Chirurgie
Funktionsdienst   OP
Ärztlicher Dienst   Anästhesie
Funktionsdienst   Anästhesie

Medizinischer Bedarf
– Arzneimittel
– Blut, Blutkonserven, Blutplasma
– Verband-, Heil- und Hilfsmittel
– Ärztliches und pflegerisches Verbrauchsmaterial, Instrumente
– Narkose- und sonstiger OP-Bedarf
– Implantate

Kosten OP-Bereich insgesamt

Postoperative Überwachung[135]

Kosten der OP-Leistung

Abb. 38: Kostenstruktur einer operativen Leistung

Zusammenfassung

Die Ergebnisse der verschiedenen Teilschritte der Kalkulation sind in der Abbildung 38 zusammengefaßt.

Im Zusammenhang mit der Kalkulation von Fallpauschalen und Sonderentgelten stellt sich die Frage, inwieweit diese in das System der Krankenhauskostenrechnung integriert ist bzw. ob die Vor- und Nachkalkulation außerhalb dieses Systems erfolgt oder ob gar auf eine derartige Kalkulation verzichtet werden kann. Letzteres wäre dann denkbar, wenn die Erlöse für die geplanten Leistungen im Sinne eines Erlösabzugs die Gesamtkosten mindern und die verbleibenden Kosten über die Abteilungspflegesätze gedeckt werden. Wirtschaftliche (unwirtschaftliche) Leistungserbringung bei den mit Fallpauschalen und Sonderentgelten vergüteten Leistungen würde dann lediglich den Pflegesatz entlasten (belasten).

Seit 1995 ist in der BPflV dieses Verfahren des Erlösabzugs wahlweise vorgesehen. Für 2002 jedoch sind die Kosten von Sonderentgelten und Fallpauschalen mit Hilfe einer Kostenträgerrechnung zu ermitteln und auszugliedern, so daß spätestens zu diesem Zeitpunkt eine differenzierte Kostenträgerrechnung unverzichtbar ist.

Da den Krankenhäusern künftig für die Deckung ihrer Kosten nur medizinisch leistungsgerechte Entgelte zur Verfügung stehen, die losgelöst sind von der individuellen Kostenstruktur des einzelnen Krankenhauses, bedeutet das, daß Unwirtschaftlichkeiten beim Erbringen von Leistungen, die mit Sonderentgelten bzw. Fallpauschalen vergütet werden, nicht über überhöhte Abteilungspflegesätze gedeckt werden können. Insofern erscheint bereits heute für das einzelne Krankenhaus die Kalkulation dieser Leistungen unverzichtbar.

---

135) Soweit nicht bei der Anästhesie berücksichtigt.

Kostenerfassung und Kostenverteilung · III

Zu einem erhält das Krankenhaus Informationen darüber, ob die externen Entgelte die Kosten decken und kann so feststellen, inwieweit Handlungsbedarf im Hinblick auf Rationalisierung und Erhöhung der Wirtschaftlichkeit besteht, zum anderen ist die Kenntnis der individuellen Kosten dieser Leistungen unverzichtbar für die zu treffende Entscheidung zwischen dem Erlösabzug und dem Kostenabzug für Sonderentgelte und Fallpauschalen im Rahmen der Ermittlung der Abteilungspflegesätze.

Ein Krankenhaus, das diese Leistungen mit geringeren Kosten erbringt als sie bei der Methode des Erlösabzuges vorgesehen sind, beantragt letzlich ein zu niedriges Budget und verzichtet damit auf eine Gewinnerzielung, die in der Systematik der neuen BPflV durchaus vorgesehen ist.

3.5.4 Stationsleistungen auf Normal- und Intensivpflegeeinheiten

Die laufenden Stationsleistungen werden vom ärztlichen Dienst und dem Pflegedienst erbracht.

(a) Ärztlicher Dienst

Die laufende Patientenversorgung auf einer Station wird mit der Bezugsgröße Pflegetage/Fall[136]) gemessen.

Der Personalkostensatz (je Pflegetag) wird für jede Fachabteilung gesondert ermittelt. Voraussetzung hierfür ist – differenziert nach Fachabteilungen – die Verteilung der Ist-Besetzung auf die Kostenstellen/Leistungsbereiche, in denen die Ärzte tätig sind:

- Normalstation,
- Intensivstation,
- OP-Bereich und
- übrige Kostenstellen der medizinischen Institutionen.

Diese Verteilung erfolgt mit dem Instrument Personalbedarfsrechnung[137]). Ist dieses Verteilungsproblem gelöst, so ergibt sich der fachabteilungsspezifische Personalkostensatz aus folgender Relation:

$$\text{Personalkostensatz} = \frac{\text{Kräfte/Jahr} \times \text{DM/Kraft}}{\text{Pflegetage/Jahr}}$$

Die Berechnung sei anhand eines Beispiels erläutert:

Personaleinsatz:	4,0 Vollkräfte
Durchschnittliche Personalkosten/Kraft und Jahr:	120.000 DM
Pflegetage/Jahr:	30.000

---

136) Soweit Patienten einer Fallkategorie während ihres Krankenhausaufenthaltes verlegt werden, werden zur Ermittlung der durchschnittlichen Pflegetage/Fall die Pflegetage der Fachabteilungen addiert, die sie während ihres Krankenhausaufenthaltes durchlaufen haben.
137) Vgl. Abschnitt III. 2.2.4.3

III · Kostenerfassung und Kostenverteilung

$$\text{Personalkostensatz} = \frac{4{,}0 \text{ Kräfte/Jahr} \times 120.000 \text{ DM/Kraft}^{138)}}{30.000 \text{ Pflegetage/Jahr}}$$

Personalkostensatz = 16,— DM/Pflegetag

Bei einer angenommenen durchschnittlichen Verweildauer von acht Tagen ergeben sich relevante Kosten in Höhe von

8 Pflegetage x 16 DM/Pflegetag = 128,— DM

(b) Pflegedienst (Normalpflege)

Die Leistungen des Pflegedienstes werden in durchschnittlichen Pflegeminuten/Fall[139]) gemessen.

Entsprechend der Art der Leistungsmessung ergibt sich der Personalkostensatz aus folgender Relation:

$$\text{Personalkostensatz} = \frac{\text{Kräfte/Jahr} \times \text{DM/Kraft}}{\text{Pflegeminuten/Jahr}}$$

Einer Erläuterung bedarf in diesem Zusammenhang die Ermittlung der Pflegeminuten. Die beispielhafte Verknüpfung der Pflegetage mit den nach Pflegekategorien differenzierten Pflegeminuten zeigt Abbildung 39.

Kategorien	Pflegetage x Pflegeminuten/Pflegetag (lt.PPr)		Pflegeminuten insgesamt
A1/S1	25.000	82[140])	2.050.000
A2/S1	2.500	128[140])	320.000
A3/S1	2.500	209[140])	522.500
	30.000		2.892.500

Abb. 39: Pflegeminuten differenziert nach Pflegekategorien

Geht man davon aus, daß die beispielhaft zugrunde gelegten 30.000 Pflegetage von 40 Kräften mit durchschnittlichen Personalkosten von 62.000 DM/Jahr geleistet werden, so ergibt sich folgender Personalkostensatz:

$$\text{Personalkostensatz} = \frac{40 \text{ Kräfte/Jahr} \times 62.000 \text{ DM/Kraft}}{2.892.500 \text{ Pflegeminuten/Jahr}}$$

Personalkostensatz = 0,86 DM/Pflegeminute

Da der Personaleinsatz in Höhe von 40 Vollkräften auch den Personaleinsatz während des Nachtdienstes und die Pflegedienstleistung abdeckt, ist sichergestellt, daß die gesamten Personalkosten verrechnet werden, obwohl die

---

138) Einschließlich Bereitschaftsdienstkosten als Durchschnittswert aller Ärzte der Fachabteilung.
139) Unter Berücksichtigung der Pflegekategorien lt. Pflege-Personalregelung
140) Einschließlich Pflegegrundwert (30 Minuten)

Kostenerfassung und Kostenverteilung · III

Pflegeminuten, differenziert nach Pflegekategorien, sich nur auf den Tagesdienst beziehen.[141])

Die Pflegeminuten der jeweiligen Patientenkategorie ergeben sich aus der Pflegedokumentation, in der die Pflegetage patientenbezogen den Pflegekategorien zugeordnet werden.

Beim **Sachmitteleinsatz** unterscheidet die Arbeitsgruppe „Entgeltsysteme" drei Artikelgruppen: A-Artikel, B-Artikel und C-Artikel.[142])

A-Artikel werden fallbezogen erfaßt (insbesondere auf den Stationen, in Ausnahmefällen auch im OP-Bereich), da bei diesen Artikeln eine Schlüsselung zu einer Verzerrung in der Kostenzuordnung führt.

B-Artikel sind die übrigen Artikel des medizinischen Bedarfs, die entweder mit Hilfe der Bezugsgröße Pflegetage oder, soweit sie in Kostenstellen verbraucht werden, in denen die Leistungen in der Systematik der GOÄ erfaßt und bewertet werden, mit der Bezugsgröße GOÄ-Punkt zugeordnet werden.

C-Artikel sind Artikel der übrigen Sachkostenarten, die als Sachkostenanteil im Basispflegesatz berücksichtigt werden.

(c) Pflegedienst (Intensivpflege)

Grundlage der Kalkulation für die postoperative Betreuung auf einer Intensivstation sind die durchschnittliche Dauer des Aufenthalts auf dieser Station[143]) sowie der Verrechnungssatz pro Stunde Intensivmedizin.

Dieser Verrechnungssatz ergibt sich aus der Gegenüberstellung der Kostenstelleneinzelkosten und der Belegung der Intensivstation unter Berücksichtigung der Patientenstruktur (Intensivüberwachung und Intensivbehandlung). Die Kalkulation des Stundensatzes (Verrechnungssatzes) zeigt Abbildung 40.

(1) Kostenstelleneinzelkosten	DM/Jahr
Ärztlicher Dienst	542.000
Pflegedienst	801.000
Personalkosten insgesamt	1.343.000
Sachkosten (Medizinischer Bedarf,	
Geräteinstandhaltung, med. Gebrauchsgüter)	742.000
Kosten insgesamt	2.085.000

---

141) Vgl. § 6 Pflege-Personalregelung
142) Vgl. Arbeitsgruppe „Entgeltsysteme": a.a.O., S.67
143) In die Berechnung des entsprechenden Durchschnittswertes sind alle Patienten einzubeziehen, auch diejenigen, bei denen die postoperative Betreuung auf der Intensivstation nicht erforderlich war.

III · Kostenerfassung und Kostenverteilung

(2) Belegung der Intensivstation[144]	%	Pflegetage/Jahr	Std./Jahr
Intensivüberwachung	60	1448	34.752
Intensivbehandlung	40	965	23.160
Intensivpflege insgesamt	100	2413	57.912

(3) **Stundensatz**

(a) Intensivpflege insgesamt

$$\frac{2.085.000 \text{ DM/Jahr}}{57912 \text{ Std./Jahr}} = 36 \text{ DM/Std}$$

(b) Stundensatz laut Äquivalenzziffernrechnung

$$0,4\,B + 0,6\,Ü = 36$$
$$B = 2,5 \times Ü$$
$$0,4 \times 2,5 \times Ü + 0,6\,Ü = 36$$
$$1,6\,Ü = 36$$
$$Ü = 22,5$$

$$B = 2,5 \times 22,5$$
$$B = 56,25$$

Intensivüberwachung = **22,50 DM/Std**

Intensivbehandlung = **56,25 DM/Std**

Abb. 40: Verrechnungssatz Intensivpflege

Die Kosten der postoperativen Intensivpflege ergeben sich aus der Verknüpfung von zeitlicher Inanspruchnahme der Intensivstation und Verrechnungssatz/Std. Im vorliegenden Beispiel wird davon ausgegangen, daß die Intensivpflege der Qualitätskategorie Intensivüberwachung zuzuordnen ist. Dementsprechend ergeben sich bei einem Aufenthalt von 48 Stunden folgende Kosten:

48 Std/Patient x 22,50 DM/Std = 1080 DM/Patient

Bei der Zuordnung der Sachkosten, insbesondere der Arzneimittel, kann es sinnvoll sein zu berücksichtigen, daß Patienten, deren Leistungen über Fallpauschalen abgerechnet werden, meist weniger aufwendig sind. Oft wird der Arzneimittelverbrauch durch eine vergleichsweise geringe Zahl schwerstkranker Patienten, die über Abteilungspflegesätze abgerechnet werden, wesentlich beeinflußt.

---

[144] Annahme: Kosten der Intensivbehandlung (B) = 2,5 x Kosten der Intensivüberwachung (Ü). Die Äquivalenzziffer von 2,5 soll die unterschiedliche zeitliche Bindung des ärztlichen Dienstes und des Pflegedienstes sowie die unterschiedliche Höhe des medizinischen Bedarfes berücksichtigen. Die unterschiedliche Belastung des Personals ergibt sich aus den personalbedarfsrechnerischen Ansätzen, die zwischen Intensivüberwachung und Intensivbehandlung differenzieren. Die unterschiedliche Kostenintensität hinsichtlich des medizinischen Bedarfes läßt sich aufgrund stichprobenweiser Erhebungen abschätzen.

3.6 Kalkulation der Marktleistungen

3.6.1 Basispflegesatz

Mit dem Basispflegesatz werden, wie oben bereits erläutert[145], die sogenannten Basiskostenarten abgegolten.

Der Kostenträger „Basispflegesatz" ist damit kostenartenbezogen definiert, so daß für die Kalkulation eine kostenstellenbezogene Betrachtung entbehrlich ist[146].

Das Schema zur Ermittlung des Basispflegesatzes ist in Teil K 6 der LKA dargestellt. Ausgehend von der Summe der (Basis-)Kostenarten werden Abzüge für vor- und nachstationäre Behandlung, sonstige nichtärztliche Wahlleistungen, gesondert berechenbare Unterkunft sowie Erlöse aus Fallpauschalen abgesetzt und der verbleibende Betrag durch die Zahl der vollstationären Tage dividiert. Damit wird der Basispflegesatz mit dem Verfahren der Divisionskalkulation ermittelt.

Die von der Summe der Kostenarten vorzunehmenden Abzüge, wie sie in Teil K 6 der LKA vorgesehen sind, sind deswegen erforderlich, weil die damit im Zusammenhang stehenden Leistungen in besonderer Weise vergütet werden.

3.6.2 Abteilungspflegesätze, Fallpauschalen und Sonderentgelte

Die Kosten dieser Marktleistungen ergeben sich jeweils, wie oben bereits festgestellt, aus der Summe der anteiligen Kostenstellenkosten. Aus diesem Grund ist es sinnvoll, die Ergebnisse der Kalkulation der Betriebsleistungen in einem **kostenträgerbezogenen Kostenstellenblatt** zusammenzufassen, wie es in Abschnitt III 3.5.2 beispielhaft dargestellt wurde.

Die Kosten je Marktleistung (Entgeltform) lassen sich in einem **kostenstellenbezogenen Kostenträgerblatt** darstellen, das entsprechend dem nachfolgenden Beispiel (Abbildung 41) aufgebaut sein kann.

---

145) Vgl. Abschnitt III 3.3.1
146) Unabhängig hiervon sollten auch im Bereich der Basisleistungen (z. B. Küche, Wäscherei, Gebäudereinigung) zum Zwecke der Wirtschaftlichkeitskontrolle Betriebsleistungen kalkuliert werden.

III · Kostenerfassung und Kostenverteilung

FP: 15.02 Hysterektomie		Patientinnen (Fallzahl): 110 Ist-Verweildauer: 11,17 Katalog-Verweildauer:[147]) 12,61	
Leistungsbereich/Kostenart	Vergleichswert[148]) DM/Fall	DM/Fall	Abweichung DM
Normalstation:			
Ärztlicher Dienst	412,16	443,55	+ 31,39
Pflegedienst	1.168,65	1.405,43	+ 236,78
Sachkosten	381,80	327,37	./. 54,43
Gesamt	**1.962,61**	**2.176,35**	**+ 213,73**
Intensivstation:			
Ärztlicher Dienst	22,50	32,46	+ 9,96
Pflege-/Funktionsdienst	56,03	85,63	+ 29,60
Sachkosten	28,29	32,08	+ 3,79
Gesamt	**106,82**	**150,17**	**+ 43,35**
OP/Anästhesie:			
Ärztlicher Dienst OP	467,66	561,76	+ 94,10
Funktionsdienst OP	416,51	514,60	+ 98,09
Ärztlicher Dienst Anästhesie	308,56	444,01	+ 135,45
Funktionsdienst Anästhesie	171,91	200,05	+ 28,14
	1.364,64	**1.720,42**	**+ 355,78**
Sachkosten OP und Anästhesie	520,38	371,49	./. 148,89
Gesamt	**1.885,02**	**2.091,91**	**+ 206,89**
Sonstige medizinische Institutionen (Diagnostik):			
Personalkosten	315,01	603,89	+ 288,88
Sachkosten	161,33	89,39	./. 71,94
Gesamt	**476,34**	**693,28**	**+ 216,94**
Zwischensumme:			
Personalkosten	3.339,00	4.291,38	+ 952,38
Sachkosten	1.091,80	820,33	./. 271,47
Gesamt	**4.430,80**	**5.111,71**	**+ 680,91**
Basiskosten[149]):			
Personalkosten	816,20	902,49	+ 86,29
Sachkosten	816,20	897,62	+ 81,42
Gesamt	**1.632,40**	**1.800,11**	**+ 167,71**
Summe:			
Personalkosten	4.155,20	5.193,87	+ 1.038,67
Sachkosten	1.908,00	1.717,95	./. 190,05
Gesamt	**6.063,20**	**6.911,82**	**+ 848,62**

Abbildung 41: Kostenstellenbezogenes Kostenträgerblatt

---

147) Die Katalogverweildauer ist die bei der oben erwähnten externen Kalkulation der Fallpauschalen zugrunde gelegte Verweildauer.
148) Der Vergleichswert ist das fortgeschriebene Ergebnis der externen Kalkulation zur Bewertung der Fallpauschalen.
149) Die Basiskosten ergeben sich aus der Multiplikation von Basiskosten/Tag und Verweildauer in Tagen.

Die hier vorgenommene Gegenüberstellung von Vergleichswert und krankenhausindividuellem Ist-Wert empfiehlt sich für das erstmalige Kalkulieren der Entgelte[150]). In den Folgejahren kann der Vergleichswert durch Planwerte ersetzt werden. Im vorliegenden Beispiel deuten die Ist-Kosten insbesondere auf einen zum Teil unwirtschaftlichen Personaleinsatz hin. Eine Analyse des Personaleinsatzes und der Personalkosten in den verschiedenen Leistungsbereichen wäre angezeigt. Ziel muß es sein, durch geeignete Maßnahmen Unterdeckungen zu beseitigen, die bei wirtschaftlicher Leistungserbringung in den verschiedenen Leistungsbereichen (Kostenstellen) des Krankenhauses nicht entstehen dürfen.

3.7 Wertung von Sonderentgelten und Fallpauschalen im Hinblick auf die Erhöhung der Wirtschaftlichkeit

Sonderentgelte und Fallpauschalen bedeuten eine **leistungsgerechtere Kostenverteilung** auf die Benutzer des Krankenhauses. Von der Vergütung über Sonderentgelte und Fallpauschalen sind derzeit 20–25% der Kosten der Krankenhäuser betroffen. Ob und in welchem Umfang mit einer leistungsgerechten Kostenverteilung auch eine **Erhöhung der Wirtschaftlichkeit** der Leistungserbringung verbunden ist, wird im wesentlichen durch zwei Einflußgrößen bestimmt:

- die in den Sonderentgelten und **Fallpauschalen kalkulatorisch vorgegebene Wirtschaftlichkeit** und
- den **Anreiz zur Erhöhung der Wirtschaftlichkeit**, um ausgehend von vorgegebenen externen Preisen Überschüsse erzielen zu können.

Beispielhaft läßt sich dieser Zusammenhang wie folgt formulieren:

Werden bei der Ermittlung der extern vorgegebenen Preise für Sonderentgelte und Fallpauschalen die derzeit vorzufindenden Kosten- und Leistungsstrukturen der Krankenhäuser übertragen und der Basis- sowie die Abteilungspflegesätze nach der Methode des Erlösabzuges (Restwertmethode) ermittelt, so ist mit einer Erhöhung der Wirtschaftlichkeit kaum zu rechnen. In dieser Situation wäre die Frage zu stellen, ob der mit der Einführung von Sonderentgelten und Fallpauschalen verbundene Aufwand allein durch eine leistungsgerechtere Kostenverteilung zu rechtfertigen ist.

Die positiven Erwartungen, die an die Einführung von Sonderentgelten und Fallpauschalen gestellt werden, sind nur dann zu erfüllen, wenn es gelingt, im Rahmen der Kalkulation dieser Leistungen das Leistungsgeschehen im Krankenhaus transparenter zu machen und insbesondere die Leistungen, insbesondere Betriebsleistungen, zu eliminieren, die „nicht notwendig und zweckmäßig" sind. Verbunden damit muß ein Anreiz gegeben sein, die mit Sonderentgelten und Fallpauschalen vergüteten Leistungen wirtschaftlich zu erbringen. Ansätze hierfür sind die für 2002 vorgesehene Pflicht zur Kostenausgliederung von Fallpauschalen und Sonderentgelten und die Bewertung der übrigen Leistungen im Hinblick auf eine medizinisch leistungsgerechte Vergütung.

---

150) Die BPflV schreibt diese Kalkulation zwingend erst für das Jahr 2002 vor. Es empfiehlt sich jedoch, diese Kalkulation – sofern nicht schon geschehen – unverzüglich in Angriff zu nehmen, um rechtzeitig erforderliche Maßnahmen im Hinblick auf die Wirtschaftlichkeit und das Leistungsprogramm ergreifen zu können.

III · Kostenerfassung und Kostenverteilung

3.8 Kurzfristige Erfolgsrechnung (Kostenträgerzeitrechnung, Betriebsergebnisrechnung)

3.8.1 Überblick

Während in der Kostenträgerstückrechnung die Kosten für die einzelne Leistungseinheit ermittelt werden, werden in der Kostenträgerzeitrechnung die während eines bestimmten Zeitraums für einen Kostenträger insgesamt angefallenen Leistungen erfaßt. Damit ist die Kostenträgerzeitrechnung das letzte Glied einer geschlossenen Betriebsabrechnung. Durch Einbeziehen der wertmäßigen Leistungen (Erlöse) der verschiedenen Kostenträger wird die Kostenträgerzeitrechnung zur **kurzfristigen Erfolgsrechnung (Betriebsergebnisrechnung)** erweitert. Die Elemente der kurzfristigen Erfolgsrechnung als erweiterter Kostenträgerzeitrechnung zeigt Abbildung 42.

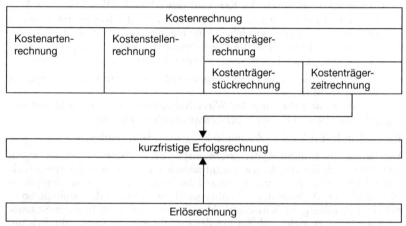

Abb. 42: *Die kurzfristige Erfolgsrechnung als erweiterte Kostenträgerzeitrechnung*

Je nachdem für welchen Zeitraum die kurzfristige Erfolgsrechnung durchgeführt wird, kann sie als Nachrechnung oder Vorrechnung erstellt werden. Sie erfüllt dann die Aufgaben einer Kontroll- oder die einer Planungsrechnung.

Die Kosten und Erlöse der Nachrechnung beziehen sich auf abgelaufene Zeiträume, während die Abrechnungsperiode bei der Vorrechnung in der Zukunft liegt, so daß mit Prognose- oder Planwerten gearbeitet werden muß. Ein wichtiges Kriterium für die Beurteilung einer kurzfristigen Erfolgsrechnung ist, daß die Ergebnisse insbesondere für **Dispositionszwecke** schnell zur Verfügung stehen. Die Forderung nach kurzfristiger Verfügbarkeit steht über der Forderung nach Genauigkeit.

Die kurzfristige Erfolgsrechnung kann generell in **buchhalterischer** oder **tabellarischer Form** durchgeführt werden, wobei letztere in der Praxis vorherrscht.

3.8.2 Erlösarten des Krankenhauses

Die Erlösarten des Krankenhauses ergeben sich aus den Bestimmungen des Krankenhausfinanzierungsrechts, insbesondere der Bundespflegesatzverordnung. Im Hinblick auf die zu deckenden Kosten des Krankenhauses lassen sich zwei Gruppen von Erlösen unterscheiden:

(1) Erlöse zur Deckung der Kosten für Leistungen der Krankenhausbehandlung (**budgetorientierte Erlöse**)
(2) Erlöse zur Deckung der Kosten der Leistungen, die nicht zur Krankenhausbehandlung i.S. des § 39 SGB V gehören (**auszugliedernde Kosten**)

Zu (1): Budgetorientierte Erlöse

Die allgemeinen Krankenhausleistungen werden vergütet durch Pflegesätze nach § 11 BPflV (Fallpauschalen und Sonderentgelte), einen Gesamtbetrag nach § 12 BPflV (Budget) sowie tagesgleiche Pflegesätze nach § 13 BPflV (Abteilungspflegesätze, Basispflegesatz), durch die das Budget den Patienten oder ihren Kostenträgern anteilig berechnet wird. Damit ergeben sich folgende Entgeltformen:
– Basispflegesatz
– Abteilungspflegesätze
– Sonderentgelte
– Fallpauschalen

Zu (2): Erlöse zur Deckung ausgegliederter Kosten

Zu dieser Gruppe gehören vor allem die Erlöse für vor- und nachstationäre Behandlung, Wahlleistungen nach § 7 BPflV (insbesondere die Erlöse für wahlärztliche Leistungen und die „Wahlleistung Unterkunft") sowie die Erlöse zur Deckung der ausgegliederten Kosten der ambulanten Behandlung.[151]

Die Erlöse für die genannten Leistungen werden entsprechend den Bestimmungen der Krankenhausbuchführungsverordnung in der Finanzbuchhaltung in der Kontenklasse 4 erfaßt und für Zwecke der kurzfristigen Erfolgsrechnung benutzt. Voraussetzung hierfür ist eine Differenzierung der Erlösarten, die den Anforderungen der kurzfristigen Erfolgsrechnung genügt. In diesem Sinne werden im folgenden – ausgehend vom Kontenrahmen für die Buchführung laut Anlage 4 der KHBV – die Erlösarten so differenziert, daß ein Kontenplan entsteht, der eben diesen Anforderungen genügt.

---

151) Die übrigen Ausgliederungen betreffen im wesentlichen die Finanzbuchführung und nicht die Kosten- und Leistungsrechnung. Sie bleiben daher bei den weiteren Betrachtungen unberücksichtigt.

III · Kostenerfassung und Kostenverteilung

Kontenklasse 4:	Betriebliche Erträge
40	**Erlöse aus Krankenhausleistungen**
400	Erlöse aus tagesgleichen Pflegesätzen
4001	Erlöse aus Basispflegesatz, vollstationär
4002	Erlöse aus Basispflegesatz, teilstationär
4003	Erlöse aus Abteilungspflegesätzen, vollstationär
40031 40032 • • •	} Differenzierung entsprechend der Zahl der Abteilungen
4004	Erlöse aus Abteilungspflegesätzen, teilstationär
40041 40042 • • •	} Differenzierung entsprechend der Zahl der Abteilungen
401	Erlöse aus Fallpauschalen und Sonderentgelten
4010	Erlöse aus Fallpauschalen
40101 40102 • • •	} Differenzierung entsprechend der Zahl der Fachabteilungen
4011	Erlöse aus Sonderentgelten
40111 40112 • • •	} Differenzierung entsprechend der Zahl der Fachabteilungen
402	Erlöse aus vor- und nachstationärer Behandlung
4020	Erlöse aus vorstationärer Behandlung
40201 40202 • • •	} Differenzierung entsprechend der Zahl der Fachabteilungen
4021	Erlöse aus nachstationärer Behandlung
40211 40212 • • •	} Differenzierung entsprechend der Zahl der Fachabteilungen
41	**Erlöse aus Wahlleistungen**
410	Erlöse aus wahlärztlichen Leistungen
4101 4102 4103 • • •	} Differenzierung nach liquidationsberechtigten Ärzten

Kostenerfassung und Kostenverteilung · III

Kontenklasse 4:	Betriebliche Erträge
411	Erlöse aus gesondert berechenbarer Unterkunft nach § 22 BPflV
4110	Einbettzimmer
4111	Zweibettzimmer
4113	Erlöse aus sonstigen nicht ärztlichen Wahlleistungen[152])
42	**Erlöse aus ambulanten Leistungen des Krankenhauses**
420	Erlöse aus Krankenhausambulanzen
4200	Notfallbehandlung
4201	Institutsermächtigungen
42011	
42012	
42013	Differenziert nach Art der Ermächtigungen bzw. Fachabteilungen
•	
•	
4203	Erlöse aus ambulanten Leistungen der physikalischen Therapie
42031	... von Sozialleistungsträgern
42032	... von Selbstzahlern
421	Erlöse aus vor- und nachstationärer Behandlung
4211	
4212	
4213	Differenzierung nach Fachabteilungen
•	
•	
422	Erlöse aus ambulantem Operieren nach § 115 b SGB V
4221	
4222	
4223	Differenzierung nach Fachabteilungen
•	
•	
43	**Nutzungsentgelte (Kostenerstattung und Vorteilsausgleich) und sonstige Abgaben der Ärzte**
430	Nutzungsentgelte für wahlärztliche Leistungen
4301	
4302	
4303	Differenzierung nach liquidationsberechtigten Ärzten
•	
•	
431	Nutzungsentgelte für von Ärzten berechnete ambulante ärztliche Leistungen
4311	
4312	Differenzierung nach nebentätigkeitsberechtigten Ärzten
4313	(ggf. je Arzt zusätzlich differenziert nach Ambulanzarten)[153])
•	

---

[152]) Die sonstigen nichtärztlichen Wahlleistungen (z.B. Telefon, Fernsehen) werden im folgenden nicht weiter betrachtet. Sofern sie angeboten werden, ist auch hier eine entsprechende Differenzierung angezeigt.

[153]) Unter Ambulanzarten wird hier die Differenzierung in Kassenambulanz, Privatambulanz und Durchgangsarztambulanz verstanden.

Kostenerfassung und Kostenverteilung · III

3.8.3 Verfahren der kurzfristigen Erfolgsrechnung

Allgemein werden zwei Verfahren der kurzfristigen Erfolgsrechnung unterschieden, nämlich das **Gesamtkostenverfahren** und das **Umsatzkostenverfahren**. Beide Verfahren können grundsätzlich sowohl auf Vollkosten- als auch auf Teilkostenbasis durchgeführt werden. Praktisch wird das Gesamtkostenverfahren in Wirtschaftsbetrieben jedoch nur auf Vollkostenbasis angewendet.

Beim **Gesamtkostenverfahren** wird der Saldo aus den wertmäßigen Leistungen und den Gesamtkosten der Periode gebildet. Dabei setzen sich die wertmäßigen Leistungen aus Erlösen und den bewerteten Bestandsveränderungen zusammen.

Für den Betriebserfolg ergibt sich damit folgende Beziehung:

Betriebserfolg = Erlöse
+/− Bestandsveränderungen
− Gesamtkosten.

Da im Krankenhaus als Dienstleistungsbetrieb Bestandsveränderungen entfallen, bedeutet die Anwendung des Gesamtkostenverfahrens eine Gegenüberstellung der Kosten, differenziert nach Kostenarten, und der Erlöse, differenziert nach Leistungs- bzw. Erlösarten.

Der formale Aufbau des Gesamtkostenverfahrens entspricht der Gewinn- und Verlustrechnung der Finanzbuchhaltung, so daß es sich leicht in ihr Kontensystem einfügen läßt.

Die Aussagefähigkeit des Gesamtkostenverfahrens ist dadurch eingeschränkt, daß die Gesamtkosten nach Kostenarten gegliedert sind und die Erlöse nach Leistungsarten. Ein Vergleich der wertmäßigen Leistungen (Erlöse) mit den entsprechenden Kosten ist nicht möglich.

Beim **Umsatzkostenverfahren** wird der Betriebserfolg ermittelt, indem von den Erlösen die Kosten der umgesetzten Leistungen subtrahiert werden. Da sich die Kosten der umgesetzten Leistungen nur mit Hilfe der Kostenträgerrechnung ermitteln lassen, ergibt sich der Betriebserfolg aus der Gegenüberstellung der Erlöse, differenziert nach Leistungsarten, und der Selbstkosten, differenziert nach Kostenträgern. Im Gegensatz zum kostenartenorientierten Gesamtkostenverfahren ist das Umsatzkostenverfahren kostenträgerorientiert und daher zur Analyse der Betriebsergebnisse sowie für Zwecke der Steuerung besser geeignet.

Die Anwendung des Umsatzkostenverfahrens im Krankenhaus setzt, da alle Kosten über die Kostenstellenrechnung geleitet werden, auch eine Kostenstellenkontierung der Erlöse voraus. Die Kostenstellenkontierung der Erlöse erfolgt in der Weise, daß die Erlöse, mit denen die Kosten laut vereinbartem Budget (§ 4 BPflV) gedeckt werden sollen, den Endkostenstellen der Gruppe 93–96 zugeordnet werden. Hierbei ist zu differenzieren nach Kostenträgern bzw. Erlösarten (allgemeiner Pflegesatz, Abteilungspflegesätze, Sonderentgelte, Fallpauschalen, Vergütungen für vor- und nachstationäre Behandlung, Vergütungen für ambulantes Operieren).

III · Kostenerfassung und Kostenverteilung

Die Erlöse für Kosten, deren Leistungen auszugliedern sind, werden wie die Kosten dieser Leistungen der Kostenstellengruppe 90 zugeordnet.

Werden die Erlöse, differenziert nach Erlösarten, den Gesamtkosten der Endkostenstelle gegenübergestellt, so läßt sich das **Betriebsergebnis**, differenziert nach Fachabteilungen, ermitteln. Eine Aufschlüsselung der Abteilungsergebnisse im Hinblick auf die verschiedenen Kostenträger erfordert eine laufende kurzfristige Nachkalkulation mit Hilfe der Kostenträgerstückrechnung, die insbesondere dann einen erheblichen Aufwand bedeutet, wenn sie differenziert nach Vollkosten und Teilkosten erfolgt.[154])

Bei einer laufenden Differenzierung der Kostenstellenkosten nach Kostenträgern empfiehlt es sich, in der freien Kostenstellenuntergruppe 99 rechentechnische Kostenstellen einzurichten, auf denen in der Systematik des Betriebsergebniskontos die Ergebnisse der verschiedenen Abteilungen des Krankenhauses, differenziert nach Kostenträgern, dargestellt werden.

Die Einführung derartiger rechentechnischer Kostenstellen hat zur Folge, daß die Erlöse nicht mehr den Endkostenstellen der Kostenstellengruppe 93–96, sondern eben diesen rechentechnischen Kostenstellen zuzuordnen sind, wo sie den Kosten der Marktleistungen gegenüberstehen.

Wird auf die Einrichtung derartiger rechentechnischer Kostenstellen verzichtet, so wird die kurzfristige Erfolgsrechnung mit dem Umsatzkostenverfahren als tabellarische Nebenrechnung organisiert, die die Kostenstellenrechnung im Sinne eines Betriebsabrechnungsbogens (BAB) ergänzt.

---

154) Eine derartige kostenträgerbezogene Differenzierung der Abteilungsergebnisse ist erst möglich, wenn die bestehenden Kosten- und Leistungsrechnungen entsprechend weiterentwickelt sind.

IV. Kostenplanung und Kostenkontrolle

1. Aufgaben und Überblick

In Abschnitt 1 werden als Aufgaben der Kosten- und Leistungsrechnung
- Preisbildung
- Steuerung und Kontrolle des Betriebsgeschehens und
- das Bereitstellen von Zahlenmaterial für disposititve Zwecke (= Ermittlung relevanter Kosten)

genannt.

Die Aufgabe der Kosten- und Leistungsrechnung im Zusammenhang mit der **Preisbildung** konzentriert sich auf die Kalkulation der betrieblichen Leistungen. Diese Aufgabe stand in der zeitlichen Entwicklung der Kostenrechnung und der Kostenrechnungssysteme im Vordergrund. Die Ist-Kostenrechnung konzentriert sich in der Regel auf die Kalkulation der betrieblichen Leistungen. Entsprechend dem zeitlichen Bezug der Ist-Kostenrechnung handelt es sich dabei um eine Nachkalkulation, deren Ergebnisse Ausgangspunkt für das Abschätzen der künftigen Kosten der betrieblichen Leistungen (Vorkalkulation) sind.

Eine **Steuerung und Kontrolle des Betriebsgeschehens** erfordert, wie in Abschnitt 1 dargelegt wird, eine Plankostenrechnung. Das Bereitstellen von Zahlenmaterial für dispositive Zwecke (Ermittlung relevanter Kosten) ist nur möglich, wenn diese Plankostenrechnung die Kosten nach den Kategorien Bereitschaftskosten und Leistungskosten differenziert. Dieser Ansatz führt zu einer Grenzplankostenrechnung, die als Kostenrechnungssystem in ihrer reinen Form nur einen Teil der Aufgaben abdeckt, die der Kosten- und Leistungsrechnung zugeordnet sind.

Da sich die Preise für die von Krankenhäusern erbrachten Leistungen nicht aus der Gegenüberstellung von Angebot und Nachfrage ergeben, ist für die Kosten- und Leistungsrechnung im Krankenhaus eine Vollkostenrechnung unverzichtbar. Für die Ausgestaltung des Kostenrechnungssystems im Krankenhaus bedeutet das die Anwendung des Verfahrens der Parallel- oder Doppelkalkulation[155]), bei dem nebeneinander Voll- und Grenzkosten ermittelt werden können.

An dieser Stelle sei darauf hingewiesen, daß eine Teilkostenrechnung nicht auf die Erfassung von Teilen der Kosten verzichtet, sondern lediglich darauf, bestimmte Kosten – insbesondere die fixen Kosten – nach dem Durchschnittsprinzip oder dem Kostentragfähigkeitsprinzip auf Kostenträger zu verteilen.

Da im Krankenhaus alle Kosten kostenstellenmäßig zu erfassen sind[156]), besteht die Weiterentwicklung der Plankostenrechnung auf Vollkostenbasis zur Parallelkalkulation darin, die Kostenstellenkosten differenziert nach Kostenarten in ihre fixen und variablen Bestandteile aufzuspalten.

---

155) Vgl. Kilger, W.: Flexible Plankostenrechnung und Deckungsbeitragsrechnung, a.a.O., S.679
156) Vgl. § 8 KHBV

Kostenplanung und Kostenkontrolle · IV

Der Plankostenrechnung kommt im Krankenhaus deswegen besondere Bedeutung zu, weil sie hier nicht nur ein Instrument für die Steuerung und Kontrolle des Betriebsgeschehens sowie für die **Bereitstellung von Zahlenmaterial für dispositive Zwecke** ist, sondern sich die Kalkulation der betrieblichen Leistungen nicht an der Kosten- und Leistungssituation der Vergangenheit orientiert, und – entsprechend den Bestimmungen des Krankenhausfinanzierungsrechts – sich auf geplante Leistungen und geplante Kosten bezieht.[157])

Die Kostenplanung im Krankenhaus vollzieht sich in mehreren Schritten und liefert die **Leistungs-** und **Kosteninformationen,** die zum Erstellen des externen Budgets in Form der Leistungs- und Kalkulationsaufstellung (LKA) bzw. zum Erstellen des Kosten- und Leistungsnachweises (KLN) erforderlich waren bzw. erforderlich sind. Diese Schritte sind:

– Planung der Leistungen
– Planung der Personalkosten
– Planung der Sachkosten
– Planung der Abzüge, d.h. der Kosten für Leistungen, die nicht zur Krankenhausbehandlung gehören und deren Kosten nicht über die für Leistungen der Krankenhausbehandlung vorgesehenen Vergütungsformen gedeckt werden.

Das Umsetzen der Leistungs- und Kostenplanung innerhalb des Budgetzeitraums erfordert nicht nur die kostenstellenbezogene Vorgabe von Leistungen und Kosten, sondern insbesondere die Kostenkontrolle, zu der nicht nur die Gegenüberstellung von Soll- und Ist-Werten (Soll-Ist-Vergleich) gehört, sondern auch die Abweichungsanalyse, mit deren Hilfe die Gründe für Abweichungen aufgedeckt werden. Hieraus resultieren gezielte Maßnahmen zur Realisierung der Planung oder aber – sofern die Planung auf falschen Daten beruht – eine Anpassung der Planung.

2. Kostenplanung
2.1 Produktions- und kostentheoretische Grundlagen
2.1.1 Produktions- und Kostentheorie sowie Kosten- und Leistungsrechnung

In der Produktions- und Kostentheorie werden die funktionalen Beziehungen des Kombinationsprozesses der Produktionsfaktoren[158]) untersucht und modellhaft dargestellt.

---

157) Bei einem „gedeckelten" externen Budget, wie es die Bundespflegesatzverordnung für die Jahre 1993–1995 vorsieht, tritt der Aspekt der Leistungs- und Kostenplanung für Zwecke der Preisbildung in den Hintergrund. In dieser Situation hat die Kosten- und Leistungsrechnung, ausgehend vom extern vorgegebenen Budget die Aufgabe, die Leistungen zu planen, deren Kosten sich mit eben diesem Budget decken lassen. Im Hinblick auf das Wirtschaftlichkeitsprinzip bedeutet diese Situation die Anwendung des Maximumprinzips, d.h. bei gegebenem Budget (gleichbedeutend mit „gegebenen Kosten") sind möglichst viele Leistungen zu erbringen.

158) In der Betriebswirtschaftslehre werden in Anlehnung an Gutenberg folgende Produktionsfaktoren unterschieden: Arbeitsleistungen, Betriebsmittel, Werkstoffe als Elementarfaktoren sowie der dispositive Faktor der Geschäfts- und Betriebsleitung. Vgl. Gutenberg, E.: a.a.O., S.3ff. Gutenberg spricht dabei vom „System der produktiven Faktoren."

IV · Kostenplanung und Kostenkontrolle

Die theoretischen Erkenntnisse der Produktions- und Kostentheorie finden ihren Niederschlag in der praktischen Ausgestaltung der Kosten- und Leistungsrechnung.

Während sich die **Produktionstheorie** auf die mengenmäßigen Beziehungen zwischen Faktoreinsatz (Input) und Faktorertrag (Output, Mengenleistung) konzentriert, steht in der **Kostentheorie** die wertmäßige Betrachtung des Kombinationsprozesses im Mittelpunkt der analytischen Betrachtungen.

Entsprechend dieser Inhalte hat eine **Produktionsfunktion** in allgemeiner Schreibweise folgende Form:

$x = f(r_1, r_2, r_3, ... r_n)$

Die Schreibweise für eine **Kostenfunktion** lautet:

$K = f(r_1 \cdot q_1, r_2 \cdot q_2, ..., r_n \cdot q_n)$

Dabei gibt x die Ausbringung (Mengenleistung) an, r_1 bis r_n und q_1 bis q_n stehen für die Mengen und Preise der eingesetzten Produktionsfaktoren sowie K für die Kosten.

Entscheidend für die Umsetzung produktions- und kostentheoretischer Überlegungen im Rahmen der Kosten- und Leistungsrechnung sind vor allem die Antworten auf zwei Fragen:

(1) Lassen sich die Beziehungen zwischen Input und Output für den Gesamtbetrieb ermitteln und darstellen oder muß sich diese Analyse auf einzelne Leistungsbereiche bzw. Kostenstellen konzentrieren?

(2) Ist es möglich, eine unveränderte Leistung in der Weise zu erbringen, daß man den verminderten Einsatz eines Produktionsfaktors durch den erhöhten Einsatz eines anderen ausgleicht (substituiert) oder stehen die Mengen der eingesetzten Produktionsverfahren in einem festen (limitationalen) Verhältnis zueinander?

Zu (1):

Die Bestimmung eines funktionalen Zusammenhangs zwischen zwei Größen setzt deren exakte Definition voraus.

Die Leistung (Output) von Krankenhäusern wird häufig in Form der Belegung gemessen. Da sich jedoch hinter den „belegten Betten" eine Vielzahl von unterschiedlichen Einzelleistungen verbirgt, kann sich die Analyse von Faktoreinsatz und Faktorertrag nur auf eben diese Leistungen beschränken, die in unterschiedlichsten Bereichen (Kostenstellen) des Krankenhauses erbracht werden. Gegenstand produktionstheoretischer Überlegungen sind folglich die **in den verschiedenen Kostenstellen des Krankenhauses erbrachten Leistungen** insbesondere der Diagnostik, Therapie und Pflege, d.h. Betriebsleistungen.

Zu (2):

„Charakteristisch für den funktionalen Zusammenhang zwischen den Krankenhausleistungen im Bereich von Diagnostik, Therapie, Pflege und Hotelversor-

Kostenplanung und Kostenkontrolle · IV

gung, sowie den eingesetzten Produktivfaktoren („Produktionsfunktion") ist die Limitationalität der Einsatzmengen."[159])

Werden im Rahmen der Leistungserbringung die Produktionsfaktoren in einem festen Verhältnis eingesetzt (limitationale Faktoren), so resultiert hieraus grundsätzlich ein **linearer Gesamtkostenverlauf,** wie er auch für Produktionsbetriebe repräsentativ ist.[160])

2.1.2 Hauptkosteneinflußgrößen

Die bisherigen Überlegungen gelten ganz allgemein dem Zusammenhang zwischen Leistung (Beschäftigung) und Kosten. Die Höhe der Kosten wird jedoch nicht nur durch die Beschäftigung, sondern auch durch andere Kosteneinflußgrößen bestimmt.

Gutenberg unterscheidet folgende Haupteinflußgrößen :[161])

(1) Faktorqualitäten
(2) Beschäftigung
(3) Faktorpreise
(4) Betriebsgröße
(5) Fertigungsprogramm

Zu (1): Faktorqualitäten

Unterschiedliche Qualitäten der eingesetzten Produktionsfaktoren bestimmen das produktive Ergebnis der Leistungserstellung. Das gilt im Krankenhaus insbesondere für den Faktor Arbeit.

Ausgehend vom Ziel wirtschaftlicher Leistungserbringung kommt es darauf an, eine Entscheidung über die optimale Qualität der eingesetzten Mitarbeiter, Geräte usw. zu treffen. Eine Überqualifizierung, insbesondere von Personal, führt zu qualitativen Leerkosten.[162]) Eine zu geringe Qualifizierung beeinträchtigt die bedarfsgerechte Leistungserbringung.

Zu (2): Beschäftigung

Die Beschäftigung ist Ausdruck des Umfangs der erbrachten Leistungen (Output) und gibt damit auch einen Hinweis auf die Kapazitätsauslastung, die für die Kosten je Leistungseinheit von entscheidender Bedeutung ist. Dies gilt für alle Leistungsbereiche (Kostenstellen) des Krankenhauses.

---

159) Eichhorn, S.: Krankenhausbetriebslehre, Bd.III, Köln 1987, S.7
160) Vgl. Gutenberg, E.: a.a.O., S.336ff.
161) Vgl. Gutenberg, E.: Grundlagen der Betriebswirtschaftslehre, 1.Bd. Die Produktion, 22. Aufl., Berlin u.a. 1976, S.344ff.
162) Vgl. Eichhorn, S.: Krankenhausbetriebslehre, Bd.II, 3.Aufl., Köln 1976, S.152ff.

IV · Kostenplanung und Kostenkontrolle

Zu (3): Faktorpreise

Die Preise der Produktionsfaktoren sind für das Krankenhaus teilweise vorgegeben (z.b. tarifrechtliche Bestimmungen), zum Teil jedoch beeinflußbar durch dispositive Maßnahmen, insbesondere bei der Beschaffung von Geräten, Materialien und Fremdleistungen.

Zu (4): Betriebsgröße

Die Betriebsgröße ist für das einzelne Krankenhaus in der Regel ein Datum. Sie ergibt sich aus dem Versorgungsauftrag als Folge der Krankenhausplanung, die Aufgabe der Länder ist.

Im Rahmen der Krankenhausplanung wird die Bettenkapazität des Krankenhauses differenziert nach bettenführenden Abteilungen festgelegt und darüber entschieden, welche nichtbettenführenden Einrichtungen das Krankenhaus entsprechend seinem Versorgungsauftrag vorhalten soll. Dementsprechend stellt sich für das einzelne Krankenhaus insbesondere unter Kostenaspekten die Frage nach der optimalen Betriebsgröße nicht. Die Entscheidung, wie kostengünstig ein Krankenhaus seine Leistungen im Hinblick auf die Kosteneinflußgröße „Betriebsgröße" erbringen kann, fällt in dieser Hinsicht schon mit der Zuweisung des Versorgungsauftrages.

Negative Auswirkungen auf die Kosten je Leistungseinheit, wie immer man diese auch definieren mag, ergeben sich immer dann, wenn aus Gründen der Betriebs- bzw. Leistungsbereitschaft Kapazitäten, insbesondere personeller Art, vorgehalten werden müssen, die aufgrund der zu erbringenden Leistungen in diesem Umfang nicht erforderlich sind. In diesem Sinne stellt sich weniger die Frage nach der optimalen Größe eines Krankenhauses, sondern die Frage nach der optimalen bzw. minimalen Größe eines Leistungsbereiches, die es ermöglicht, die aus Gründen der Leistungsbereitschaft vorgehaltenen Kapazitäten voll auszulasten und so ohne Leerkosten, d.h., ohne nichtgenutzte Fixkosten, zu arbeiten.

Zu (5): Fertigungsprogramm

Die Grundsatzentscheidung über das „Fertigungsprogramm" (Leistungsprogramm) eines Krankenhauses fällt zusammen mit der Festlegung der Betriebsgröße im Rahmen der oben genannten Krankenhausplanung.

Mit dem Leistungsprogramm wird das Sachziel des Krankenhauses konkretisiert, indem ausgehend von der Zusammensetzung der Fachabteilungen das Leistungsspektrum in Diagnostik, Therapie und Pflege festgelegt wird.

Zur Beschreibung des Leistungsprogramms der Krankenhäuser werden neben den Belegungsdaten (differenziert nach Fachabteilungen) und den diagnostischen und therapeutischen Leistungen in den Medizinischen Institutionen (Kostenstellengruppe 92) zunehmend Fallgruppen (Patientengruppen) im Sinne von „Krankenhausprodukten" benutzt.

Kostenplanung und Kostenkontrolle · IV

Derartige Systematisierungen orientierten sich bisher entweder an der Diagnose (diagnosis related groups – DRG's) oder an Standardleistungsprofilen.[163]) Mit Inkrafttreten der BPflV 1995 kommt in diesem Zusammenhang insbesondere den „Fallpauschalen" Bedeutung zu.

Bei der Festlegung des Leistungsprogrammes des Krankenhauses ist bei Diagnose und Therapie insbesondere darauf zu achten, daß, soweit hier eine Wahlmöglichkeit besteht, nur solche diagnostische und operative Leistungen angeboten werden, die in einer entsprechenden Anzahl erbracht werden. Damit soll zum einen die Auslastung bestehender Geräte und Raumkapazitäten gewährleistet, zum anderen die Voraussetzung dafür geschaffen werden, daß entsprechende Fertigkeiten (bei Diagnosetechniken und bei Operationstechniken) erreicht werden können, die Voraussetzung für eine wirtschaftliche und qualitativ hochwertige Leistungserbringung sind.

Für das Krankenhaus wird häufig die **Verweildauer** als eigene Kosteneinflußgröße genannt.

Die Kosteneinflußgröße „Verweildauer" ist krankenhausspezifisch. Gleiche Art und Schwere der Erkrankung und gleiche Konstitution der Patienten vorausgesetzt, steigen/sinken die Kosten je Krankheitsfall mit Erhöhung/Reduzierung der Verweildauer des Patienten. Demgegenüber steigen die Aufwendungen je Pflegetag mit der Verkürzung und sinken mit der Verlängerung der Verweildauer."[164])

Diese Formulierung macht deutlich, daß die Verweildauer als Kosteneinflußgröße auf die Intensität und Qualität der Krankenhausleistung abstellt und keine gesonderte Kosteneinflußgröße ist.

Die Verweildauer ist von zwei Größen abhängig: Zum einen von der **Patientenstruktur,** zum anderen von der bereits angesprochenen **Intensität** und **Qualität der Krankenhausleistung**.[165])

Unabhängig von der Feststellung, daß Kosten- und Leistungsbetrachtungen nicht auf das Krankenhaus insgesamt, sondern auf die einzelnen Leistungsbereiche bzw. Kostenstellen abstellen, sei zur Kosteneinflußgröße Verweildauer folgendes bemerkt:

Die kostenmäßigen Auswirkungen einer Verweildauerverkürzung bei unveränderter Patientenstruktur setzen voraus, daß zwischen **fallzahlabhängigen** und **belegungsabhängigen Leistungen** bzw. Kosten unterschieden wird.

Weitgehend **fallzahlabhängig** (fallfix) sind die Kosten der Verwaltungsaufnahme, der diagnostischen Leistungen (z.B. Röntgen, EKG, Endoskopie, Labor), der operativen Eingriffe sowie der Aufnahme- und Entlassungsuntersuchung.

---

163) Vgl. Hildebrand, R.: Kostenrechnung, in: Eichhorn, S. (Hrsg.): Handbuch Krankenhaus-Rechnungswesen, 2.Aufl., Wiesbaden 1988, S.392ff.
164) Hübner, H.: Kostenrechnung im Krankenhaus, 2.Aufl., Köln 1980, S.168f.
165) Soweit die Verweildauer von Patienten über das erforderliche Maß verlängert wird, liegt eine Unwirtschaftlichkeit vor, die durch die Art der Krankenhausfinanzierung (Pflegesätze als Abschlagszahlungen auf das Budget) induziert ist.

IV · Kostenplanung und Kostenkontrolle

Belegungsabhängig sind im wesentlichen die Kosten der Pflege und der laufenden ärztlichen Versorgung auf der Station, der Verpflegung und der Unterbringung.

Geht man wie Adam[166]) davon aus, daß die pflegetageabhängigen Kosten 8% der Kosten des Krankenhauses ausmachen, so relativiert sich der Einfluß der Verweildauer auf die Kosten je Fall bzw. die Kosten je Pflegetag.

Eine Verweildauerverkürzung um beispielsweise 20% führt also keineswegs, wie oft noch vermutet wird, zu einer Reduzierung der Kosten je Fall um ebenfalls 20%, sondern diese beträgt unter der gemachten Annahme lediglich 8% der Verweildauerverkürzung in Höhe von 20% und damit nur 1,6%.

Bei der Kalkulation der Fallpauschalen als extern vorgegebene Entgelte wurde eine Verweildauerverkürzung um 15% prognostisch berücksichtigt und dadurch „die Kalkulationsergebnisse" um etwa 3% abgesenkt[167]). Das bedeutet, daß davon ausgegangen wurde, daß die pflegetageabhängigen Kosten 20% der Kosten des Krankenhauses ausmachen.

Eine Verweildauerverkürzung wirkt sich nicht nur aus in einer Reduzierung der Kosten pro Fall, sondern gleichzeitig in einer Zunahme der Kosten je Pflegetag.

Da in der Vergangenheit trotz leistungs- und zeitraumbezogener Budgetierung dem Pflegesatz in Budgetverhandlungen mehr Beachtung geschenkt wurde als den Fallkosten, waren Anreize zur Verweildauerverkürzung nur in begrenztem Umfang gegeben. Durch die fallbezogenen Entgeltformen (Fallpauschalen und Sonderentgelte) soll hier Abhilfe geschaffen werden. Da jedoch diese Entgelte den geringeren Teil der Vergütung von Krankenhausleistungen ausmachen, muß auch dort, wo die Benutzerkosten über Pflegesätze verteilt werden, die Beurteilung der Höhe der Kosten in der Dimension DM/Fall erfolgen, d.h. es dürfen nicht Abteilungspflegesätze, sondern es müssen Fallkosten der Abteilungen verglichen werden.

2.1.3 Kostenverhalten bei Beschäftigungsänderungen

Bei kurzfristiger Betrachtungsweise kommt dem Einfluß von Beschäftigungsänderungen auf die Kosten besondere Bedeutung zu.

Die Analyse des Zusammenhanges zwischen Beschäftigungsänderungen und Kostenänderungen setzt die Konstanz der übrigen Kosteneinflußgrößen voraus.

Oben[168]) wird festgestellt, daß für die Leistungsbereiche bzw. Kostenstellen im Krankenhaus von linearen Gesamtkostenverläufen ausgegangen werden kann.

---

166) Vgl. Adam, D.: Krankenhausmanagement im Konfliktfeld zwischen medizinischen und wirtschaftlichen Zielen, Wiesbaden 1972, S.73ff.
167) BMG (Herausgeber): Beratungsergebnisse der „Expertengruppe Entgeltsystem", Redaktionsbeilage zu „das Krankenhaus" 11/93, Seite 3
168) Vgl. Abschnitt IV.2.1.1

Hierfür spricht auch, daß in der Praxis der relevante Beschäftigungsbereich bzw. die relevante Beschäftigungsspannweite relativ klein ist und insofern auch ein nichtlinearer Verlauf linear approximiert werden kann.

Ein linearer Gesamtkostenverlauf geht grundsätzlich von einer proportionalen Beziehung zwischen Beschäftigung und Kosten aus. Neben dem beschäftigungsabhängigen Faktoreinsatz ist jedoch der Faktoreinsatz, der aus der Aufrechterhaltung der Betriebsbereitschaft resultiert, zu berücksichtigen.

Dementsprechend gibt es für die Leistungsbereiche des Krankenhauses lineare Gesamtkostenverläufe, die sich aus der Addition der fixen Kosten und der variablen Kosten ergeben (Abbildung 43).

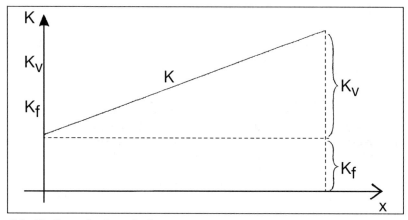

Abb. 43: *Gesamtkostenverlauf*

Hierbei gilt folgender Zusammenhang:

$K = K_f + K_v$

Dividiert man die Gesamtkosten (K) durch die Beschäftigung (x), so erhält man die gesamten Durchschnittskosten pro Leistungseinheit (k) (Abbildung 44):

$k = \dfrac{K}{x}$

$k = \dfrac{K_f}{x} + \dfrac{K_v}{x}$

$k = k_f + k_v$

IV · Kostenplanung und Kostenkontrolle

Die Stückkosten (k) zeigen bei linearen Gesamtkosten folgenden Verlauf:

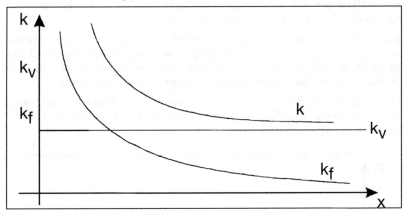

Abb. 44: *Stückkostenverlauf bei linearem Gesamtkostenverlauf*

Diese Darstellung zeigt, daß die variablen Kosten pro Leistungseinheit unabhängig von der Beschäftigung sind, daß jedoch die fixen Kosten pro Stück mit zunehmender Ausbringung degressiv abnehmen. Dieser Sachverhalt, den man als **Fixkostendegression** bezeichnet, führt dazu, daß die Kosten je Leistungseinheit bis zum Erreichen der Kapazitätsgrenze sinken. Hieraus resultiert das Bestreben, vorhandene Kapazitäten bzw. eine vorhandene Betriebsbereitschaft vollständig auszunutzen. Im Krankenhaus kommt diesem Bestreben besondere Bedeutung zu, weil die Bereitschaftskosten bei kurzfristiger Betrachtungsweise besonders hoch sind.[169]

In Abhängigkeit von der Nutzung der vorgehaltenen Betriebsbereitschaft wird bei den fixen Kosten in **Nutzkosten** (Fixkosten der genutzten Kapazität) und **Leerkosten** (Fixkosten der ungenutzten Kapazität) unterschieden.

Die nachfolgende Abbildung 45 zeigt, daß sich die fixen Kosten jeweils aus der Summe von Nutz- und Leerkosten ergeben, die Nutzkosten mit steigender Ausbringung zunehmen und die Leerkosten entsprechend sinken:

Oben[170] wird festgestellt, daß anstatt von fixen Kosten auch von **Kosten der Betriebsbereitschaft** gesprochen wird. Diese Kosten sind dispositionsbestimmt im Hinblick auf die angestrebte Betriebsbereitschaft; dies gilt insbesondere für die Personalkosten.

---

169) Eichhorn nennt bei einer kostenartenbezogenen Betrachtung, bezogen auf die Gesamtkosten des Krankenhauses einen Fixkostenanteil von 80 %. Vgl. Eichhorn, S.: Krankenhausbetriebslehre Bd.II, 3.Aufl., Köln 1976, S.149. Ähnliche Werte hat Tauch veröffentlicht. Vgl. Tauch, J.-G.: Entscheidungsorientiertes Informations- und Berichtswesen, 3. Fallbeispiel: Entscheidungsorientiertes Informations- und Berichtswesen, in: Eichhorn, S. (Hrsg.): Handbuch Krankenhaus-Rechnungswesen, 2. Aufl., Wiesbaden 1988, S.560
170) Vgl. Abschnitt III.2

Kostenplanung und Kostenkontrolle · IV

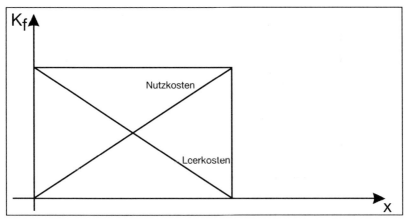

Abb. 45: Nutz- und Leerkosten

Die Anpassung an eine andere Betriebsbereitschaft ist wegen der Teilbarkeit der Produktionsfaktoren nicht kontinuierlich, sondern nur in Sprüngen möglich. Hieraus resultieren **sprungfixe Kosten**, die in Abhängigkeit von der Beschäftigung folgenden Verlauf haben:

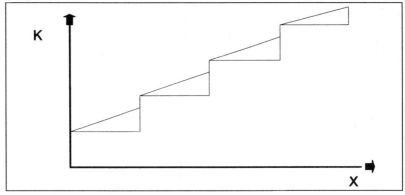

Abb. 46: Sprungfixe Gesamtkosten

Die entsprechende Stückkostenkurve verläuft tendenziell degressiv, weist jedoch bei jeder Erhöhung der Gesamtkosten eine Sprungstelle auf.

Für die Anpassung an Beschäftigungsänderungen bzw. -schwankungen gibt es grundsätzlich folgende Möglichkeiten:[171])
- zeitliche Anpassung
- quantitative Anpassung
- intensitätsmäßige Anpassung

---
171) Vgl. Gutenberg, E.: a.a.O., S.354ff.

IV · Kostenplanung und Kostenkontrolle

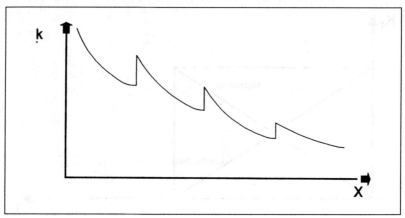

Abb. 47: Sprungfixe Stückkosten

Die zeitliche Anpassung vollzieht sich über die Betriebszeit, z.B. in Form von Überstunden oder Kurzarbeit.

Erfolgt die zeitliche Anpassung ohne daß Überstundenzuschläge gezahlt werden, sondern sich zusätzlich nur das normal vereinbarte Entgelt als Kosten niederschlägt, dann verläuft die Gesamtkostenkurve bis zur neuen Kapazitätsgrenze (x_2) mit derselben Steigung linear, da für jede weitere Leistungseinheit die gleichen variablen Kosten pro Stück anfallen. Werden Überstundenzuschläge bezahlt, so erhöhen sich die variablen Kosten pro Leistungseinheit. Die Gesamtkostenkurve weist einen Knick auf, verläuft aber dann, wie Abbildung 48 zeigt, weiterhin linear.

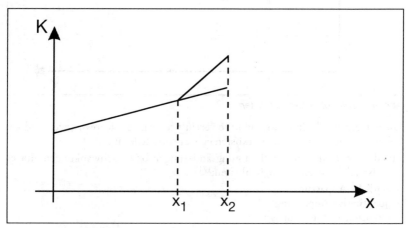

Abb. 48: Zeitliche Anpassung bei Überstunden

Kostenplanung und Kostenkontrolle · IV

Lassen sich Beschäftigungsänderungen durch die zeitliche Anpassung nicht mehr auffangen, so muß die Anpassung quantitativ erfolgen, d.h., die Teilkapazitäten in den betroffenen Leistungsbereichen (Zahl der Betriebsmittel, Zahl der Mitarbeiter) werden entsprechend erweitert oder verringert.

Bei der quantitativen Anpassung ändern sich sowohl die variablen, als auch die fixen Kosten. Die Kostenveränderung erfolgt hierbei wegen der begrenzten Teilbarkeit von Betriebsmitteln und Arbeitskräften nicht stetig, sondern unstetig. Die kapazitätsabhängigen Kosten werden bei der quantitativen Anpassung zu sprungfixen Kosten.

Soll die Anpassung der Leistungsmenge bei Änderung der Beschäftigungslage durch eine unterschiedliche Inanspruchnahme der Potentialfaktoren[172]) vollzogen werden, so spricht man von intensitätsmäßiger Anpassung.[173])

2.2 Teilschritte der Kostenplanung

2.2.1 Überblick und Verfahren der Kostenplanung

Bei der Kostenplanung wird unter Kostenträgeraspekten üblicherweise differenziert in die **Planung der Einzelkosten** und die **Planung der Gemeinkosten**.[174])

Da im Krankenhaus entsprechend den Vorschriften des § 8 KHBV alle Kosten über die Kostenstellenrechnung zu leiten sind, entfällt die Differenzierung in Kostenträgereinzelkosten und Kostenträgergemeinkosten. Die Kostenplanung erfolgt kostenstellenbezogen, differenziert nach Kostenarten.

Da die Leistungsplanung Voraussetzung für die Kostenplanung ist, wird nachfolgend in
– Leistungsplanung
– Planung der Personalkosten
– Planung der Sachkosten
– Planung der Kostenträgerkosten
unterschieden.[175])

Die Kostenplanung kann nach unterschiedlichen Methoden erfolgen, die alternativ oder sich ergänzend angewendet werden können:

---

172) Potentialfaktoren geben bei der Leistungserstellung Leistungen ab, bleiben jedoch substantiell erhalten (Betriebsmittel, Mitarbeiter). Im Gegensatz dazu gehen Verbrauchsfaktoren in das Produkt ein.
173) Vgl. Gutenberg, a.a.O., S.361ff. Gutenberg bezieht die intensitätsmäßige Anpassung auf die Arbeitsgeschwindigkeit von Maschinen und untersucht den daraus resultierenden Einfluß auf die übrigen Produktionsfaktoren. Diese Situation ist in Krankenhäusern nicht gegeben. Eine intensitätsmäßige Anpassung im Krankenhaus bezieht sich auf die Arbeitsgeschwindigkeit von Mitarbeitern, die kein Instrument der Anpassung an Beschäftigungsschwankungen im betriebswirtschaftlichen Sinne ist. Sie ist jedoch sehr wohl eine praktische Erscheinungsform, um auf Belastungsänderungen im Tagesablauf zu reagieren.
174) Haberstock, L.: Kostenrechnung II, a.a.O., S.203 und 219
175) Letztere wird wegen der abweichenden Zielsetzung zusammen mit der Planerfolgsrechnung in Abschnitt IV.4. behandelt.

IV · Kostenplanung und Kostenkontrolle

(1) Ableitung aus Vergangenheitswerten,
(2) Schätzung durch Kostenplaner und/oder Kostenstellenleiter,
(3) Ableitung aus externen Richtwerten,
(4) Planung auf der Grundlage analytischer Studien und Berechnungen.

Zu (1): Ableitung aus Vergangenheitswerten

Die Ableitung der Kosten aus Vergangenheitswerten mit Hilfe statistischer Methoden[176]) kommt im Krankenhaus keine nennenswerte Bedeutung zu. Grundlage der Ableitung aus Vergangenheitswerten sind in der Regel die Zeiträume, die in der Leistungs- und Kalkulationsaufstellung (LKA) bzw. im Kosten- und Leistungsnachweis ihren Niederschlag finden bzw. fanden, nämlich das abgelaufene und das laufende Geschäftsjahr.

Zu (2): Schätzungen der Kostenplaner und/oder Kostenstellenleiter

Die Schätzungen der Kostenstellenplaner und/oder Kostenstellenleiter orientieren sich an Ist-Werten, d.h. Werten der jüngsten Vergangenheit, und berücksichtigen die Auswirkungen von (geplanten) Leistungsveränderungen sowie die angestrebten Veränderungen in der Wirtschaftlichkeit der Leistungserbringung.

Zu (3): Ableitung aus externen Richtzahlen

Externe Richtzahlen können Zahlen des zwischenbetrieblichen Vergleichs sein, wie sie von der Deutschen Krankenhausgesellschaft und den Krankenhausgesellschaften der verschiedenen Bundesländer zur Verfügung gestellt werden, und Richtwerte, die im Rahmen der Beurteilung der Wirtschaftlichkeit von Krankenhäusern Anwendung finden.[177]) Der Krankenhausvergleich ist in § 3 BPflV Ausgangspunkt für die Beurteilung von Kosten im Hinblick auf den Grundsatz medizinisch leistungsgerechter Entgelte wie er als Grundsatz in der Bundespflegesatzverordnung verankert ist.

Zu (4): Analytische Studien und Berechnungen

Ziel der analytischen Studien und Berechnungen ist es, die Zusammenhänge zwischen Leistungen und Kosten im Hinblick auf die Kosteneinflußgrößen[178]), insbesondere die Kosteneinflußgröße Beschäftigung, transparent zu machen. Im Hinblick auf ihre Bedeutung für die Gesamtkosten des Krankenhauses kommt dabei den Personalkosten und den Kosten des medizinischen Bedarfs besondere Bedeutung zu.[179])

---

176) Zu den statistischen Methoden der (Gemein)Kostenplanung vgl. Haberstock, L.: Kostenrechnung II, a.a.O., S.227ff., Kilger, W.: Flexible Plankostenrechnung und Deckungsbeitragsrechnung: a.a.O., S341ff.
177) Diese Maßstäbe, die auch bei Wirtschaftlichkeitsprüfungen auf der Grundlage des § 16 Abs.6 BPflV Anwendung finden, haben Daul/Vahlpahl zusammengestellt. Vgl. Daul, G., Vahlpahl, B.: Praktikerhandbuch zur Krankenhausbewertung, Hannover 1988, Stand: 3. Nachtrag Juli 1991
178) Vgl. Abschnitt IV.2.1.2
179) Vgl. Abschnitt III.1.1

Kostenplanung und Kostenkontrolle · IV

Besondere Bedeutung hat im Krankenhaus das Verfahren der **Kostensatz-Schätzung**[180]) bzw. **Kostensatz-Planung.** Mit diesem Verfahren werden – entsprechend dem methodischen Ansatz der Verrechnungssatzkalkulation – für jede Kostenstelle Planbezugsgrößen festgelegt und dann differenziert nach Kostenartengruppen Kosten pro Bezugsgrößeneinheit geschätzt bzw. geplant.[181])

2.2.2 Leistungsplanung

In Abschnitt I wird zwischen Primärleistungen und Sekundärleistungen unterschieden. Während die Primärleistung darin besteht, den Gesundheitszustand von Patienten positiv zu verändern, sind die Sekundärleistungen Mittel zur Erbringung der Primärleistung.

Die Sekundärleistungen sind in diesem Sinne Betriebsleistungen, die in den verschiedenen Kostenstellen, bzw. Leistungsbereichen des Krankenhauses erbracht werden.

Vergütet erhält das Krankenhaus weder die – nicht meßbare – Primärleistung, noch die Sekundärleistungen, sondern Marktleistungen, die Kostenträger im Sinne der Kosten- und Leistungsrechnung sind und in den verschiedenen Vergütungsformen der Krankenhausleistungen zum Ausdruck kommen.[182])

Als Vergütungsformen für stationäre Krankenhausleistungen sieht das Krankenhausfinanzierungsrecht Pflegesätze (Basispflegesatz und Abteilungspflegesätze), Sonderentgelte und Fallpauschalen vor.

Da diese Vergütungsformen auf Belegungsdaten abstellen, nämlich Fallzahlen und Verweildauer, besteht der erste Teilschritt der Leistungsplanung in der Belegungsplanung.

Die Zahl der Pflegetage ergeben sich als Produkt aus Fallzahl und Verweildauer. Es gilt:

Fallzahl x Verweildauer = Pflegetage

Die Fallzahl ist dabei Ausdruck der Nachfrage nach Krankenhausleistungen. In der Verweildauer kommen Patientenstruktur (Krankheitsbild, Alter, allgemeiner Gesundheitszustand) und Behandlungsmethode bzw. Behandlungsintensität zum Ausdruck.

Entsprechend der Beziehung zwischen den Belegungsdaten „Fallzahl", „Verweildauer" und „Pflegetage" sind zunächst, differenziert nach Fachabteilungen, die Fallzahlen zu planen und zwar innerhalb einer jeder Fachabteilung differenziert nach Fällen, die über

---

180) Zum Verfahren der Kostensatz-Schätzung vgl. Kilger, W.: a.a.O., S.359
181) Kilger spricht beim Verfahren der Kostensatz-Schätzung von einem Näherungsverfahren. Werden die Kostensätze nicht „geschätzt", sondern geplant, so ergibt sich eine Kostensatz-Planung als analytische Methode der Kostenplanung. Aufgrund der spezifischen Bedingungen der Leistungserbringung im Krankenhaus ist der Übergang zwischen Schätzung und Planung fließend.
182) Vgl. Abschnitt IV.3.4.2

IV · Kostenplanung und Kostenkontrolle

- Sonderentgelte
- Fallpauschalen
- Abteilungspflegesätze

vergütet werden. An die Planung der Fallzahlen schließt sich die **Planung der dazugehörigen Verweildauer** an. Sie hat zwangsläufig denselben Differenzierungsgrad wie die Planung der Fallzahlen.

Die Planungsmethode besteht in einem Ableiten aus Vergangenheitswerten unter Berücksichtigung erkennbarer bzw. geplanter Veränderungen. Die Leistungsplanung erfolgt durch die hierfür verantwortlichen Mitarbeiter der Verwaltung. Die zuständigen Kostenstellenleiter (Chefärzte) werden entweder in die Planung einbezogen, oder aber es wird mit ihnen zumindest das Planungsergebnis abgestimmt.

Das Ergebnis der Belegungsplanung ist eine „Marktleistungsmatrix" für stationäre Leistungen (vgl. Abbildung 49).

Vergütungsformen differenziert nach Fachabteilungen	Fallzahl	Verweildauer	Pflegetage
Chirurgie (1) Fallpauschalen ——- ——- ——-			
(2) Sonderentgelte ——- ——-			
(3) Abteilungspflegesatz			
Gynäkologie/Geburtshilfe (1) Fallpauschalen ——- ——-			
(2) Sonderentgelte ——- ——-			
(3) Abteilungspflegesatz			
Innere Medizin ——- ——- ——- ——-			

Abb. 49 : Marktleistungsmatrix

Die Betriebsleistungen, d.h. die Leistungen in den verschiedenen Kostenstellen des Krankenhauses[183]), werden aus den Marktleistungen abgeleitet und/oder eigenständig geplant.

Die Betriebsleistungen für die bettenführenden Abteilungen ergeben sich im wesentlichen aus der Belegungsplanung und zwar in Form der Plegetage und der Fallzahl.[184])

Bindeglied zwischen der Planung der Marktleistungen und der Planung der diagnostischen Leistungen ist die Leistungsdichte, d.h. der Quotient aus Leistungen einer bestimmten Leistungsart und Fallzahl.

Für den chirurgischen Operationsbereich z.B. ergibt sich dieses Bindeglied zwischen Planung der Marktleistung und Planung der Betriebsleistungen in Form der sogenannten Operationsdichte durch folgende Relation:

$$\text{Operationsdichte} = \frac{\text{Zahl der operierten Patienten}}{\text{Fallzahl}}$$

Soweit stationäre Krankenhausleistungen über Fallpauschalen und Sonderentgelte vergütet werden, lassen sich für diese standardisierten Marktleistungen übliche, d.h. unter normalen Umständen zu erwartende Betriebsleistungen, in Diagnose und Therapie ableiten.

Die Leistungsdichte als Bindeglied zwischen Planung der Marktleistungen und Planung der Betriebsleistungen im Bereich der Diagnostik und Therapie ist keine isoliert anzuwendende Planungsmethode, sondern vielmehr ein Instrument, um, ausgehend von der Analyse der bisherigen Leistungsstruktur in den Medizinischen Institutionen (Kostenstellengruppen 92), die geplanten Veränderungen bei den Marktleistungen mit ihren Auswirkungen planerisch zu erfassen und in der kostenstellenbezogenen Planung umzusetzen.

Besondere Bedeutung bei der Leistungsplanung kommt, insbesondere im Hinblick auf die sich anschließende Kostenplanung, neuen Leistungen zu, d.h. solchen Leistungen, die das Krankenhaus bisher nicht angeboten hat.

Die **Marktleistungen des Krankenhauses** beschränken sich nicht auf stationäre Leistungen. Als Formen nichtstationärer Krankenhausbehandlung sind Leistungen des ambulanten Operierens (§ 115 b SGB V) und der vor- und nachstationären Behandlung (§ 115 a SGB V) sowie ambulante Leistungen der Ärzte des Krankenhauses und des Krankenhauses selbst (Institutsambulanz) zu planen. Für das ambulante Operieren geschieht das in Form von Art und Anzahl

---

183) Bezüglich Leistungsinhalt und -definition der Betriebsleistungen vgl. Abschnitt III.2.2.4.2
184) Anstelle der Zahl der Pflegetage, die Ausdruck der Bettenbelegung ist, wird alternativ auch mit der Zahl der durchschnittlich belegten Betten (Kranke je Tag) gerechnet, die eine „plastischere" Vorstellung vom Umfang der Belegung vermittelt.

IV · Kostenplanung und Kostenkontrolle

der Eingriffe. Für die übrigen ambulanten Leistungen sind die Fallzahlen[185]), differenziert nach Fachabteilungen und Ambulanzarten[186]), Bezugsgröße für die Kostenplanung.

In jedem Fall sind geplante Marktleistungen und geplante Betriebsleistungen zu dokumentieren, da sie nicht nur Grundlage der nachfolgenden Kostenplanung, sondern auch der laufenden Kostenkontrolle sind.

2.2.3 Planung der Personalkosten

Die Planung der Personalkosten erfolgt differenziert nach Kostenstellen und innerhalb einer Kostenstelle differenziert nach Dienstarten[187]) bzw. nach Aufgabenbereichen, wenn innerhalb einer Dienstart diese Differenzierung angezeigt ist.[188])

Die Planung der Personalkosten erfolgt getrennt nach der **Mengenkomponente** (Personaleinsatz) und der **Preiskomponente** (geldliche Bewertung des Personaleinsatzes).

2.2.3.1 Planung des Personaleinsatzes

Die Planung des Personaleinsatzes erfolgt leistungs- und/oder zeitraumbezogen. Instrument zur Planung des Personaleinsatzes ist die Personalbedarfsrechnung, der im Krankenhaus ein hoher Stellenwert zukommt.

Die Beziehung zwischen Betriebsleistungen und leistungsbezogenem Personalbedarf werden je nach Dienstart und Kostenstelle durch folgende Kennzahlen zum Ausdruck gebracht:

(1) Minuten/Leistung
(2) Leistungen/Kraft und Jahr
(3) Durchschnittlich belegte Betten/Kraft bzw. (stationäre) Fälle/Kraft.

Zu (1): Minuten/Leistung

Die Bewertung geplanter Leistungen mit einer durchschnittlichen zeitlichen Bindung pro Leistung, die im wesentlichen aus externen Wirtschaftlichkeitsmaßstä-

---

185) In Anlehnung an die kassenärztliche Terminologie gibt die Fallzahl die während eines Quartals in Behandlung befindlichen Patienten an. Hinter einem „Fall" stehen demnach die während eines Quartals erbrachten Leistungen, die in mehreren Patientenbesuchen erbracht wurden.
186) Kassenambulanz, Privatambulanz, Durchgangsarztambulanz
187) Zu den verschiedenen Dienstarten im Krankenhaus vgl. Abschnitt III.1.2.2.
188) Zum Medizinisch-technischen Dienst gehören in der Röntgendiagnostik z.B. Medizinisch-technische Assistentinnen, die Röntgenuntersuchungen durchführen und ärztliche Schreibkräfte, die für die Befundschreibung zuständig sind. Im OP-Bereich gehören zu den Mitarbeitern des Funktionsdienstes OP-Pflegefachpersonal (OP-Schwestern) und Anästhesiepflegefachpersonal (Anästhesieschwestern) mit unterschiedlichen Aufgaben. Letztere unterstützen nicht nur die Anästhesisten bei ihrer Tätigkeit im OP, sondern betreuen auch Patienten im Aufwachraum.

Kostenplanung und Kostenkontrolle · IV

ben[189]) gewonnen werden, findet vor allem bei diagnostischen Leistungen (z.B. Röntgendiagnostik, Endoskopie, Ultraschall) und bestimmten therapeutischen Leistungen (z.b. physikalische Therapie) Anwendung.

Voraussetzung für eine Bewertung von Leistungen mit derartigen **Minutenfaktoren**, die keinen Vorgabecharakter im Sinne eines Leistungslohnes haben, sondern lediglich Orientierungshilfen bei der Ermittlung des leistungsbezogenen Personalbedarfs sind, ist eine exakte Leistungsdefinition und eine klare Festlegung, welche für die Leistungserbringung erforderlichen Tätigkeiten abgegolten sind. Hierbei geht es zum einen um die Frage, ob Rüst- und Verteilzeiten im Minutenfaktor bereits berücksichtigt sind und zum anderen darum, ob mit einer „Kernleistung" zusammenhängende Nebenleistungen gesondert anzurechnen sind oder ob diese ebenfalls mit dem Minutenfaktor berücksichtigt sind.

Das Produkt aus geplanten Leistungen/Jahr und durchschnittlicher zeitlicher Bindung in der Dimension Minuten/Leistung ergibt die zeitliche Bindung in der Dimension „Minuten/Jahr".

Der Personalbedarf selbst wird im Krankenhaus in der Dimension „Vollkräfte" angegeben.

Mit dem Begriff „Vollkraft" (kurz: Kraft) wird in der Krankenhausterminologie die Kapazität eines Mitarbeiters bzw. einer Mitarbeiterin beschrieben, der (die) mit voller tariflicher Arbeitszeit während des ganzen Jahres beschäftigt ist.

Die Kapazität einer Vollkraft in der Dimension Minuten/Jahr bzw. Stunden/Jahr ist abhängig von der regelmäßigen tariflichen Arbeitszeit (z.Z. 38,5 Std./Woche), der Anzahl der Wochenfeiertage und den Ausfallzeiten.[190])

Bei durchschnittlich 11 Wochenfeiertagen und einer Ausfallquote von 15% ergibt sich folgende jährliche Arbeitszeit:

Tage/Jahr	365
Samstage, Sonntage	104
Zwischenergebnis	261
Wochenfeiertage	11
Sollarbeitstage	250

---

189) Vgl. z.B. Bayrischer Kommunaler Prüfungsverband (Hrsg.): Die Personalbemessung im Krankenhaus -Anhaltszahlen und Erfahrungswerte – München 1984; Ministerium für Wirtschaft, Mittelstand und Technologie (Hrsg.): Richtlinien für die Prüfung der wirtschaftlichen und sparsamen Betriebsführung der Krankenhäuser vom 18. Juli 1984 – Az.IV 3817.321/346.

190) Im Krankenhaus werden die Ausfallzeiten zu den möglichen Arbeitszeiten ins Verhältnis gesetzt und so eine Ausfallquote errechnet. Dies geschieht in der Regel monatlich durch die Gegenüberstellung von Ausfallstunden und Soll-Arbeitsstunden. Es gilt die Beziehung:

$$\text{Ausfallquote} = \frac{\text{(bezahlte) Ausfallzeit in Stunden}}{\text{(bezahlte) Sollarbeitszeit in Stunden}} \times 100$$

IV · Kostenplanung und Kostenkontrolle

250 Tage/Jahr x 7,7 Std./Tag[191]) = 1.925 Stunden/Jahr
− 15% Ausfallquote bzw. x 85% „Anwesenheitsquote"
= 1.636 Stunden/Jahr

1.636 Stunden/Jahr x 60 Minuten/Stunde
= 98.160 Minuten/Jahr

Zu (2): Leistungen/Kraft und Jahr
Vorgabewerte in der Dimension Leistungen/Kraft und Jahr finden z.B. in der Befundschreibung und bei der Durchführung von Laboruntersuchungen Anwendung. Neben den bereits beschriebenen Problemen der Leistungsdefinition und -abgrenzung ist in diesem Fall zusätzlich darauf zu achten, auf welche regelmäßige Arbeitszeit sich die Vorgabewerte beziehen.[192]) Da Vorgabewerte der genannten Art externe Orientierungshilfen sind, die nicht schematisch, sondern unter Berücksichtigung der individuellen Verhältnisse des einzelnen Krankenhauses anzuwenden sind,[193]) kommt es für eben diese betriebsindividuelle Anpassung darauf an, den Vorgabewert in einer Dimension auszudrücken, die dem Vorstellungsvermögen der Person, die den Vorgabewert anwenden bzw. modifizieren soll, zugänglich ist.

Der Hinweis, daß davon ausgegangen werden kann, daß eine Schreibkraft/Jahr 15.000 Röntgenbefunde schreiben kann bzw. sollte, ist auch für die betroffenen Mitarbeiterinnen eine wenig vorstellbare Aussage. Der Hinweis, daß demnach rd. 7 Minuten/Befund[194]) zur Verfügung stehen, ist schon eher geeignet, die Brauchbarkeit dieses Maßstabes zu beurteilen.

Das gewählte Beispiel der Befundschreibung macht ein Merkmal auch anderer vergleichbarer Vorgabewerte deutlich:

Es wird nur eine mittelbare Beziehung zwischen „Leistung" und Personalbedarf hergestellt. Im vorliegenden Fall hängt die Antwort auf die Frage, wieviele Befunde eine Mitarbeiterin pro Jahr schreiben kann, wesentlich davon ab, wie umfangreich die Befunde sind (Anzahl der Anschläge/Befund), wie die Lei-

---

191) Durchschnittliche tägliche Arbeitszeit bei einer 38,5 Stundenwoche.
192) Da die Vorgabewerte in der Dimension Leistungen/Kraft und Jahr meist aus der Zeit der 40-Stundenwoche stammen, ist die Arbeitszeitverkürzung besonders zu berücksichtigen. Dies kann geschehen durch die Modifikation des Vorgabewertes oder aber – dieser Weg wird in der Regel bevorzugt – durch Modifikation des personalbedarfsrechnerischen Ergebnisses. Letzteres geschieht bei einer Arbeitszeitverkürzung von 40 auf 38,5 Stunden/Woche durch den Faktor 1,039. Als „normale" Ausfallquote werden im Krankenhaus bei leistungsbezogenen Vorgabewerten 15% unterstellt. Bei einer höheren Ausfallquote, die bei den meisten Dienstarten die Regel ist, erfolgt die Umrechnung des Personalbedarfs laut Richtwert entsprechend folgender Beziehung:

$$\text{Vollkräfte} = \text{Vollkräfte lt. Richtwert} \times \frac{100-15}{100-\text{Ist-Ausfallquote}}$$

193) Vgl. Ministerium für Wirtschaft, Mittelstand und Technologie (Hrsg.): a.a.O., S.709ff.
194) $\frac{98.160 \text{ Minuten/Kraft/Jahr}}{15.000 \text{ Befunde/Jahr}} = 7 \text{ Minuten/Befund}$

stung „Befund" definiert ist (untersuchungsbezogen oder patientenbezogen), welche Schreibgeschwindigkeit (Anschläge/Minute) unterstellt wird und welcher Anteil der Arbeitszeit auf das Schreiben der Befunde und welcher Anteil auf sonstige Tätigkeiten (z.B. Ablage, Archivierung, Vervielfältigen, Unterschriften einholen) entfällt.

Mit diesem Beispiel wird auch deutlich, was es bedeutet, externe Vorgabewerte den betriebsindividuellen Gegebenheiten, hier insbesondere dem Umfang der Befunde und der Arbeitsverteilung, anzupassen.

Zu (3): Durchschnittlich belegte Betten/Kraft

Diese Kennzahl stellt in noch stärkerem Maße als Vorgabewerte im Sinne von Leistungen/Kraft und Jahr eine mittelbare Beziehung zwischen Leistungen, genauer gesagt zwischen einer Bezugsgröße als Maßgröße der Kostenverursachung, und dem Personalbedarf her.

Die Anwendung belegungsbezogener Richtwerte, der Anhaltszahlen, hatte bzw. hat vor allem im Pflegedienst und ärztlichen Dienst Bedeutung. Stellt man eine derartige Relation her, so geht man von der Annahme aus, daß ein „belegtes Bett" bestimmte pflegerische und ärztliche Leistungen verursacht. Eine Festlegung dieser Leistungen erfolgt weder nach Menge noch nach Qualität. Damit ist das Kernproblem der Anhaltszahlrechnung angesprochen, nämlich die Frage, was ist mit der Anhaltszahl abgegolten? Die Antwort auf diese Frage wiederum ist Voraussetzung für die Berücksichtigung betriebsindividueller Besonderheiten.

Auch heute noch basieren personalbedarfsrechnerische Ansätze im Krankenhaus auf den Anhaltszahlen der Deutschen Krankenhausgesellschaft aus dem Jahre 1969.

Trotz der Veränderungen bei den zu erbringenden Leistungen, die bedingt sind durch Entwicklungen im Bereich der Diagnostik und Therapie, führt eine **Personalbedarfsrechnung auf der Grundlage der Anhaltszahlen** zu durchaus brauchbaren Ergebnissen, da

- die individuellen diagnostischen und therapeutischen Leistungen eines Hauses bei der heutigen Ausgestaltung des personalbedarfsrechnerischen Ansatzes berücksichtigt werden.

  Für die operativen Fächer geschieht das in der Weise, daß der Personalbedarf für die operative Leistung entsprechend der tatsächlichen zeitlichen Bindung ermittelt wird.[195])

---

[195] Dies geschieht in Form der operierten Patienten, der durchschnittlichen OP-Dauer und des durchschnittlichen OP-Teams (Präsenzfaktor).

IV · Kostenplanung und Kostenkontrolle

In den konservativen Fächern werden neuere therapeutische und diagnostische Verfahren, deren Anwendung in 1969 noch nicht üblich war, personalbedarfsrechnerisch zusätzlich berücksichtigt.

Durch die auf diese Weise vorgenommene Fortschreibung der Leistungsentwicklung und Berücksichtigung des individuellen Leistungsspektrums beschränkt sich die belegungsbezogene Pauschalierung nur noch auf die Basisversorgung auf Station.

– die Anhaltszahlen im Hinblick auf die Arbeitszeitverkürzung linear fortgeschrieben wurden.

Diese Art der Fortschreibung basiert auf der Annahme, daß – um es anhand der Arbeitszeitverkürzung seit 1969 zu zeigen – die Leistungen, die früher während einer 47-Stunden-Woche erbracht wurden, heute in 38,5 Stunden erbracht werden.

Erhebungen hinsichtlich der zeitlichen Belastung z.B. des ärztlichen Dienstes haben gezeigt, daß diese Annahme an der Realität vorbeigeht. Das bedeutet, daß Leistungen, die personalbedarfsrechnerisch der Regelarbeitszeit zugeordnet werden, teilweise im Bereitschaftsdienst erbracht werden und damit nicht die Dimension Personalbedarf (gemessen in Vollkräften) betreffen, sondern die Inanspruchnahme eben dieser Bereitschaftsdienste, die sich in der Dimension DM auswirkt.

Insgesamt führen die Berücksichtigung der Leistungsentwicklung sowie die Art der linearen Fortschreibung der Anhaltszahlen um die Arbeitszeitverkürzung beim ärztlichen Dienst zu personalbedarfsrechnerischen Ergebnissen, die rund 30 – 50 % über dem Personalbedarf liegen, der sich laut Anhaltszahlrechnung „alter Fassung" ergibt, obwohl Teile der Leistungen, die früher der Regelarbeitszeit zugeordnet wurden, heute während des Bereitschaftsdienstes erbracht werden.

So wie sich Vorgabewerte in der Dimension Leistungen/Kraft und Jahr in Minuten/Leistung umrechnen lassen, so ist das auch möglich für die Anhaltszahlen. Im Pflegedienst z.B. wurde schon vor Inkrafttreten der Pflege-Personalregelung die bettenbezogene Anhaltszahl in Pflegeminuten/Patient und Tag umgerechnet. Die auf die 38,5-Stunden-Woche fortgeschriebene Anhaltszahl für die Innere Medizin (1 Arzt für 17 belegte Betten) bedeutet, daß arbeitstäglich für jeden Patienten durchschnittlich rund 24 Minuten[196]) zur Verfügung stehen.

---

196) $\dfrac{98.160 \text{ Minuten/Kraft/Jahr}}{250 \text{ Tage/Jahr} \times 17 \text{ Patienten/Kraft/Tag}} \times \dfrac{40 \text{ Stunden/Woche}}{38,5 \text{ Stunden/Woche}} = 24 \text{ Minuten/Patient}$

Kostenplanung und Kostenkontrolle · IV

Dieser Wert stellt, wie bereits festgestellt, einen „Grundwert" dar, über den hinaus neuere diagnostische und therapeutische Maßnahmen personalbedarfsrechnerisch zu berücksichtigen sind. Im Endergebnis führen Personalbedarfsermittlungen bei Anwendung einer sachgerechten Fortschreibung der Anhaltszahlrechnung zu ähnlichen Ergebnissen, wie sie auch mit arbeitswissenschaftlichen Methoden gewonnen wurden.[197])

Im Zusammenhang mit der Wertung der Anhaltszahlrechnung wurde darauf hingewiesen, daß nur die Leistungen einen Personalbedarf (gemessen in Vollkräften) begründen, die während der Regelarbeitszeit erbracht werden. Leistungen, die in die Zeit des Bereitschaftsdienstes fallen, wirken sich ausschließlich in der Dimension DM aus, da die Bereitschaftsdienste von den vorhandenen – personalbedarfsrechnerisch auch ermittelten – Kräften erbracht und zusätzlich vergütet werden.[198])

Um diesen Zusammenhang personalbedarfsrechnerisch berücksichtigen zu können, ist es erforderlich, von den insgesamt erbrachten Leistungen diejenigen abzuziehen, die dem Bereitschaftsdienst zuzuordnen sind. Soweit diese Differenzierung nicht im Rahmen der Leistungsrechnung vorgenommen wird, besteht ersatzweise die Möglichkeit, die Leistungen des Bereitschaftsdienstes näherungsweise über dessen Kapazität zu berechnen. Das sei anhand eines Beispiels aus der Röntgendiagnostik verdeutlicht:

Daten:
Istbesetzung: 7,0 Vollkräfte für Röntgenuntersuchungen
Bereitschaftsdienst, Stufe B: 126 Stunden/Woche

Berechnung der Leistungen im Bereitschaftsdienst:
Bei rund 6.640 Bereitschaftsdienststunden/Jahr (126 Stunden/Woche und zusätzliche Berücksichtigung der Wochenfeiertage), einer Inanspruchnahme des Bereitschaftsdienstes von 15 % (laut Erhebung zur Eingruppierung des Bereitschaftsdienstes) sowie einem geschätzten Effizienzfaktor von 80 %[199]) ergibt sich für den Bereitschaftsdienst folgende Kapazität:

6.640 Stunden/Jahr x 0,15 x 0,80 = 797 Stunden/Jahr.

---

197) Vgl.: Borzutzki, R.: Die Erarbeitung von Personalkennzahlen im Krankenhausbetrieb. Schriftenreihe der Deutschen Krankenhausgesellschaft, Bd.11, Köln 1983, S.126ff.
198) Soweit Bereitschaftsdienste nicht in Geld, sondern in Freizeit abgegolten werden, führt diese Form der Vergütung zu einem zusätzlichen Personalbdarf, in dem eine Lücke während der Regelarbeitszeit zu schließen ist. Die Zeiten, in denen Zeitausgleich für geleistete Bereitschaftsdienste gewährt wird, stellen keine Ausfallzeiten dar. Das ist besonders zu beachten, wenn es um die Ermittlung von Ausfallquoten und deren personalbedarfsrechnerische Berücksichtigung geht.
199) Aufgrund der spezifischen Bedingungen unter denen Leistungen im Bereitschaftsdienst erbracht und Arbeitszeiten im Bereitschaftsdienst gemessen werden, haben Arbeitsstunden während der Regelarbeitszeit und Arbeitsstunden während des Bereitschaftsdienstes nicht die gleiche Effizienz.

IV · Kostenplanung und Kostenkontrolle

Diese zeitliche Bindung entspricht 0,5 Vollkräften.[200] Die Gesamtkapazität beträgt damit:

7,0 Vollkräfte + 0,5 Vollkräfte = 7,5 Vollkräfte.

Der Kapazitätsanteil des Bereitschaftsdienstes beträgt:

$$\frac{0,5 \text{ Vollkräfte}}{7,5 \text{ Vollkräfte}} \times 100 = 7\%$$

Unter der Annahme, daß die Istbesetzung von 7 Vollkräften durch Leistungen begründet ist, und auch die Eingruppierung des Bereitschaftsdienstes den tatsächlichen Leistungen entspricht, wurden im vorliegenden Fall rund 7% der Leistungen im Bereitschaftsdienst erbracht. Umgekehrt bedeutet das, daß für die Personalbedarfsrechnung 93% der erbrachten Leistungen zu berücksichtigen sind.

Die leistungsbezogene Personalbedarfsrechnung betrifft, wie deutlich gemacht wurde, die Zeiten, die nicht durch Bereitschaftsdienst (Anwesenheitsbereitschaft oder Rufbereitschaft) abgedeckt werden. Die personalbedarfsrechnerischen Betrachtungen können sich jedoch nicht allein auf den durch die Leistungserbringung bedingten Personalbedarf beschränken, sondern haben gegebenenfalls zusätzlich Aspekte der Mindestbesetzung bzw. Dienstplangestaltung zu berücksichtigen.

Die **Mindestbesetzung** ist unabhängig von der Zahl der erbrachten Leistungen. Sie wird bestimmt durch:

– **Erfordernisse der Leistungsbereitschaft im Sinne einer Mindestkapazität.**

In diesem Sinne ist die Mindestbesetzung eines Leistungsbereiches der Einsatz eines Mitarbeiters bzw. einer Mitarbeiterin einer bestimmten Dienstart. Können die zu erbringenden Leistungen (z.B. Operationen) nicht von einer Person allein erbracht werden, so ist das bei der Mindestbesetzung entsprechend zu berücksichtigen. Liegt die Anzahl der einzusetzenden Personen fest, so ergibt sich der Personalbedarf durch Division der Präsenzstunden/Jahr durch die Jahresarbeitszeit einer Vollkraft. Sind beispielsweise 24 Stunden eines jeden Tages zwei Personen dienstplanmäßig anwesend, so resultiert hieraus folgender Personalbedarf:

$$\frac{24 \text{ Stunden/Kraft} \times 2 \text{ Kräfte/Tag} \times 365 \text{ Tage/Jahr}}{1636 \text{ Stunden/Kraft/Jahr}} = 10,7 \text{ Kräfte}$$

Beträgt dabei die tatsächliche Ausfallquote 20% anstelle der in der Jahresarbeitszeit berücksichtigten 15%, so erhöht sich der Personalbedarf auf:

$$10,7 \text{ Kräfte} \times \frac{85}{80} = 11,4 \text{ Kräfte}$$

---

200) $\frac{797 \text{ Stunden/Jahr}}{1636 \text{ Stunden/Kraft/Jahr}} = 0,5$ Vollkräfte

Eine Mindestbesetzung im beschriebenen Sinne ist nicht zu verwechseln mit der Besetzung, die aufgrund der zu erbringenden Leistungen „mindestens" für erforderlich gehalten wird. Eine Abgrenzung, die in der praktischen Arbeit immer wieder zu Mißverständnissen führt.

Hinsichtlich der Personalbedarfsrechnung wird deutlich gemacht, daß die Betriebsleistungen einer Kostenstelle Ausgangspunkt der Personalbedarfsrechnung sind. Die Betriebsleistungen ihrerseits sind in weiten Bereichen aus den Marktleistungen abgeleitet. Für die Personalbedarfsrechnung bedeutet das, daß grundsätzlich gleichartige Betriebsleistungen dann getrennt personalbedarfsrechnerisch zu bewerten sind, wenn sie unterschiedliche Marktleistungen betreffen. Das gilt insbesondere für die operativen Leistungen, die über Sonderentgelte und/oder Fallpauschalen[201]) vergütet werden. Diese Differenzierung ist die Voraussetzung für eine nach Kostenträgern (Vergütungsformen) differenzierte Kostenplanung und Kostenkontrolle.

- **Tarifrechtliche Vorschriften hinsichtlich der organisatorischen Gestaltung von Bereitschaftsdiensten.**

  Je nach Eingruppierung der Bereitschaftsdienste sind pro Mitarbeiter bzw. Mitarbeiterin monatlich nur eine bestimmte Anzahl von Diensten zulässig. Liegt diese Grenze beispielsweise bei 6 Diensten, so bedeutet das bei durchschnittlich 30 Tagen/Monat den Einsatz von 5 Mitarbeitern bzw. Mitarbeiterinnen, der unabhängig vom Umfang der erbrachten Leistungen vorzusehen ist.

Der Personalbedarf insgesamt wird bestimmt durch die zu erbringenden Leistungen und der Dienstplangestaltung. Der Personalbedarf wird in **Vollkräften** ausgedrückt, einem abstrakten Kapazitätsbegriff, der nicht identisch ist mit Personen.[202])

2.2.3.2 Planung der Kosten des Personaleinsatzes

Die Kosten des Einsatzes von Produktionsfaktoren ergeben sich als Produkt aus Menge und Preis.

Die Mengenkomponente der Personalkosten liefert die Personalbedarfsrechnung. Die Preiskomponente ergibt sich aus den tarifrechtlichen Bestimmungen über die Vergütung der eingesetzten Mitarbeiter, wie sie insbesondere im Bundesangestelltentarifvertrag (BAT) und den Richtlinien für Arbeitsverträge in den Einrichtungen des Deutschen Caritasverbandes (AVR) festgelegt sind. Diese Tarife regeln nicht nur die Vergütung der regelmäßigen Arbeitszeit, sondern auch die für geleistete Bereitschaftsdienste zu zahlenden Vergütungen.

---

201) Für die Kalkulation von Fallpauschalen ist eine patientenbezogene Differenzierung auch für die übrigen medizinischen Institutionen (z.B. Röntgen, Labor) erforderlich.
202) Im Gegensatz zu Stellenplänen werden daher Ergebnisse der Personalbedarfsrechnung rechnerisch genau angegeben. Dezimalstellen hinter dem Komma finden sich im übrigen auch bei den Ist-Besetzungen und sind durch Teilzeitarbeit, Fluktuation, Überstunden und dergleichen bedingt.

IV · Kostenplanung und Kostenkontrolle

Im Hinblick auf die Personalkosten insgesamt sind die an den einzelnen Mitarbeiter zu zahlenden Vergütungen nur eine Komponente. Darüber hinaus sind die Personalnebenkosten entsprechend der Differenzierung der Aufwandsarten laut KHBV und unter Beachtung der einschlägigen Vorschriften und Gesetze zu berücksichtigen.

Im Hinblick auf Kostenverursachung und Kostenkontrolle sollte dabei unterschieden werden zwischen Kosten der Regelarbeitszeit und Kosten der Bereitschaftsdienste.[203]

2.2.3.3 Dienstplangestaltung und Personalkosten

In den Leistungsbereichen bzw. Kostenstellen, in denen die Leistungsbereitschaft über einen längeren Zeitraum als die regelmäßige tarifliche Arbeitszeit sicherzustellen ist, stellt sich die Frage, welche Zeiten durch Regelarbeitszeit und welche Zeiten durch Bereitschaftsdienst abzudecken sind.

Die obigen Ausführungen haben deutlich gemacht, daß diagnostische und therapeutische Leistungen, die insbesondere durch den ärztlichen Dienst, den medizinisch-technischen Dienst und den Funktionsdienst erbracht werden,[204] sich nicht auf die regelmäßige Arbeitszeit von 38,5 Stunden/Woche beschränken. Die Auswertungen von Bereitschaftsdienstaufzeichnungen, die zur Eingruppierung der Bereitschaftsdienste durchgeführt werden, zeigen, daß die ersten Stunden des Bereitschaftsdienstes oft durch eine 80–100 %ige Arbeitsbelastung gekennzeichnet sind.

In einer derartigen Situation führt eine Ausdehnung der durch Anwesenheit abgedeckten Zeiten zu einer Reduzierung der Bereitschaftsdienststufe und damit bei konstantem Leistungsvolumen zu insgesamt niedrigeren Personalkosten.

Die Zusammenhänge zwischen der zeitlichen Verteilung des Arbeitsanfalles und der Dienstplangestaltung mit dem damit verbundenen Optimierungsproblem zwischen Personalbedarf und Kapazität der Bereitschaftsdienste werden in der Krankenhauspraxis zunehmend erkannt und berücksichtigt.

2.2.4 Planung der Sachkosten

2.2.4.1 Leistungsbezogene Kostenplanung

Ein Blick auf die Struktur der Sachkosten[205] zeigt, daß 50 % der Sachkosten auf den medizinischen Bedarf entfallen und jeweils weitere rd. 10 % auf Lebensmittel, Wirtschaftsbedarf und Instandhaltung.

---

203) Vgl. Abschnitt III.1.2.2
204) Im Pflegedienst wird generell rund um die Uhr gearbeitet, so daß sich hier die Entscheidung „Regelarbeitszeit oder Bereitschaftsdienst" nicht stellt.
205) Vgl. Abschnitt III.1.2.3

Kostenplanung und Kostenkontrolle · IV

Damit entfallen rd. 80% der Sachkosten auf vier Kostenartengruppen, von denen die Instandhaltung und der Wirtschaftsbedarf in wesentlichem Umfang Fremdleistungen beinhalten. Beim Wirtschaftsbedarf sind dies insbesondere die Kosten der Gebäudereinigung sowie die Wäschereinigung, sofern diese Leistungen nicht als Eigenleistungen erbracht werden.

Im Hinblick auf die Planung der Sachkosten ist entscheidend, ob diese im wesentlichen leistungsbezogen anfallen, es sich also um variable Kosten handelt, oder ob sie überwiegend zeitraumbezogen entstehen und insofern Fixkostencharakter haben.

Die Kostenplanung muß je Kostenstelle differenziert nach Kostenarten erfolgen. Das Leistungsprogramm eines Betriebes ist dabei weniger entscheidend für die Kostenplanung als vielmehr die Möglichkeit für die Aktivitäten der einzelnen Kostenstellen Bezugsgrößen als Maßgrößen der Kostenverursachung zu finden.[206] Dieser grundsätzliche Hinweis ist für Krankenhäuser deswegen von Bedeutung, weil er zeigt, daß die Möglichkeiten der Kostenplanung und damit auch der Kostenkontrolle eben nicht vom Differenzierungsgrad des Leistungsprogrammes im Sinne der Kostenträgerrechnung abhängt. Das bedeutet, daß die Frage der Wirtschaftlichkeit der Leistungserbringung nicht dadurch bestimmt wird, ob man die Krankenhausbehandlung als „patientenbezogene Einzelfertigung" auffaßt und abrechnet, oder die erbrachten Leistungen den Patienten bzw. den Krankenkassen mit dem abrechnungstechnischen Kostenträger Pflegetag/Pflegesatz in Rechnung stellt.

Ist für eine Kostenstelle und Kostenart die **Bezugsgröße** grundsätzlich festgelegt, so ist in einem zweiten Schritt die **Planbezugsgröße,** d.h. die mengenmäßige Ausprägung für die Bezugsgröße im Planungszeitraum zu bestimmen.

Die Planung von Menge bzw. Wert der einzusetzenden Produktionsfaktoren muß insbesondere bei den Artikeln des medizinischen Bedarfs in enger Zusammenarbeit mit den verantwortlichen Kostenstellenleitern bzw. den von diesen mit der Kostenplanung beauftragten Mitarbeitern erfolgen.

Das Verfahren der leistungsbezogenen Planung der Sachkosten wird im folgenden beispielhaft anhand der Lebensmittelkosten und einigen Kostenarten innerhalb des medizinischen Bedarf (Arzneimittel, OP-Bedarf, Röntgenbedarf) skizziert, um die Planungsschritte und die damit verbundenen Entscheidungen deutlich zu machen.

(a) Lebensmittel

Bezugsgröße für die Planung der Kosten für Lebensmittel sind die Beköstigungstage.[207]

---

206) Vgl. Kilger, W.: a.a.O., S.312
207) Vgl. Abschnitt III.2.2.4.3

IV · Kostenplanung und Kostenkontrolle

Da Beköstigungen vor allem für Patienten erbracht werden, sind zunächst die Beköstigungstage für Patienten zu planen. Ausgangspunkt hierfür ist die Belegungsplanung mit der Information „Pflegetage".

In vielen Fällen ist es ausreichend, die Zahl der Pflegetage und die Zahl der Beköstigungstage für Patienten gleichzusetzen. Die Genauigkeit der Planung der Planbezugsgröße (geplante Beköstigungstage) wird erhöht, wenn man die Tage, an denen Patienten nicht mit Lebensmitteln von der Küche verpflegt werden (z.B. Tag der Operation, Aufenthalt auf der Intensivstation) in einem gesonderten Planungsschritt ermittelt und von der Zahl der Pflegetage abzieht.

Da Diätverpflegung grundsätzlich aufwendiger ist, sind die Diätbeköstigungstage entsprechend zu gewichten.[208])

Die **Beköstigungstage für Patienten** ergeben sich demnach aus der Summe der Beköstigungstage mit Normalkost und den mit einem Gewichtungsfaktor multiplizierten Beköstigungstagen mit Diätkost.

Die **Beköstigungstage für Mitarbeiter** und Dritte werden anhand der bisherigen Beköstigungstage unter Berücksichtigung erkennbarer Veränderungen geplant.

Liegt die Planbezugsgröße (geplante gewichtete Beköstigungstage) fest, so wird diese mit den geplanten Kosten pro Beköstigungstag multipliziert, um die geplanten Lebensmittelkosten für den Planungszeitraum zu erhalten. Der Faktor „DM/Beköstigungstag", der die Verbindung herstellt zwischen der Planbezugsgröße und den daraus abgeleiteten Kosten wird vor allem durch den Speiseplan und die Einkaufspreise der Lebensmittel bestimmt.[209])

Da die Lebensmittel im einzelnen keine hochwertigen Artikel darstellen, wird bei der Kostenplanung auf eine getrennte Mengen- und Preisplanung verzichtet.

(b) Arzneimittel

Arzneimittel werden vor allem auf den Stationen und im OP-Bereich verbraucht.

Die Frage, ob für den Arzneimittelverbrauch die Pflegetage oder die Fallzahl Bezugsgröße für die Kostenverursachung ist, stellt sich nur beim Arzneimittelverbrauch auf den Stationen. Bezugsgröße im OP-Bereich ist die Zahl der ope-

---

208) In der Personalbedarfsrechnung wird davon ausgegangen, daß der Aufwand für einen Diätbeköstigungstag bis zu 50 % höher ist. Dieser Wert stellt für personalbedarfsrechnerische Überlegungen eine Obergrenze dar und kann nicht ungeprüft für den Lebensmitteleinsatz übernommen werden. Die Frage der Gewichtung der Diätkost gegenüber der Normalkost wird wesentlich durch die Art der Diät beeinflußt und sollte betriebsindividuell in Zusammenarbeit mit der Küchenleitung festgelegt werden.
209) In den Einkaufspreisen spiegeln sich nicht nur Marktverhältnisse und Einkaufsverhalten des Küchenleiters wider, sondern auch der Vorfertigungsgrad der eingekauften Lebensmittel. Die Möglichkeit, bestimmte Lebensmittel mit unterschiedlichem Vorfertigungsgrad einzukaufen (z.B. Kartoffeln, Fleisch, Nachspeisen) wirkt sich auf die Preise dieser Artikel aus und hat außerdem Einfluß auf den Personalbedarf. Das heißt, es besteht innerhalb bestimmter Grenzen eine Substitutionsmöglichkeit zwischen Eigenleistung und einem höheren Vorfertigungsgrad, der eine Fremdleistung darstellt und sich in höheren Einkaufspreisen niederschlägt.

Kostenplanung und Kostenkontrolle · IV

rierten Patienten. Die Planbezugsgröße ergibt sich dabei aus der Fallzahl der operativen Abteilungen unter Berücksichtigung der OP-Dichte. Es gilt die Beziehung:

operierte Patienten = Fallzahl x OP-Dichte

Auch der **Arzneimittelverbrauch** auf den Stationen wird primär durch die Zahl der behandelten Patienten (Fallzahl) bestimmt. Bei gegebener Verweildauer ist es jedoch möglich und aus Gründen der Kostenkontrolle auch angezeigt, die Bezugsgröße Fallzahl durch die Bezugsgröße Pflegetage zu ersetzen.

Die Bezugsgröße Fallzahl oder Zahl der operierten Patienten ist nur bei gegebener Patientenstruktur und gegebenen Behandlungsmethoden direkte Bezugsgröße. Eine Analyse des Verbrauchs an Arzneimitteln setzt folglich bei Art und Anzahl der Therapien an, die den Arzneimittelverbrauch nach Menge und Struktur (Differenzierung nach Indikationsbereichen) begründen. Als weitere Einflußgröße sind die Therapiegewohnheiten des jeweiligen Arztes (Indikationsstellung für eine bestimmte Therapie und Dauer der Therapie) zu nennen.

Diese Zusammenhänge machen die Komplexität der Kostenplanung beim Arzneimittelverbrauch deutlich. Da sich der Aufwand im Zusammenhang mit der Kostenplanung in einem angemessenen Kosten-Nutzen-Verhältnis zum erreichbaren Ergebnis bewegen muß, beschränkt man sich auf die Bezugsgröße Patient und legt – bezogen auf den Planungszeitraum – einen Durchschnittswert pro Patient zugrunde.[210] Lediglich Patientengruppen (Fallgruppen) mit hohem spezifischen Arzneimittelaufwand (z.B. Chemotherapie, Therapie von Gerinnungsstörungen) werden hinsichtlich des fallbezogenen Arzneimittelaufwandes besonders geplant und kontrolliert. Das gilt künftig auch für die Patientengruppen, die über Fallpauschalen abgerechnet werden.

Da die Kostenplanung, wie bereits festgestellt, differenziert nach Kostenstellen und Kostenarten zu erfolgen hat, werden mit dem beschriebenen Verfahren auch die Anforderungen, die die künftigen Entgeltformen (Fallpauschalen, Sonderentgelte, Abteilungspflegesätze) an die Kostenplanung und Kostenkontrolle stellen, erfüllt.[211]

Die Arzneimittel haben generell den Charakter von Kostenträgereinzelkosten, da sie sich grundsätzlich patientenbezogen erfassen und zuordnen lassen. Insofern ist Bezugsgröße für die Kostenverursachung der Kostenträger (Patient) selbst.

---

210) Diese Vorgehensweise entspricht dem Verfahren der Kostensatz-Schätzung, vgl. Abschnitt IV.2.2.1
211) Das Verfahren der Kostenplanung läßt sich dadurch verfeinern, daß die Kostenart Arzneimittel weiter differenziert wird nach Indikationsbereichen. Eine getrennte Mengen- und Preisplanung dagegen ist unter Berücksichtigung von Kosten-Nutzen-Überlegungen nur in Ausnahmefällen angezeigt.

IV · Kostenplanung und Kostenkontrolle

Für den Differenzierungsgrad der Planung bedeutet das, daß er bestimmt wird durch den Differenzierungsgrad der Kostenträger bzw. der Vergütungsformen im Krankenhaus.

Bei der Kostenplanung ist dabei klar zu unterscheiden ob die Kosten einer Kostenstelle (hier: die Arzneimittelkosten) für alle Patienten insgesamt oder differenziert nach den in den Vergütungsformen vorgesehenen Patientenkategorien geplant werden.

Im ersten Fall wird die Planbezugsgröße (Fallzahl einer Kostenstelle) mit den geplanten Kosten in der Dimension DM/Fall multipliziert. Im zweiten Fall wird sowohl die Planbezugsgröße als auch der geplante Arzneimittelverbrauch pro Fall differenziert nach Patientenkategorien geplant.

Eine derart differenzierte Planung ist nur dann möglich und sinnvoll, wenn die laufende Kostenerfassung den gleichen Differenzierungsgrad aufweist; denn nur dann ist eine Kostenkontrolle mit entsprechender Abweichungsanalyse möglich.

Planung, Kontrolle und Steuerung des Arzneimittelverbrauchs gehören zu den schwierigsten Aufgaben im Krankenhaus. Das gilt insbesondere für Allgemeinkrankenhäuser, wo in einer Vielzahl von Fachabteilungen die unterschiedlichsten Krankheiten diagnostiziert und therapiert werden. Ansätze zur Entwicklung von Standardtherapieprogrammen finden sich derzeit nur in Fachkliniken bzw. bei Therapien, die bei einer relativ homogenen Patientenstruktur häufig zum Einsatz kommen.

(c) OP-Bedarf

Bezugsgröße für die Planung der Kosten des OP-Bedarfs ist, wie bei den Arzneimitteln, die Zahl der Patienten, genauer gesagt, der operierten Patienten.

Will man die Beziehung zwischen der Zahl der operierten Patienten und den Kosten des OP-Bedarfs transparent machen, so ist es unverzichtbar, innerhalb des OP-Bedarfs bestimmte Artikelgruppen zu differenzieren.[212] Das bedeutet, daß für jede dieser Kostenarten innerhalb des OP-Bedarfs eine getrennte Kostenplanung erfolgt.

Erst diese Differenzierung macht es möglich, nicht nur Vergangenheitswerte in der Dimension DM/operierter Patient fortzuschreiben, sondern den mengen- und wertmäßigen Verbrauch einer Analyse zu unterziehen, die Grundlage der Kostenplanung ist.

Aufgrund der Vielzahl der Artikel muß sich die Differenzierung der Kostenarten auf die hinsichtlich des wertmäßigen Verbrauches wichtigsten Artikel bzw. Artikelgruppen beschränken. Die übrigen sind unter einer Postition „Sonstiges" zusammenzufassen.

---

212) Auf die weitere Differenzierung von Kostenarten zum Zwecke der Kostenkontrolle wurde in Abschnitt III.1.2.3 bereits hingewiesen.

Wie bei den Arzneimitteln soll auch beim OP-Bedarf und anderen Artikeln des medizinischen Bedarfs eine differenzierte Planung eine entsprechende Kontrolle ermöglichen. Das bedeutet, daß der Differenzierungsgrad der Planung nicht höher sein kann als die Differenzierung in der Kostenerfassung bzw. Kostenzuordnung. Dieser Hinweis bezieht sich nicht nur auf den Differenzierungsgrad innerhalb der Kostenarten (hier des OP-Bedarfs), sondern auch hinsichtlich der Patientengruppen bzw. hinsichtlich der Vergütungsformen der Krankenhausleistungen.

(d) Röntgenbedarf

Bezugsgröße für die Planung der Kosten des Röntgenbedarfs sind die Ergebnisse der Leistungsplanung (Patienten, Untersuchungen, Aufnahmen). Die in Abschnitt III.2.2.4.2 angestellten Überlegungen haben gezeigt, daß die geeignete Bezugsgröße für die Röntgendiagnostik die Anzahl der Untersuchungen in der Definition der GOÄ ist, da sie nicht nur die Zahl der Untersuchungen angibt, sondern auch zumindest grobe Hinweise auf die Anzahl der Aufnahmen pro Untersuchung.

Die Bewertung der Untersuchungen mit Punkten laut GOÄ jedoch ist eine Verrechnungsbezugsgröße (indirekte Bezugsgröße), die für die Kostenplanung nicht geeignet ist.[213])

Die Bezugsgröße für die Planung der Kosten des Röntgenbedarfs hängt davon ab, ob die Kosten des Röntgenbedarfes insgesamt geplant werden oder ob innerhalb des Röntgenbedarfs eine weitergehende Kostenartengliederung vorgenommen wird (z.B. Filme, Kontrastmittel, Katheter und Führungsdrähte, sonstiger Röntgenbedarf). Für die gesonderte Planung der Filmkosten z.B. ist die direkte Bezugsgröße die Anzahl der Aufnahmen, während Bezugsgröße für den Kontrastmittel- und Katheterverbrauch die Anzahl der Untersuchungen einer bestimmten Art sind.

Für eine aussagefähige Kostenplanung, die Grundlage der Kostenkontrolle sein kann, ist beim Röntgenbedarf eine weitere Differenzierung der Kosten zu empfehlen, da die Artikel innerhalb des Röntgenbedarfs so unterschiedlich sind, daß eine aussagefähige Kostenkontrolle nur schwer möglich ist. Zur Vereinfachung des Planungsverfahrens kann dabei für die Planung der Filmkosten anstelle der Aufnahmen ersatzweise von der Zahl der Untersuchungen ausgegangen werden. Bindeglied zwischen beiden Größen ist die durchschnittliche Anzahl von Aufnahmen/Untersuchung.

Der Röntgenbedarf ist ein Beispiel dafür, wie unter einer Kostenart Artikel zusammengefaßt werden, die ihrem Wesen nach sowohl den Charakter von Kostenträgereinzelkosten haben (Filme, Kontrastmittel und Katheter) als auch von Artikeln, die als Kostenträgergemeinkosten anzusehen sind (z.B.

---

213) Vgl. Kilger, W.: a.a.O., S.316

IV · Kostenplanung und Kostenkontrolle

Entwickler). Die fehlende Differenzierung in Kostenträgereinzelkosten und Kostenträgergemeinkosten ist typisch für die Kostenrechnung der Krankenhäuser, bei der alle Kosten über die Kostenstellenrechnung geleitet werden.[214])

2.2.4.2 Zeitraumbezogene Kostenplanung

Bei den Sachkostenarten, die zeitraumbezogen geplant werden, handelt es sich um solche Kosten, die von der Beschäftigung unabhängig sind. Sie können durch die Betriebsgröße bestimmt sein (z.b. Gebäudereinigung, Heizkosten) oder dispositionsbestimmt (z.b. Beratungsleistungen, Instandhaltung).

Bei einer zeitraumbezogenen Kostenplanung gibt es keine Bezugsgröße im Sinne der Plankostenrechnung. Soweit derartige Kosten im Rahmen der Kostenstellenrechnung, z.b. anhand der Nutzflächen (qm), weiter verrechnet werden, handelt es sich hierbei nicht um eine Bezugsgröße, sondern lediglich um eine Verteilungsgrundlage für die Weiterverrechnung fixer Kosten.[215])

2.2.5 Bereitschaftskosten und Leistungskosten

Die bisherigen Überlegungen im Zusammenhang mit der Planung der Personal- und Sachkosten haben sich darauf konzentriert, die Kosten für die Planbezugsgröße (Planbeschäftigung) differenziert nach Kostenstellen und, innerhalb der jeweiligen Kostenstelle, differenziert nach Kostenarten zu ermitteln.

Ziel einer **flexiblen Plankostenrechnung** ist es jedoch, nicht nur Plankosten für die Planbeschäftigung, sondern eine Sollkostenfunktion vorzugeben, anhand derer sich für jede beliebige Beschäftigung die Sollkosten ermitteln lassen.

Erst die Kenntnis der Sollkostenfunktion macht deutlich, in welchem Ausmaß eine kostenmäßige Anpassung an Beschäftigungsschwankungen während des Planungszeitraums möglich ist.

In der einstufigen analytischen Kostenplanung werden Sollkosten in der Weise ermittelt, daß die für die Planbeschäftigung geplanten Kosten in ihre fixen und variablen Bestandteile zerlegt werden.[216])

Diese Aufteilung der Plankosten in fixe und variable Bestandteile wird als **Kostenauflösung** bezeichnet.[217]) Hierfür stehen folgende Verfahren zur Verfügung:

(1) buchtechnische Kostenauflösung,
(2) mathematische Kostenauflösung,
(3) planmäßige Kostenauflösung.

---

214) Hierzu ist festzustellen, daß auch in Industriebetrieben zunehmend Kostenträgereinzelkosten zu Zwecken der Kostenkontrolle über die Kostenstellenrechnung geleitet werden. Vgl. Kilger, W.: a.a.O., S.231, 656.
215) Vgl. Kilger, W.: a.a.O., S.330
216) In der mehrstufigen analytischen Kostenplanung werden für verschiedene Beschäftigungsstufen Plankosten ermittelt und zu einer Sollkostenfunktion entwickelt. Heute wird dieses Verfahren nur noch selten angewandt, da es bei Annahme linearer Sollkostenfunktionen ausreicht, für die Planbeschäftigung Kosten zu planen. Vgl. Kilger, W.: a.a.O, S.348f.
217) Vgl. Kilger, W.: a.a.O., S.351

Kostenplanung und Kostenkontrolle · IV

Zu (1): Buchtechnische Kostenauflösung

Die buchtechnische Kostenauflösung ist vom Grundsatz her ein Verfahren der Istkostenrechnung. Dabei werden die Buchungsbelege für jede einzelne Kostenart daraufhin untersucht, inwieweit sich die Kosten den fixen und variablen Kosten zuordnen lassen. Dieses Verfahren ist „für die Kostenplanung ungeeignet, da sich viele Kostenarten nicht alternativ den fixen oder proportionalen Kosten zuordnen lassen, sondern Bestandteile beider Kostenkategorien enthalten."[218])

Zu (2): Mathematische Kostenauflösung

Die mathematische Kostenauflösung geht auf Schmalenbach zurück. Hierbei werden für zwei Beschäftigungsgrade die jeweils angefallenen Gesamtkosten ermittelt. Die Differenz der Gesamtkosten wird dann durch die Differenz der Beschäftigungsgrade dividiert. Diese Größe hat Schmalenbach als proportionalen Satz bezeichnet, der die variablen Kosten je Leistungseinheit darstellt.

Die Kostenauflösung unter Verwendung des proportionalen Satzes zeigt Abb. 50. Dabei gilt:

$$\text{proportionaler Satz} = \frac{K_2 - K_1}{B_2 - B_1}$$

Die mathematische Kostenauflösung hat den Nachteil, daß sie von Istkosten ausgeht und daher für die analytische Kostenplanung ungeeignet ist.[219])

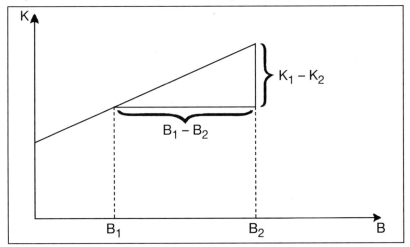

Abb. 50: Kostenauflösung unter Verwendung des proportionalen Satzes

---
218) Kilger, W.: a.a.O., S.352
219) Vgl. Kilger, W.: a.a.O., S.352

IV · Kostenplanung und Kostenkontrolle

Zu (3): Planmäßige Kostenauflösung

Bei der planmäßigen Kostenauflösung „geht man so vor, daß diejenigen Plankosten den fixen Kosten zugeordnet werden, die auch dann noch anfallen sollen, wenn die Beschäftigung einer Kostenstelle gegen Null tendiert, die Betriebsbereitschaft zur Realisierung der Planbezugsgröße aber beibehalten wird."[220])

Das Ergebnis der planmäßigen Kostenauflösung hängt wesentlich vom Planungszeitraum ab oder anders formuliert, vom Fristigkeitsgrad der Kostenplanung.

Von planmäßiger Kostenauflösung wird deswegen gesprochen, „weil wegen der Dispositionsbestimmtheit vieler Kostenarten eine betriebswirtschaftlich sinnvolle Aufteilung in fixe und proportionale Kosten stets nur in Verbindung mit einer Kostenplanung möglich ist."[221])

Entscheidend für das Verständnis der planmäßigen Kostenauflösung ist der Hinweis, daß dabei nicht festgelegt wird, wie sich die Kostenarten verhalten werden, sondern wie sie sich unter Zugrundelegung bestimmter Dispositionen bzw. Dispositionsmöglichkeiten verhalten sollen.[222]) Das bedeutet, daß eine Trennung der Kosten in fixe und variable Bestandteile nur im Rahmen der Kostenplanung möglich ist; denn mit dieser Trennung sollen zukunftsbezogen Anpassungsmöglichkeiten an Beschäftigungsänderungen aufgezeigt werden, die wiederum, wie bereits festgestellt, vom Planungszeitraum abhängen.

Eichhorn nennt „bei kurzfristiger Betrachtungsweise" folgende Durchschnittswerte fixer und variabler Kosten im Krankenhaus:

Kostenarten	davon in %	
	fixe Kosten	variable Kosten
Personalkosten	98	2
Lebensmittel	30	70
Medizin.Bedarf	5	95
Wasser,Energi Brennstoffe	95	5
Wirtschaftsbedarf	90	10
Steuern, Abgaben Versicherungen	100	–
Vorhaltungskosten Finanzierungs– kosten	10	–
Gesamtkosten	80	20

Abb. 51: *Fixe und variable Kosten im Krankenhaus*[223])

---

220) Kilger, W.: a.a.O., S.352
221) Kilger, W.: a.a.O., S.352. Auf den engen Zusammenhang zwischen Kostenplanung und Kostenauflösung weist auch Haberstock hin. Vgl. Haberstock, L.: Kostenrechnung II, a.a.O., S.231
222) Vgl. Kilger, W.: a.a.O, S.352
223) Vgl. Eichhorn, S.: Krankenhausbetriebslehre, Bd.II, 3. Aufl., Stuttgart 1976, S.149

Kostenplanung und Kostenkontrolle · IV

Ähnliche Relationen hat auch Tauch veröffentlicht.[224])

Die Personalkosten, die im Krankenhaus zwischen 65 und 70% der budgetfähigen Kosten ausmachen, werden von beiden Autoren den fixen Kosten (Eichhorn zu 98%, Tauch zu 100%) zugeordnet. Da der Anteil der fixen Kosten jedoch nicht nur von der Fristigkeit der Planung abhängt, sondern darüber hinaus dispositionsbestimmt ist, bestimmen die Dispositionsmöglichkeiten und deren Realisierung den Anteil der fixen Kosten.

Für die Personalkosten nennt Kilger[225]) folgende Möglichkeiten zur Anpassung an Beschäftigungsschwankungen:

Bei **rückläufiger Beschäftigung:**

- Abgabe von Arbeitskräften an andere Kostenstellen,
- Beantragung von Kurzarbeit,
- Verzicht auf den Ersatz ausscheidender Arbeitskräfte,
- Entlassung von Arbeitskräften.

Bei **steigender Beschäftigung:**

- Übernahme von Arbeitskräften von anderen Kostenstellen,
- Einsatz von Überstunden und Zusatzschichten,
- Verlängerung von Arbeitsverhältnissen,
- Einstellung neuer Arbeitskräfte.

Der **Austausch von Arbeitskräften** zwischen verschiedenen Kostenstellen setzt gegenläufige Beschäftigungsschwankungen voraus und ist nur möglich, wenn die Qualifikation der Mitarbeiter einen derartigen Austausch zuläßt.

Aufgrund der besonderen Beschäftigungsbedingungen im Krankenhaus kommt **Kurzarbeit** hier nicht in Frage.

Soll der mögliche **Verzicht auf den Ersatz ausscheidender Mitarbeiter** im Rahmen der Personalkostenplanung bzw. Kostenaufspaltung berücksichtigt werden, so sind hierfür Informationen über den Altersaufbau und die Fluktuationsrate erforderlich.

Für das Krankenhaus sind die genannten Anpassungsmöglichkeiten zu ergänzen, um die **Wahlmöglichkeit bei der Vergütung von Bereitschaftsdiensten** (Vergütung in Geld oder Freizeit) sowie die **Auswirkungen von Dienstplanänderungen** im Hinblick auf eine Verschiebung zwischen Kosten der Regelarbeitszeit und Kosten der Bereitschaftsdienste.

---

224) Vgl. Tauch, J.G.: Entscheidungsorientiertes Informations- und Berichtswesen, 3. Fallbeispiel: Entscheidungsortientiertes Informations- und Berichtswesen in: Eichhorn, S. (Hrsg.): Handbuch Krankenhaus-Rechnungswesen, 2. Aufl., Wiesbaden 1988, S.560
Tauch gibt, wie das teilweise auch von anderen Betrieben getan wird, durch Variatoren an, wieviel Prozent der Kosten proportional zur Beschäftigung sind.
Der Variator wird für jede Kostenart einer Kostenstelle festgelegt und bringt zum Ausdruck, um wieviel sich die Kostenhöhe ändert, wenn die Beschäftigung um 10 % variiert. Kilger vertritt die Auffassung, daß die Beschäftigungsabhängigkeit der Variatoren sie als Kennziffern für die Kostenauflösung unbrauchbar macht. Vgl. Kilger, W.: a.a.O., S.353
225) Vgl. Kilger, W.: a.a.O., S.357

IV · Kostenplanung und Kostenkontrolle

In beiden Fällen ist es unter Beachtung tarifrechtlicher Vorschriften möglich, bei gegebener Mitarbeiterzahl die Personalkosten innerhalb bestimmter Grenzen an eine rückläufige Beschäftigung anzupassen.

In welchem Umfang die genannten Anpassungsmöglichkeiten wirksam werden bzw. wirksam werden können, hängt nicht nur von der Fristigkeit der Kostenplanung, sondern auch von der Anzahl der Arbeitskräfte je Kostenstelle ab. Je geringer die Anzahl der Mitarbeiter einer bestimmten Dienstart je Kostenstelle ist, desto geringer sind in der Regel die Anpassungsmöglichkeiten über Fluktuation und Dienstplangestaltung. Erfordernisse der Dienstplangestaltung (Mindestbesetzungen) begrenzen zusätzlich die mögliche Anpassung an eine rückläufige Beschäftigung.

Die am Beispiel der Personalkosten aufgezeigten Anpassungsmöglichkeiten an Beschäftigungsschwankungen machen deutlich, daß es „naturgegebene" Fixkostenanteile für bestimmte Kostenarten nicht gibt. Zwar sind Tendenzaussagen, welcher Kostenkategorie eine Kostenart überwiegend zuzuordnen ist, möglich, eine für die Kostenplanung verwertbare Aussage ist nur jedoch auf den Einzelfall bezogen möglich, wobei nochmal darauf hinzuweisen ist, daß durch die Kostenauflösung nicht festgelegt wird, wie sich die Kostenarten verhalten werden, sondern wie sie sich unter Berücksichtigung der vorhandenen Dispositionsmöglichkeiten verhalten sollen. Diese Aussage macht auch deutlich, daß die Anpassung von Kosten an Beschäftigungsschwankungen Entscheidungen und das Umsetzen von Entscheidungen in konkrete Maßnahmen verlangt. Derartige Anpassungen erfolgen nicht „automatisch".

3. Kostenkontrolle

Hauptaufgabe der Plankostenrechnung im Krankenhaus ist die Kostenkontrolle, die in der Kostenstellenrechnung stattfindet, nicht in der Kostenträgerrechnung.

Wie bei der Kostenplanung, so wirkt sich auch bei der Kostenkontrolle eine Besonderheit der Kostenrechnung im Krankenhaus aus, nämlich der Verzicht auf eine Differenzierung in Kostenträgereinzelkosten und Kostenträgergemeinkosten. Insofern wird bei der Kostenkontrolle ebensowenig wie bei der Kostenplanung differenziert in Kostenträgereinzelkosten und Kostenträgergemeinkosten.

3.1 Grundlagen der Kostenkontrolle

Grundsätzlich wird zwischen **drei Möglichkeiten der Kostenkontrolle** unterschieden:

(1) Zeitvergleich

(2) Zwischenbetrieblicher Vergleich (Betriebsvergleich)

(3) Soll-Ist-Vergleich

Kostenplanung und Kostenkontrolle · IV

Zu (1): Zeitvergleich

Beim Zeitvergleich werden die Istkosten aufeinanderfolgender Abrechnungsperioden einander gegenübergestellt. Diese Gegenüberstellung bezieht sich auf Gesamtkosten und/oder Durchschnittskosten.

Mit dem Zeitvergleich läßt sich lediglich eine Aussage über die absolute oder relative, d.h. leistungsbezogene Kostenentwicklung machen. Eine Aussage über die Wirtschaftlichkeit der Leistungserstellung ist nicht möglich. Die begrenzte Aussagekraft des Zeitvergleichs hat Schmalenbach mit dem Hinweis beschrieben, daß dabei „Schlendrian mit Schlendrian" verglichen wird.

Da aufgrund der spezifischen Bedingungen der Leistungserstellung im Krankenhaus die Grenze zwischen „Schlendrian" und Wirtschaftlichkeit nicht immer eindeutig zu ziehen ist, ist der Zeitvergleich dadurch, daß er relative Veränderungen zum Ausdruck bringt, **ein** Verfahren der Kostenkontrolle, das insbesondere dann unverzichtbar ist, wenn eine differenzierte Kostenplanung im Sinne einer Plankostenrechnung fehlt.

Zu (2): Zwischenbetrieblicher Vergleich (Betriebsvergleich)

Beim zwischenbetrieblichen Vergleich werden die Kosten des eigenen Krankenhauses mit den Kosten anderer, vergleichbarer Krankenhäuser verglichen. Grundlage hierfür sind die Auswertungen der Kosten- und Leistungsnachweise, die von der Deutschen Krankenhausgesellschaft bundesweit und von den Landeskrankenhausgesellschaften für die jeweiligen Bundesländer zur Verfügung gestellt wurden. Mit Inkrafttreten der neuen Bundespflegesatzverordnung ist der Betriebsvergleich als Maßstab im Hinblick auf das Prinzip medizinisch leistungsgerechter Entgelte vorgesehen (Krankenhausvergleich nach § 3BPflV).

Auch für den zwischenbetrieblichen Vergleich gilt, daß er keinen Maßstab für die zu erreichende Wirtschaftlichkeit angibt. Es läßt sich lediglich feststellen, ob das eigene Krankenhaus bei bestimmten Kostenarten über den durchschnittlichen Kosten anderer Krankenhäuser liegt.

Die Aussagekraft des zwischenbetrieblichen Vergleichs auf der Grundlage der Auswertung der Kosten- und Leistungsnachweise bzw. der Leistungs- und Kalkulationsaufstellungen der Krankenhäuser wird auch dadurch eingeschränkt, daß diese die Kosten der stationären Versorgung nur nach Kostenarten gliedern, nicht jedoch nach Kostenstellen, wie es für die Kostenkontrolle erforderlich ist.

Trotz dieser methodischen Einschränkungen hat der zwischenbetriebliche Vergleich für Krankenhäuser deswegen Bedeutung, weil er in der Bundespflegesatzverordnung a.F. ausdrücklich als Wirtschaftlichkeitsmaßstab genannt wurde und in der neuen Bundespflegesatzverordnung ebenfalls Maßstabscharakter hat und zwar im Hinblick auf medizinisch leistungsgerechte Entgelte.[226])

---

226) Vgl. § 13 Abs.3 BPflV a.F. und § 5 BPflV

IV · Kostenplanung und Kostenkontrolle

Zu (3): Soll-Ist-Vergleich

Beim Soll-Ist-Vergleich werden die Istkosten mit Sollkosten verglichen, die als geplante Kosten mit Vorgabecharakter als Wirtschaftlichkeitsmaßstab geeignet sind.[227])

Als Verfahren für den Soll-Istkosten-Vergleich[228]) sind zu nennen:

(a) Kosten-Kennziffern-Vergleich

(b) Kostenabweichungs-Analyse

Zu (a): Kosten-Kennziffern-Vergleich

Beim Kosten-Kennziffern-Vergleich werden kostenstellenweise bedeutsame Kostenarten herausgegriffen und für diese Sollkosten je Bezugsgrößeneinheit als Vorgabekennziffern festgelegt, die in bestimmten zeitlichen Abständen mit den Istkosten/Bezugsgrößeneinheit verglichen werden.[229])

Derartige Vorgabekennziffern bieten sich im Krankenhaus vor allem für die Personalkosten und den medizinischen Bedarf an. Zum Beispiel: Personalkosten des Pflegedienstes pro Pflegetag, Personalkosten des Funktionsdienstes pro operierter Patient, Personalkosten des medizinisch-technischen Dienstes pro Untersuchung in Kostenstellen der Diagnostik, Arzneimittelkosten pro Fall, Narkose- und OP-Bedarf pro operierter Patient.

Dieser Vergleich läßt sich auch auf mengenmäßige Größen beschränken, die dann zu einer Gegenüberstellung von Ist- und Plan-Produktionskoeffizienten führen.[230]) Übertragen auf die genannten Beispiele würde an die Stelle der Personalkosten der Personaleinsatz (in der Dimension Vollkräfte, Stunden oder Minuten) treten. Auf diese Weise ergeben sich Personalbelastungsziffern, wie sie zum Beispiel in Teil S2 des Kosten- und Leistungsnachweises[231]) als „Belastungszahl nach Betten" und „Belastungszahl nach Fällen" angegeben wurden.

Zu (b): Kostenabweichungs-Analyse

Bei der Kostenabweichungs-Analyse werden für alle Kostenstellen differenziert nach Kostenarten Kostenabweichungen ermittelt. Die Kostenabweichungen ergeben sich aus der Gegenüberstellung von Istkosten, Sollkosten und Plankosten. Entsprechend werden in der Systematik der flexiblen Plankostenrechnung **Preisabweichungen, Beschäftigungsabweichungen und Verbrauchsabweichungen** unterschieden.[232])

---

227) Aufgrund der spezifischen Bedingungen der Leistungserbringung im Krankenhaus und der in weiten Bereichen trotz festzustellender Fortschritte noch ungenügenden analytischen Durchdringung des Leistungsgeschehens, wird der Wirtschaftlichkeitsmaßstab „Sollkosten" im einzelnen Krankenhaus im Zeitablauf auch einer Entwicklung unterliegen.
228) Vgl. Kilger, W.: a.a.O., S.590ff.
229) Der Kosten-Kennziffern-Vergleich entspricht damit der Kostenplanung nach dem Verfahren der Kostensatz-Schätzung, vgl. Abschnitt IV.2.2.1
230) Vgl. Haberstock, L.: a.a.O., S.259
231) Vgl. Anhang 2
232) Vgl. Abschnitt II.5.2.3

Kostenplanung und Kostenkontrolle · IV

Die Kostenabweichungs-Analyse kann als geschlossener Soll-Ist-Vergleich erfolgen, bei dem alle Kostenarten in die Abweichungsanalyse einbezogen werden, auch solche Kostenarten, die der verantwortliche Kostenstellenleiter nicht beeinflussen kann.

Beim partiellen Soll-Ist-Kostenvergleich beschränkt sich die laufende Kostenkontrolle und Abweichungsanalyse auf die vom Kostenstellenleiter beeinflußbaren Kostenarten.

3.2 Abweichungen beim Soll-Ist-Vergleich

3.2.1 Preisabweichungen

Im Zusammenhang mit der Kostenerfassung wurde in Abschnitt III.1.2.1 zwischen getrennter Mengen- und Preiserfassung sowie undifferenzierter Werterfassung unterschieden.

Die Kostenplanung erfolgt zum Beispiel bei den Personalkosten getrennt nach Menge und Wert (vgl. Abschnitt IV.2.2.3), während bei den Sachkosten (vgl. Abschnitt IV.2.2.4) überwiegend Werte geplant werden.

Soweit Menge und Wert des Faktoreinsatzes getrennt geplant und erfaßt werden, lassen sich zwei Arten von Abweichungen im Rahmen des Soll-Ist-Vergleichs feststellen: **Preisabweichungen und Mengenabweichungen.**

Entsprechend der Art der Kostenplanung im Krankenhaus, bei der für die Personalkosten Menge und Preis gesondert geplant werden, kommt vor allem der **Tarifabweichung** Bedeutung zu. Gründe für Tarifabweichungen können sein:

- generelle Tarifänderungen, die von den geplanten Änderungen abweichen,
- unplanmäßige Höhergruppierungen von Mitarbeitern,
- geänderte Eingruppierungen (Dienstalterstufe, Ortszuschlag) bei im Rahmen der Fluktuation neu eingestellten Mitarbeitern,
- in der Kostenplanung nicht berücksichtigte Veränderungen bei der Vergütung von Bereitschaftsdiensten (zum Beispiel abweichende Eingruppierung der Bereitschaftsdienste aufgrund einer veränderten Inanspruchnahme).

Kilger nennt zur Erfassung von Tarifabweichungen folgende Möglichkeiten[233]):

- Planungsüberholung,
- doppelte Gehaltsabrechnung,
- Erfassung mit Hilfe von Gehaltserhöhungsfaktoren,
- Nachträgliche Eliminierung aus den Kostenstellenabweichungen.

Sehr exakte Ergebnisse liefert eine doppelte Brutto-Gehaltsabrechnung, die auch dem theoretischen Ansatz zur Ermittlung von Preisabweichungen in vollem Umfange gerecht wird. Hierbei wird unterschieden in Ist-Kosten im Sinne der Ist-Kostenrechnung und Ist-Kosten im Sinne der Plankostenrechnung. Dabei gilt folgende Definition:

---

233) Vgl. Kilger, W.: a.a.O., S.227

IV · Kostenplanung und Kostenkontrolle

Ist-Kosten $_{IKR}$ = Ist-Menge x Ist-Preis
Ist-Kosten $_{PKR}$ = Ist-Menge x Plan-Preis

Die Preisabweichung ergibt sich demnach als Differenz aus Istmenge x Istpreis und Istmenge x Planpreis.

Laut Kilger hat es sich in der Praxis am besten bewährt, die Brutto-Gehaltsabrechnung mit den effektiven Gehältern durchzuführen und die eingetretenen Veränderungen durch Erhöhungsfaktoren zu berücksichtigen.[234])

Ein für Krankenhäuser möglicher Weg ist die nachträgliche Eliminierung aus den Kostenstellenabweichungen. Das bedeutet, daß die Kostenstellen mit den effektiven Personalkosten belastet werden und die darin enthaltenen, bei der Kostenplanung nicht berücksichtigten Abweichungen erst bei der Durchführung des Soll-Ist-Vergleichs eliminiert werden.

Ziel der Differenzierung der Kostenabweichung in Preisabweichungen und Mengenabweichungen ist es, die Mengenabweichung sichtbar zu machen, die der Kostenstellenleiter zu vertreten hat.

Im Krankenhaus lassen sich Mengenabweichungen beim Personaleinsatz im Rahmen der Personalstatistik feststellen, so daß von daher ein geschlossenes Preisabweichungs- bzw. Tarifabweichungssystem für die Mengenkontrolle nicht zwingend ist. Informationen über Tarifabweichungen werden vor allem für dispositive Zwecke benötigt.

Die Bedeutung der Preisabweichungen wird dadurch relativiert, daß die Bundespflegesatzverordnung einen rückwirkenden Tarifausgleich vorsieht.[235])

3.2.2 Verbrauchsabweichung

Die Verbrauchsabweichung ist definiert als Differenz zwischen Ist-Kosten und Soll-Kosten.[236]) Dabei sind sowohl Istmengen als auch die Sollmengen des Faktorverbrauchs zu Planpreisen bewertet. Die Verbrauchsabweichung im Sinne der Plankostenabrechnung ist eine Mengenabweichung, die in ihrer reinen Form erst dann ermittelt werden kann, wenn die Ist-Kosten mit Planpreisen bewertet sind.

Der Begriff der Verbrauchsabweichung bezieht sich bei der Plankostenrechnung auf die Kostenträgergemeinkosten, die kostenstellenweise kontrolliert werden. Allerdings wird auch in den Fällen, wo zwischen Kostenträgereinzelkosten und Kostenträgergemeinkosten unterschieden wird, die Kontrolle der Kostenträgereinzelkosten zunehmend je Kostenstelle durchgeführt.[237])

---

234) Vgl. Kilger, W.: a.a.O., S.228. Da in der Kostenrechnung der Krankenhäuser nicht unterschieden wird zwischen Kostenträgereinzelkosten und Kostenträgergemeinkosten, bezieht sich die Verbrauchsabweichung auf die gesamten Kostenstelleneinzelkosten, differenziert nach Kostenarten.
235) Vgl. § 12 BPflV.
236) Vgl. Abschnitt II.5.2.3
237) Vgl. Haberstock, L.: a.a.O., S.249 und 295

Kostenplanung und Kostenkontrolle · IV

Das Ermitteln der Verbauchsabweichungen geschieht in folgenden Schritten:[238])
- Erfassung der Istkosten,
- Erfassung der Ist-Bezugsgröße,
- Errechnen der Sollkosten entsprechend der Ist-Bezugsgröße,
- Abweichungserrechnung.

Bei der Erfassung der Ist-Kosten ist darauf zu achten, daß die Kostenerfassung und Kostenzurechnung in gleicher Weise erfolgt wie bei der Kostenplanung, d.h. es ist auf die sachliche, zeitliche und örtliche (kostenstellenmäßige) Abgrenzung zu achten, da ansonsten die errechnete Verbrauchsabweichung falsch interpretiert wird.

Das Ermitteln der Ist-Bezugsgröße erfolgt im Krankenhaus im Rahmen der innerbetrieblichen Leistungsverrechnung.[239])

Die für Krankenhäuser typische Situation, daß im wesentlichen die Betriebsleistungen Bezugsgrößen im Sinne der Kostenplanung und Kostenkontrolle darstellen, ist vor allem dadurch bedingt, daß, wie bereits mehrfach erwähnt, in der Kostenrechnung der Krankenhäuser nicht zwischen Kostenträgereinzel- und Kostenträgergemeinkosten differenziert wird. Das bedeutet, daß die Kostenstelleneinzelkosten im wesentlichen einen direkten Bezug zu den Betriebsleistungen der jeweiligen Kostenstellen haben, so weit es sich nicht um Fixkosten handelt.

Das Errechnen von Sollkosten setzt eine Kostenaufspaltung, d.h. die Trennung der Kosten in fixe und variable Bestandteile voraus. Wird diese Trennung nicht vorgenommen, so läßt sich nur eine Gesamtabweichung errechnen, die nicht nur die Verbrauchsabweichung, sondern auch die Beschäftigungsabweichung[240]) umfaßt.

Die Abweichungserrechnung als Differenz zwischen Istkosten und Sollkosten wird für jede Kostenstelle, und innerhalb der Kostenstelle differenziert nach Kostenarten, durchgeführt.

Die Gegenüberstellung von Ist-Kosten und Soll-Kosten erfolgt üblicherweise anhand von Kostenstellenblättern, die differenziert nach Kostenarten variable Ist-Kosten, variable Soll-Kosten und Fixkosten[241]) ausweisen. Diese Daten werden sowohl pro Monat als auch kumuliert dargestellt, um monatliche und kumulierte Abweichungen zeigen zu können. Diese Vorgehensweise ist deswegen erforderlich, weil die Kosten zwar pro Jahr geplant, jedoch monatlich kontrolliert werden.

---
238) Vgl. ebenda: a.a.O, S.296ff.
239) Vgl. Abschnitt III.2.2.4.3
240) Vgl. Abschnitt IV.3.2.3
241) Bei den Fixkosten wird nicht differenziert in Ist- und Soll-Kosten, da sich eine Trennung zwischen fixen und variablen Kosten nur im Rahmen der Kostenplanung nicht bei der Ist-Kostenerfassung durchführen läßt. Das heißt, es wird bei der Abweichungserrechnung davon ausgegangen, daß die geplanten Fixkosten in dieser Höhe realisiert werden, so daß sich die Kostenabweichung auf die variablen Kosten beschränkt. Lediglich für den Fall, daß innerhalb einer Kostenstelle eine Kostenart ausschließlich den Fixkosten zuzuordnen ist, kann eine Fixkostenabweichung errechnet werden, die sich dann allerdings mit der Gesamtabweichung deckt.

IV · Kostenplanung und Kostenkontrolle

3.2.3 Beschäftigungsabweichung

Die Beschäftigungsabweichung ist definiert als Differenz zwischen Sollkosten und verrechneten Plankosten.

Die verrechneten Plankosten werden dabei aus folgender Beziehung abgeleitet:

$$\text{Verrechnete Plankosten} = \text{Plankosten} \times \frac{\text{Istbeschäftigung}}{\text{Planbeschäftigung}}$$

Die Beschäftigungsabweichung ist eine Kostenabweichung infolge nicht geplanter bzw. nicht erfolgter Anpassung an Beschäftigungsschwankungen. Damit ist die Beschäftigungsabweichung das Maß für die Nutzung der fixen Kosten. Sie stimmt mit den Leerkosten der Istbeschäftigung überein.

Die Analyse der Fixkosten umfaßt die **Auslastungsanalyse**, mit der Beschäftigungsabweichungen bzw. Leerkosten ermittelt werden, und die **Abweichungsanalyse** in den Fällen, wo geplante Fixkosten nicht eingehalten werden. Eine derartige Abweichung ist im Krankenhaus in der Regel die Folge von Kapazitätsänderungen mit der Folge sprungfixer Kosten, insbesondere Personalkosten.

Wie in Abschnitt III.2.2 bereits festgestellt wurde, wird bei unveränderten Kapazitäten davon ausgegangen, daß Plan-Fixkosten und Ist-Fixkosten übereinstimmen.

Obwohl die Beschäftigungsabweichung bzw. die Höhe der Leerkosten vom Kostenstellenleiter nicht zu verantworten ist, wird teilweise der Leerkostenprozentsatz im Kostenstellenblatt angegeben.[242])

Ein über längere Zeit hoher Leerkostenprozentsatz bzw. eine hohe Beschäftigungsabweichung gibt Hinweise für eine evtl. (quantitative) Kapazitätsanpassung.

Die Beschäftigungsabweichung kann auch interpretiert werden als zu niedrige oder zu hohe Verrechnung von Fixkosten auf Kostenträger. Aus dieser Interpretation wird deutlich, daß das Ziel eines jeden Betriebes darin besteht bzw. bestehen muß, vorhandene Kapazitäten auszulasten. Das gilt auch und insbesondere für Krankenhäuser.

3.3 Abweichungsauswertung

Soll die Krankenhauskostenrechnung ihre Aufgabe als Instrument der **Wirtschaftlichkeitskontrolle** und **Betriebssteuerung** erfüllen, so darf die Kostenkontrolle nicht mit der Errechnung der Abweichungen, die sich entsprechend dem systematischen Ansatz der Plankostenrechnung ergeben, enden. Es muß sich eine weitergehende Abweichungsanalyse anschließen, die der Kostenplaner bzw. Controller und der Kostenstellenleiter durchführen.

---

242) Vgl. Haberstock, L.: a.a.O., S. 353

Kostenplanung und Kostenkontrolle · IV

In einer anschließenden Kostendurchsprache werden zunächst die Ursachen für die Abweichungen geklärt. Diese Klärung ist vielfach nicht allein anhand der Daten der Kosten- und Leistungsrechnung möglich, sondern erfordert die Einbeziehung vorgelagerter Nebenrechnungen (Personalrechnung, Materialrechnung, Patientenabrechnung). Dieser Sachverhalt macht deutlich, daß nicht nur die Kosten- und Leistungsrechnung, sondern auch die Personalrechnung[243] mit den zusätzlichen Informationen „Ist-Besetzung" und „geplanter Personalbedarf", die Materialrechnung (vor allem mit den Informationen über den Arzneimittelverbrauch) sowie die Patientenabrechnung „Datenlieferanten" für die Wahrnehmung der Controlling-Funktion sind.

Die **Controlling-Funktion** als Führungsfunktion beschränkt sich nicht auf einen Soll-Ist-Vergleich im Sinne einer Nachprüfung oder Überwachung, sondern beinhaltet eine Abweichungsanalyse und die Einleitung von Korrekturmaßnahmen.[244]

Nur wenn die Kosten- und Leistungsrechnung in diesem Sinne Controlling-Instrument ist, wird sie ihrem instrumental-pragmatischen Charakter gerecht. Eine Kostenrechnung, die Informationen zur Verfügung stellt, die für Zwecke der Betriebssteuerung und Wirtschaftlichkeitskontrolle nicht genutzt werden, ist verzichtbar.

Das Zurverfügungstellen von Führungsinformationen auf Basis der Kosten- und Leistungsrechnung, der Personalrechnung, der Materialrechnung und Patientenabrechnung, setzt eine Datenselektion und Verdichtung voraus, die den Adressaten dieser Führungsinformationen einen schnellen Überblick und damit ein „management by exception" ermöglicht. Für die tiefergehende Analyse von Soll-Ist-Abweichungen stehen die Detailinformationen der Kosten- und Leistungsrechnung und der vorgelagerten Nebenrechnungen zur Verfügung, die vom Controller entsprechend der spezifischen Fragestellung aufbereitet werden.

4. Plankalkulation und Planerfolgsrechnung

4.1 Plankalkulation

Hauptaufgabe der Plankostenrechnung ist die kostenstellenbezogene Wirtschaftlichkeitskontrolle. Die Ergebnisse der kostenstellenbezogenen Kostenplanung sind Grundlage für die Erstellung von Plankalkulationen, die im Rahmen der Kostenträgerrechnung durchgeführt werden.

In der Plankalkulation werden die Kosten je Kostenträgereinheit für eine zukünftige Abrechnungsperiode ermittelt. Die Vorkalkulation dient der Bestimmung der Selbstkostenpreise der Krankenhausleistungen und die Nach-

---

243) Zur Aufgabenstellung der Personalrechnung im Krankenhaus vgl. Heisler, W.: Personalrechnung, in: Eichhorn, S. (Hrsg.): Handbuch Krankenhaus-Rechnungswesen, 2. Aufl., Wiesbaden 1988, S.325
244) Vgl. Hentze, J.: Die Funktionen des Krankenhausmanagements, in: ZögU, Beiheft 6, 1984, S.50f.

IV · Kostenplanung und Kostenkontrolle

kalkulation der Ermittlung der tatsächlich entstandenen Kosten je Kostenträgereinheit. Im Rahmen einer kurzfristigen Betriebsergebnisrechnung dient die Nachkalkulation als Grundlage der Erfolgskontrolle.

Mit zunehmender Differenzierung der Kostenträger im Krankenhaus, die den abrechnungstechnischen Kostenträger allgemeiner Pflegesatz ersetzen, und extern vorgegebenen Vergütungen für bestimmte Krankenhausleistungen (Sonderentgelte, Fallpauschalen) gewinnt die Plankalkulation im Hinblick auf den zwischenbetrieblichen Vergleich und im Hinblick auf die Angebotspolitik der Krankenhäuser an Bedeutung.

Die Plankalkulation baut in der Plankostenrechnung auf den Ergebnissen der Kostenarten- und Kostenstellenrechnung auf.

Für die Plankalkulation lassen sich die im Rahmen der Kostenträgerstückrechnung dargestellten Methoden[245]) verwenden. In ihrem formalen Aufbau gleichen die Plankalkulationen den Istkalkulationen; der Unterschied zwischen beiden Verfahren liegt im Kostenansatz.

4.2 Planerfolgsrechnung

Wie auch in der Istkostenrechnung, kann die Plankostenträgerrechnung durch Einbeziehung der geplanten Periodenerlöse zu einer **Planerfolgsrechnung** (kurzfristigen Erfolgsrechnung) ausgebaut werden. Dazu ist es erforderlich, eine **Planerlösrechnung** aufzubauen, deren Grundlage die geplanten Marktleistungen (Krankenhausleistungen differenziert nach Vergütungsformen) sind. Der Planerlös ergibt sich formal aus folgender Beziehung:

Planerlös = geplante Leistungsmenge x Planpreis je Leistungseinheit

Die Planerfolgsrechnung kann – wie bei der Istkostenrechnung – grundsätzlich nach dem Gesamtkostenverfahren oder nach dem Umsatzkostenverfahren durchgeführt werden.

Im Rahmen der Planerfolgsrechnung wird das Zusammenwirken von Plankosten und Planerlösen anhand der sogenannten **Break-even-Analyse (Gewinnschwellenanalyse)** betrachtet. Dabei wird eine kritische Leistungsmenge berechnet, bei der geplante Erlöse (E) und geplante Kosten (K) deckungsgleich sind (Break-even-point) (vgl. Abbildung 52).

---

245) Vgl. Abschnitt III.3.2

Kostenplanung und Kostenkontrolle · IV

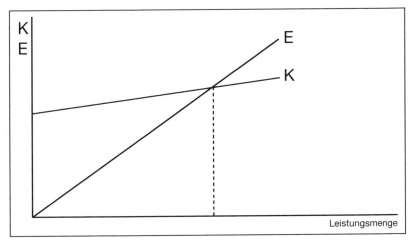

Abb. 52: *Break-even-Analyse mit Kosten- und Erlösfunktion*

Der Break-even-point ist dadurch bestimmt, daß bei der in diesem Punkt geplanten Leistungsmenge Kostendeckung erreicht wird. Sinkt die Leistungsmenge unter diese Plangröße, liegt eine Kostenunterdeckung (Verlust) vor. Eine Überdeckung (Gewinn) wird erzielt, wenn die Leistungsmenge über die Planmenge steigt.

Dieser grundsätzliche Zusammenhang, wie ihn die Break-even-Analyse zum Ausdruck bringt, erfährt in der Krankenhausfinanzierung eine Modifikation durch Art und Umfang der Erlösausgleiche,[246]) die festlegen, in welcher Weise die Erlöse, die über den Planerlösen liegen, dem Krankenhaus verbleiben und Mindererlöse durch die Krankenkassen ausgeglichen werden.[247])

5. Kostenplanung, externes Budget und Kostenkontrolle

Die vom Krankenhaus für einen künftigen Zeitraum (Budgetzeitraum) geplanten Leistungen und Kosten sind Ausgangspunkt für das Erstellen der Leistungs- und Kalkulationsaufstellung (LKA), die Grundlage für die Pflegesatzverhandlung ist[248]). Eine Übereinstimmung zwischen Plankosten und „Forderung" laut LKA ist nach Wegfall des Selbstkostendeckungsprinzips nicht gefordert.

Da beantragtes und vereinbartes Budget nur selten übereinstimmen, ist, ausgehend vom vereinbarten externen Budget in einer Rückwärtsrechnung („top-

---

246) Vgl. § 11 Abs. 8 und § 12 BPflV
247) Vgl. hierzu Abschnitt IV.5
248) Vgl. § 17 BPflV

IV · Kostenplanung und Kostenkontrolle

down") ein internes Budget abzuleiten, in dem für jede Kostenstelle die geplanten Leistungen und die geplanten Kosten, differenziert nach Kostenarten, vorgegeben werden. Diesen Zusammenhang bringt Abbildung 53 zum Ausdruck.

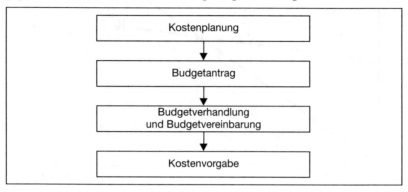

Abb. 53: Kostenplanung und Budgetierung

Die Bundespflegesatzverordnung trifft nicht nur die Regelungen über Art und Umfang der in der Leistungs- und Kalkulationsaufstellung[249]) dokumentierten Leistungen und Kosten sowie das Pflegesatzverfahren, sondern auch darüber, inwieweit Abweichungen bei den geplanten Leistungen, die auch Abweichungen bei den Erlösen mit sich bringen, zwischen den beteiligten Vertragsparteien ausgeglichen werden.

Ein **flexibles Budget** bleibt nur dann bestehen, wenn die in der Budgetvereinbarung zugrunde gelegte Belegung auch tatsächlich eintritt. Weicht die Belegung von der vorauskalkulierten Belegung ab, so wird das Budget in Abhängigkeit von der Belegung angepaßt. Abbildung 49 zeigt, daß das vereinbarte Budget bei rückläufiger Belegung herabgesetzt wird (Δ B1 in Abbildung 49) und bei steigender Belegung entsprechend angehoben wird (Δ B2 in Abbildung 49).

Diese Budgetanpassung ist erforderlich, weil das Krankenhaus entsprechend dem Anteil der variablen Kosten bei einer von der Planung abweichenden Belegung auch abweichende Kosten hat. Für die Budgetanpassungen sah § 12 Abs.4 BPflV a. F., sofern nichts Abweichendes vereinbart wird, einen Erlösausgleich vor, bei dem die variablen Kosten mit 25% und die Fixkosten des Krankenhauses mit 75% angenommen werden. Die derzeitigen Sätze sind für die Krankenhäuser wesentlich ungünstiger.

Von der **Budgetplanung** bzw. **Budgetvereinbarung** ist der Zahlungsvorgang zu unterscheiden. Die Pflegesätze, Sonderentgelte und Fallpauschalen stellen lediglich Abschlagszahlungen auf das vereinbarte Budget dar. Die durch gegenüber der Planung abweichende Leistungen verursachten Über- und Unterdeckungen, werden im Budgetbereich, d.h. bei den Leistungen, die über

---

249) Vgl. § 12 BPflV

Kostenplanung und Kostenkontrolle · IV

Budget und Pflegesätze abgegolten werden entsprechend den in festgesetzten Pflegesätzen enthaltenen Fixkostenanteilen ausgeglichen. Die flexible Budgetierung beseitigt damit Verrechnungsgewinne aus Fixkostenüberdeckungen bzw. Verrechnungsverluste aus Fixkostenunterdeckungen. Der Erlösausgleich entspricht Δ A1 bzw. Δ A2.

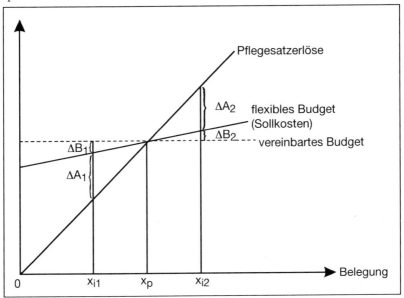

Abb. 54: Flexibles Budget[250])

In der sogenannten Deckelungsphase sah die Bundespflegesatzverordnung ein **festes Budget** vor, bei dem ein Ausgleich von Unter- oder Überdeckungen nicht vorgesehen war. Da Mehr- oder Mindererlöse in vollem Umfange auszugleichen waren, ergab sich bezogen auf die in Abbildung 54 angenommene Minderbelegung für das Krankenhaus eine Überdeckung in Höhe der Differenz aus vereinbartem Budget und Sollkosten (Δ B1). Der Erlösausgleich betrug Δ A1 + Δ B1. Bei einer höheren Belegung ergab sich eine Unterdeckung in Höhe von Δ B2 und eine Erlösausgleich in Höhe von Δ A2 + Δ B2 zugunsten der Kostenträger.

Damit wird deutlich, daß ein festes Budget großen Druck im Hinblick auf die Budgeteinhaltung bedeutete. Gefordert war eine „Punktlandung", denn bei Mehrleistungen wurden Mehrkosten nicht vergütet, bei Minderleistungen drohte der Vorwurf, den Versorgungsauftrag nicht erfüllt zu haben.[251])

---

250) Vgl. Hentze, J.: Kosten- und Leistungsrechnung als Führungsinstrument des Krankenhausbetriebs, in: Verwaltungsmanagement, Handbuch für öffentliche Verwaltungen und öffentliche Betriebe, Mai 1989, Kapitel 16.1, S.17
251) Vgl. § 4 BPflV Abs. 4 a.F.

IV · Kostenplanung und Kostenkontrolle

Das feste Budget im Sinne des § 4 BPflV a. F. war eine Übergangsregelung mit dem Ziel der Kostendämpfung. Die leistungsbezogenen Vergütungsformen, die in der neuen Bundespflegesatzverordnung vorgesehen sind, bedeuten für die Krankenhäuser die Rückkehr zur leistungsbezogenen Flexibilisierung des Budgets. Bestehen bleibt jedoch der bereits nach altem Recht geltende Grundsatz der Beitragssatzstabilität. Für die Krankenhäuser bedeutet das die Beschränkung auf unverzichtbare Leistungen und den Zwang zur wirtschaftlichenLeistungserbringung.

Insgesamt stellt die neue Bundespflegsatzverordnung nicht nur höhere Anforderungen an die Leistungs- und Kostenplanung, sondern auch an deren Kontrolle. Die Kostenkontrolle ist durch eine laufende Erlöskontrolle zu ergänzen.

Aufwendungen lt. Kontenrahmen · Anhang 1

Aufwendungen lt. Kontenrahmen entsprechend Anlage 4 zur KHBV

Klasse	Gruppe	Unter-gruppe	Konto	Bezeichnung mit Zuordnungsvorschrift *) Nur für Kapitalgesellschaften
6				**Aufwendungen**
	60			**Löhne und Gehälter**
				Vergütungen für Überstunden, Bereitschaftsdienst und Rufbereitschaft, Zuschläge, Zulagen, Sachbezüge für freie Station, Mutterhausabgaben und Gestellungsgelder sind der Kontengruppe 60 „Löhne und Gehälter" zuzuordnen.
				Aufwendungen für fremdes Personal sind den Konten zuzuordnen, die in Anlage 2 in den Klammerhinweisen unter Nr. 10 Buchstabe b „Aufwendungen für bezogene Leistungen" oder unter Nr. 20 „sonstige betriebliche Aufwendungen" genannt sind.
				Kosten für Fremdleistungen sind als Sachkosten bei der Kontengruppe 70 zu buchen.
			6000	Ärztlicher Dienst
				Vergütungen an alle Ärzte; soweit noch Medizinalassistenten und Famuli eingesetzt werden, sind diese Aufwendungen unter Konto 6011 „Sonstiges Personal" zu buchen. An fremde Ärzte gezahlte Honorare sind dem Konto 6618 zuzuordnen.
			6001	Pflegedienst
				Vergütungen an Pflege- und Pflegehilfspersonal im stationären Bereich (Dienst am Krankenbett). Dazu gehören auch Pflegekräfte in Intensivpflege- und -behandlungseinheiten sowie Dialysestationen, ferner Vergütungen an Schüler, soweit diese auf die Besetzung der Stationen mit Pflegepersonal angerechnet werden (siehe auch Konto 6011 „Sonstiges Personal").
				Vergütungen für Pflegepersonal, das im medizinisch-technischen Dienst, Funktionsdienst, Wirtschafts- und Versorgungsdienst oder Verwaltungsdienst eingesetzt wird, sind auf die entsprechenden Konten (6002, 6003, 6005 und 6007) zu buchen.
			6002	Medizinisch-technischer Dienst
				Vergütungen an Apothekenpersonal (Apotheker, pharmazeutisch-technische Assistentinnen, Apothekenhelferinnen, Laborantinnen, Dispensierschwestern) Arzthelfer Audiometristen Bio-Ingenieure Chemiker Chemotechniker Cytologieassistenten Diätassistenten

Anhang 1 · Aufwendungen lt. Kontenrahmen

Klasse	Gruppe	Untergruppe	Konto	Bezeichnung mit Zuordnungsvorschrift *) Nur für Kapitalgesellschaften
				EEG-Assistenten Gesundheitsingenieure Kardiotechniker Krankengymnasten Krankenhausingenieure Laboranten Logopäden Masseure und medizinische Bademeister Medizinphysiker Medizinisch-technische Assistenten Medizinisch-technische Gehilfen Medizinisch-technische Laboratoriumsassistenten Medizinisch-technische Radiologieassistenten Orthoptisten Personal für die medizinische Dokumentation Physiker Physikalisch-technische Assistenten Psychagogen Psychologen Nichtärztliche Psychotherapeuten Schreibkräfte im ärztlichen und medizinisch-technischen Bereich Sonstige Kräfte im medizinisch-technischen Bereich Stationssekretärinnen Tierpfleger und Sektionsgehilfen Zahnärztliche Helferinnen sowie vergleichbares medizinisch-technisches Personal Zum medizinisch-technischen Behandlungsbereich gehören: Apotheken, Laboratorien einschließlich Stationslaboratorien, Röntgen-, EKG-, EEG-, EMG-, Grundumsatzabteilungen, Bäder- und Massageabteilungen, elektrophysikalische Abteilungen, Sehschulen, Sprachschulen, Körperprüfabteilungen usw.
			6003	Funktionsdienst Vergütungen an Krankenpflegepersonal für Operationsdienst Krankenpflegepersonal in Polikliniken Krankenpflegepersonal im Bluttransfusionsdienst Krankenpflegepersonal in der Funktionsdiagnostik Krankenpflegepersonal in der Endoskopie Kindergärtnerinnen, soweit zur Betreuung kranker Kinder eingesetzt Krankentransportdienst Beschäftigungstherapeuten (einschließlich Arbeitstherapeuten) Personal der Zentralsterilisation
			6004	Klinisches Hauspersonal Vergütung an Haus- und Reinigungspersonal der Kliniken und Stationen

Aufwendungen lt. Kontenrahmen · Anhang 1

Klasse	Gruppe	Unter-gruppe	Konto	Bezeichnung mit Zuordnungsvorschrift *) Nur für Kapitalgesellschaften
			6005	Wirtschafts- und Versorgungsdienst
				Vergütung an Personal, das in folgenden Bereichen bzw. mit folgenden Funktionen eingesetzt wird: Desinfektion Handwerker (soweit nicht in Konto 6006) Hausmeister Hof- und Gartenarbeiter Hol- und Bringedienste Küchen- und Diätküchen (einschließlich Ernährungsberaterinnen Lager Reinigungsdienst, ausgenommen klinisches Hauspersonal Transportdienst (nicht Krankentransportdienst, s. Konto 6003) Wäscherei und Nähstube Wirtschaftsbetriebe (z.B. Metzgereien, Schweinemästereien, Gärtnereien, Ökonomien) Zentrale Bettenaufbereitung
				Personal, das mit Verwaltungsarbeit beschäftigt ist, muß bei Konto 6007 ausgewiesen werden.
			6006	Technischer Dienst
				Vergütung an Personal, das in folgenden Bereichen, bzw. mit folgenden Funktionen eingesetzt wird: Betriebsingenieure Einrichtungen zur Versorgung mit Heizwärme, Warm- und Kaltwasser, Frischluft, medizinischen Gasen, Strom Technische Betriebsassistenten Technische Servicezentren Technische Zentralen Instandhaltung, z.B. Maler, Tapezierer und sonstige Handwerker
			6007	Verwaltungsdienst
				Vergütungen für das Personal der engeren und weiteren Verwaltung der Registratur, ferner der technischen Verwaltung, soweit nicht bei Konto 6006 (z.B. Betriebsingenieur) erfaßt, z.B. Aufnahme- und Pflegekostenabteilung Botendienste (Postdienst) Büchereien Einkaufsabteilung Inventar- und Lagerverwaltung Kasse und Buchhaltung (einschließlich Nebenbuchhaltung) Personalverwaltung Pförtner Planungsabteilung Registratur

Anhang 1 · Aufwendungen lt. Kontenrahmen

Klasse	Gruppe	Unter-gruppe	Konto	Bezeichnung mit Zuordnungsvorschrift *) Nur für Kapitalgesellschaften
				Statistische Abteilung Technische Verwaltung, soweit nicht bei Konto 6006 erfaßt Telefonisten und Personal zur Bedienung der zentralen Rufanlage Verwaltungsleitung Verwaltungsschreibkräfte Wirtschaftsabteilung
			6008	Sonderdienste
				Vergütungen an: Oberinnen Leitendes Krankenpflegepersonal, soweit nicht im Pflege- oder Funktionsdienst Hausschwestern Heimschwestern Schwestern in der Schwesternverwaltung Seelsorger Sozialarbeiter Krankenhausfürsorger Mitarbeiter, die zur Betreuung des Personals und der Personalkinder eingesetzt sind
			6010	Personal der Ausbildungsstätten
				Vergütungen für Lehrkräfte, die für diese Tätigkeit einen Arbeits-oder Dienstvertrag haben (evtl. anteilig). SonstigeEntschädigungen, z.B. Honorare für nebenamtliche Lehrtätigkeit von Krankenhausmitarbeitern oder Honorare nicht fest eingestellter Lehrkräfte, sind dem Sachaufwand der Ausbildungsstätten (KUGr. 781) zuzuordnen.
			6011	Sonstiges Personal
				Vergütungen für Ärzte im Praktikum und Famuli Schülerinnen (Schüler), soweit diese auf die Besetzung der Stationen mit Pflegepersonal nicht angerechnet werden. Vorschülerinnen Praktikantinnen und Praktikanten jeglicher Art Taschengelder und ähnliche Zuwendungen
			6012	Nicht zurechenbare Personalkosten
	61			**Gesetzliche Sozialabgaben**
				(Aufteilung wie 6000 - 6012) Hier sind die Arbeitgeberanteile zur Kranken-, Renten- und Arbeitslosenversicherung sowie die Beiträge zur gesetzlichen Unfallversicherung zu buchen. In ihrer Höhe gesetzlich festgelegte Arbeitnehmeranteile, die ganz oder teilweise vom Arbeitgeber übernommen werden, sind als Löhne und Gehälter zu behandeln.

Aufwendungen lt. Kontenrahmen · Anhang 1

Klasse	Gruppe	Unter-gruppe	Konto	Bezeichnung mit Zuordnungsvorschrift *) Nur für Kapitalgesellschaften
	62			**Aufwendungen für Altersversorgung**
				(Aufteilung wie 6000 - 6012) Hier sind nur die Aufwendungen für Altersversorgung, und zwar Beiträge zu Ruhegehalts- und Zusatzversorgungskassen sowie anderen Versorgungseinrichtungen, ferner Ruhegehälter für ehemalige Mitarbeiter des Krankenhauses zu buchen. Alle übrigen freiwilligen Sozialleistungen gehören – soweit es nicht Beihilfen und Unterstützungen sind – zu den sonstigen Personalaufwendungen.
	63			**Aufwendungen für Beihilfen und Unterstützung**
				(Aufteilung wie 6000 - 6012)
	64			**Sonstige Personalaufwendungen**
				(Aufteilung wie 6000 - 6012) Sonstige Personalaufwendungen, wie Erstattungen von Fahrtkosten zum Arbeitsplatz und freiwillige soziale Leistungen an die Mitarbeiter (freiwillige Weihnachtsgeschenke, Jubiläumsgeschenke und -zuwendungen, Zuschuß zum Mittagessen).
	65			**Lebensmittel**
	66			**Medizinischer Bedarf**
			6600	Arzneimittel (außer Implantate und Dialysebedarf), Heil- und Hilfsmittel
			6601	Kosten der Lieferapotheke
			6602	Blut, Blutkonserven und Blutplasma
			6603	Verbandmittel
			6604	Ärztliches und pflegerisches Verbrauchsmaterial, Instrumente
			6606	Narkose- und sonstiger OP-Bedarf
			6607	Bedarf für Röntgen- und Nuklearmedizin
			6608	Laborbedarf
			6609	Untersuchungen in fremden Instituten
			6610	Bedaf für EKG, EEG, Sonographie
			6611	Bedarf der physikalischen Therapie
			6612	Apothekenbedarf, Desinfektionsmaterial
			6613	Implantate
			6614	Transplantate
			6615	Dialysebedarf
			6616	Kosten für Krankentransporte (soweit nicht Durchlaufposten)
			6617	Sonstiger medizinischer Bedarf
			6618	Honorare für nicht am Krankenhaus angestellte Ärzte sind in der Gewinn- und Verlustrechnung der Nr. 10 Buchstabe b zuzuordnen. Im Kosten- und Leistungsnachweis werden diese Aufwendungen unter dem „sonstigen medizinischen Bedarf ausgewiesen.
	67			**Wasser, Energie, Brennstoffe**

Anhang 1 · Aufwendungen lt. Kontenrahmen

Klasse	Gruppe	Unter-gruppe	Konto	Bezeichnung mit Zuordnungsvorschrift *) Nur für Kapitalgesellschaften
7	68			**Wirtschaftsbedarf**
		680		Materialaufwendugnen
		681		Bezogene Leistungen
	69			**Verwaltungsbedarf**
				Aufwendungen
	70			**Aufwendugnen für zentrale Dienstleistungen**
		700		Zentraler Verwaltungsdienst
		701		Zentraler Gemeinschaftsdienst
	71			**Wiederbeschaffte Gebrauchsgüter (soweit Festwerte gebildet werden)**
	72			**Instandhaltung**
		720		Instandhaltung, finanziert nach § 13 Abs.1 Nr. 5 BPflV
		721		Nicht aktivierungsfähige, nach dem KHG geförderte Maßnahmen
	73			**Steuern, Abgaben, Versicherungen**
		730		Steuern
		731		Sonstige Abgaben
		732		Versicherungen
	74			**Zinsen und ähnliche Aufwendungen**
		740		Zinsen und ähnliche Aufwendungen für Betriebsmittelkredite
		741		Zinsen und ähnliche Aufwendungen an verbundene Unternehmungen
		742		Zinsen und ähnliche Aufwendungen für sonstiges Fremdkapital
	75			**Auflösung von Ausgleichsposten und Zuführungen der Fördermittel nach dem KHG zu Sonderposten oder Verbindlichkeiten**
		750		Auflösung des Ausgleichsposten aus Darlehensförderung
		751		Auflösung des Ausgleichsposten für Eigenmittelförderung
		752		Zuführungen der Fördermittel nach dem KHG zu Sonderposten oder Verbindlichkeiten
		753		Zuführung zu Ausgleichsposten aus Darlehensförderung
		754		Zuführung von Zuweisungen oder Zuschüssen der öffentlichen Hand zu Sonderposten oder Verbindlichkeiten (soweit nicht unter KUGr. 752)
		755		Zuführung der Nutzungsentgelte ausanteiligen Abschreibungen medizinisch-technischer Großgeräte zu Verbindlichkeiten nach dem KHG
	76			**Abschreibungen**
		760		Abschreibungen auf immaterielle Vermögensgegenstände
		761		Abschreibungen auf Sachanlagen
			7610	Abschreibungen auf wiederbeschaffte Gebrauchsgüter

Aufwendungen lt. Kontenrahmen · Anhang 1

Klasse	Gruppe	Unter-gruppe	Konto	Bezeichnung mit Zuordnungsvorschrift *) Nur für Kapitalgesellschaften
		762		Abschreibungen auf Finanzanlagen und auf Wertpapiere des Umlaufvermögens
		763		Abschreibungen auf Forderungen
		764		Abschreibungen auf sonstige Vermögensgegenstände
		765		Abschreibungen auf Vermögensgegenstände des Umlaufvermögens, soweit diese die im Krankenhaus üblichen Abschreibungen überschreiten
	77			**Aufwendungen für die Nutzung von Anlagegütern nach § 9 Abs.2 Nr. 1 KHG**
	78			**Sonstige ordentliche Aufwendungen**
		780		Ausgleichsbeträge nach § 4 Abs.1 und 2 BPflV für das Geschäftsjahr
		781		Sachaufwand der Ausbildungsstätten
		782		Sonstiges
			7821	Aufwendungen aus Ausbildungsstätten-Umlage nach § 15 Abs.3 BPflV
	79			**Übrige Aufwendungen**
		790		Aufwendungen aus Ausgleichsbeträgen nach § 4 Abs.1 bis 3 BPflV für frühere Geschäftsjahre
		791		Aufwendungen aus dem Abgang von Gegenständen des Anlagevermögens
		792		Außerordentliche Aufwendungen
		793		Periodenfremde Aufwendungen
		794		Spenden und ähnliche Aufwendungen

Anhang 2 · Leistungs- und Kalkulationsaufstellung

Anlage 3
zu § 17 Abs. 4
der Bundespflegesatzverordnung

Leistungs- und Kalkulationsaufstellung

V Vereinbarte Vergütungen
   V 1 Budget und tagesgleiche Pflegesätze
   V 2 Sonderentgelte für die Fachabteilung
   V 3 Fallpauschalen für die Fachabteilung
   V 4 Erlöse

L Leistungsdaten
   L 1 Belegungsdaten des Krankenhauses
   L 2 Personal des Krankenhauses
   L 3 Belegungsdaten der Fachabteilung
   L 4 Diagnosestatistik
   L 5 Operationsstatistik

K Kalkulation von Budget und Pflegesätzen
   K 1 Vereinbarung für den laufenden Pflegesatzzeitraum
   K 2 Forderung für den Pflegesatzzeitraum
   K 3 Vereinbarung für den Pflegesatzzeitraum
   K 4 Medizinischer Bedarf
   K 5 Budget für den Pflegesatzzeitraum
   K 6 Ermittlung des Basispflegesatzes
   K 7 Ermittlung des Abteilungspflegesatzes
   K 8 Kostenausgliederung für Fallpauschalen und Sonderentgelte

A Anhänge
   Anhang 1: Bettenführende Fachabteilungen
   Anhang 2: Fußnoten

Leistungs- und Kalkulationsaufstellung · Anhang 2

Leistungs- und Kalkulationsaufstellung [1]

V Vereinbarte Vergütungen
V 1 Budget und tagesgleiche Pflegesätze

lfd. Nr.	Vergütung der allgemeinen Krankenhausleistungen	Vereinbarung für den laufenden Pflegesatzzeitraum	Pflegesatzzeitraum	
			Forderung	Vereinbarung [2]
	1	2	3	4
1	I. Pflegesatzzeitraum (von.....bis........) [3]			
	II. Budget			
2	1.a) lfd. Pflegesatzzeitraum			
3	b) Zugehörige BT [4]			
4	2.a) Pflegesatzzeitraum			
5	b) Zugehörige BT [4]			
	III. Tagesgleiche Pflegesätze ohne Ausgleiche u. Zuschläge			
6	Basispflegesatz (§ 13 Abs. 3)			
7	teilstat. Basispflegesatz (§ 13 Abs. 4)			
*)**)	Abteilungspflegesätze (§ 13 Abs. 2 u. 4) [5]			
	a)			
	b)			
	c)			
	d)			
	e)			
	f)			
	g)			
	h)			
	i)			
	j)			
	k)			
	l)			
	m)			
	n)			
	o)			

*) 1. Stelle der lfd. Nr. : 1 = Pflegesatz für Abteilung, 2 = Pflegesatz für besond. Einrichtung, 3 = teilstationärer Pflegesatz, 4 = Pflegesatz für Belegpatienten, 5 = teilstationärer Pflegesatz für Belegpatienten.

**) 2. und 3. Stelle der lfd. Nr.: Kennziffer der Fachabteilung nach Anhang 1.

Anhang 2 · Leistungs- und Kalkulationsaufstellung

V 2 Sonderentgelte für die Fachabteilung *) ....

Nr. [6)]	Abgerechnete Anzahl im abgelaufenen Pflegesatzzeitraum	Vereinbarte Anzahl für den laufenden Pflegesatzzeitraum	Pflegesatzzeitraum			Erlössumme
			Anzahl	Entgelthöhe nach § 16 Abs. 1 u. 2	Zu- und Abschläge nach § 11 Abs. 3	
	1	2	3	4	5	6
Insgesamt:						

*) Musterblatt; EDV - Ausdrucke möglich

Leistungs- und Kalkulationsaufstellung · Anhang 2

V 3 Fallpauschalen für die Fachabteilung *).................

| Nr.[6] | Abgerechnete Anzahl im abgelaufenen Pflegesatzzeitraum | Vereinbarte Anzahl für den laufenden Pflegesatzzeitraum | Pflegesatzzeitraum ||| | Aufteilung von Spalte 6 bei Erlösabzug **) ||
			Anzahl	Entgelthöhe nach § 16 Abs. 1 u. 2	Zu- und Abschläge nach § 11 Abs. 3	Erlössumme	Anteil Basispflegesatz	Anteil Abteilungspflegesatz
	1	2	3	4	5	6	7	8
Insgesamt:								

Musterblatt; EDV - Ausdrucke möglich

*) Bei Erlösabzug nach § 12 Abs. 2 sind die Fallpauschalen anteilig vom Basispflegesatz und von den Abteilungspflegesätzen abzuziehen (vgl. die Fußnoten 27 und 23 a).
**) In Spalte 7 und 8 sind jeweils 100 % der auf diese Pflegesatzbereiche entfallenden Anteile auszuweisen (Erlössumme).

Anhang 2 · Leistungs- und Kalkulationsaufstellung

V 4   Erlöse des Krankenhauses *)

lfd. Nr.	Abgelaufener Pflegesatzzeitraum (einschließlich teilstationärer Pflegesätze)	Erlöse
1	Basispflegesatz	
2	Abteilungspflegesätze	
3	Pflegesätze für besondere Einrichtungen	
4	Fallpauschalen	
5	Sonderentgelte	
6	Vor- und nachstationäre Behandlung **)	
7	Insgesamt:	

*)   V 4 ist nur einmal für das gesamte Krankenhaus auszufüllen
**) nur bei Erlösabzug

Leistungs- und Kalkulationsaufstellung · Anhang 2

L Leistungsdaten
L 1 Belegungsdaten des Krankenhauses

lfd. Nr.	Belegungsdaten	Vereinbarung für den laufenden Pflegesatzzeitraum	Pflegesatzzeitraum	
			Forderung	Vereinbarung [2]
	1	2	3	4
1	Planbetten mit Intensiv			
2	Planbetten ohne Intensiv			
3	Nutzungsgrad der Planbetten			
4	BT im Budgetbereich [4]			
5	davon: BT für Pat. mit SE [8]			
6	davon: BT für teilstat. Patienten			
7	Verweildauer (Nr. 4 : Nr. 13 u. 17)			
8	Belegungstage FP-Bereich [9]			
9	Aufnahmen [10]			
10	Entlassungen [10]			
11	davon: Verlegungen nach außen			
12	Fälle mit nur vorstat. Behandlung			
13	Vollstat. Fälle im Budgetbereich [11]			
14	davon: Kurzlieger			
15	davon: mit vorstat. Behandlung			
16	davon: mit nachstat. Behandlung			
17	Teilstat. Fälle im Budgetbereich			
18	Fälle mit Fallpauschalen			

Anhang 2 · Leistungs- und Kalkulationsaufstellung

L 2 Personal des Krankenhauses [12]

Lfd. Nr.	Personalgruppen	Durchschnittlich beschäftigte Vollkräfte [13]			Durchschn. Wert je VK von K1 - in DM -
		lfd.Pflegesatzzeitraum	Pflegesatzzeitraum		
		Vereinbarung	Forderung	Vereinbarung [2]	
	1	2	3	4	5
1	Ärztlicher Dienst				
2	Pflegedienst				
3	Medizinisch-technischer Dienst				
4	Funktionsdienst				
5	Klinisches Hauspersonal				
6	Wirtschafts- u. Versorgungsdienst				
7	Technischer Dienst [14]				
8	Verwaltungsdienst				
9	Sonderdienste				
10	Sonstiges Personal				
11	Krankenhaus insgesamt				
12	Ausbildungsstätten				
13	nachrichtl.: Auszubild. Krankenpfl.				

Leistungs- und Kalkulationsaufstellung · Anhang 2

L 3 Belegungsdaten der Fachabteilung ....

lfd. Nr.	Belegungsdaten	Vereinbarung für den laufenden Pflegezeitraum	Pflegesatzzeitraum	
			Forderung	Vereinbarung [2]
	1	2	3	4
1	Planbetten mit Intensiv			
2	Planbetten ohne Intensiv			
3	Nutzungsgrad der Planbetten			
4	BT im Budgetbereich [4]			
5	davon: BT für Pat. mit SE [8]			
6	davon: BT für teilstat. Patienten			
7	Verweildauer (Nr. 4 : Nr. 13 + 17)			
8	Belegungstage FP-Bereich [9]			
9	Aufnahmen [10]			
10	Entlassungen [10]			
11	davon: Verlegungen nach außen			
12	Fälle mit nur vorstat. Behandlung			
13	Vollstat. Fälle im Budgetbereich [15]			
14	davon: Kurzlieger			
15	davon: mit vorstat. Behandlung			
16	davon: mit nachstat. Behandlung			
17	Teilstat. Fälle im Budgetbereich			
18	Fälle mit Fallpauschalen			

Anhang 2 · Leistungs- und Kalkulationsaufstellung

L 4   Diagnosestatistik für die Fachabteilung ....*)
- abgelaufenes Kalenderjahr
- vollstationär behandelte Patienten (Hauptdiagnose)

Hauptdiagnose ICD-Schlüssel[16] vierstellig		Patienten insgesamt	0 - 4 Jahre	5 - 14 Jahre	15 - 44 Jahre	45 - 64 Jahre	65 - 74 Jahre	75 - 84 Jahre	85 und älter
	1	2	3	4	5	6	7	8	9
....	Anzahl								
	Verweildauer								
	operierte Patienten **)								
....	Anzahl								
	Verweildauer								
	operierte Patienten **)								
....	...								
	...								
	...								
gesamt:	Anzahl								
	Verweildauer								
	Operationen								

*)   Musterblatt; Lieferung auf maschinellen Datenträgern (§ 17 Abs. 4 Satz 5).
**) Anzahl der Patienten, die im Zusammenhang mit der Hauptdiagnose operiert wurden.

Leistungs- und Kalkulationsaufstellung · Anhang 2

L 5 Operationsstatistik für die Fachabteilung ....*)
- abgelaufenes Kalenderjahr
- vollstationär behandelte Patienten

ICPM-Schlüssel [17)	Bezeichnung	Anzahl
1	2	3
Insgesamt:		

*) Musterblatt; Lieferung auf maschinellen Datenträgern (§ 17 Abs. 4 Satz 5)

Anhang 2 · Leistungs- und Kalkulationsaufstellung

K Kalkulation von Budget und Pflegesätzen
K 1 Vereinbarung für den lfd. Pflegesatzzeitraum

Tage insges.[7]:

lfd. Nr.	Kostenarten	Basispflegesatz nach § 13 Abs. 3	Innerbetriebliche Leistungsverrechnung [18] - insgesamt -	Abteilungspflegesätze nach § 13 Abs. 2 Satz 1 und 2 - insgesamt -	Pflegesätze nach § 13 Abs. 2 Satz 3 und 4 sowie Abs. 4 - insgesamt -	DM je Tag[7] (Sp. 2 - 5)
		1	2	3	4	5	6
1	Ärztlicher Dienst					
2	Pflegedienst					
3	Med.-technischer Dienst					
4	Funktionsdienst					
5	Klinisches Hauspersonal					
6	Wirtsch.- und Versorg.dienst					
7	Technischer Dienst [14]					
8	Verwaltungsdienst					
9	Sonderdienste					
10	Sonstiges Personal					
11	Nicht zurechenbare Pers.ko.					
12	Personalkosten insgesamt					
13	Lebensm. u. bezog. Leistungen					
14	Medizinischer Bedarf					
15	Wasser,[19] Energie, Brennstoffe					
16	Wirtschaftsbedarf					
17	Verwaltungsbedarf					
18	Zentrale Verwaltgs.dienste					
19	Zentrale Gemeinsch.dienste					
20	Steuern, Abgaben, Vers.					
21	Instandhaltung[20]					
22	Gebrauchsgüter [21]					
23	Sonstiges					
24	Sachkosten insgesamt					
25	Innerbetriebl. Leistungsverr.			+	+	
26	Zinsen für Betr.mittelkredite					
27	Krankenhaus insgesamt					
28	Pers. d. Ausbildungsstätten					
29	Sachko. d. Ausbildungsstätten					
30	Umlagen nach § 9 Abs. 3					
31	Ausbildungsstätten insges.[22]			+	+	
32	Insgesamt (Nr. 27 u. 31)					

Leistungs- und Kalkulationsaufstellung · Anhang 2

K 2 Forderung für den Pflegesatzzeitraum

Tage insges.[7]:

lfd. Nr.	Kostenarten	Basispflegesatz nach § 13 Abs. 3	Innerbetriebliche Leistungsverrechnung [18] - insgesamt -	Abteilungspflegesätze nach § 13 Abs. 2 Satz 1 und 2 - insgesamt -	Pflegesätze nach § 13 Abs. 2 Satz 3 und 4 sowie Abs. 4 - insgesamt -	DM je Tag [7] (Sp. 2 - 5)
	1	2	3	4	5	6
1	Ärztlicher Dienst					
2	Pflegedienst					
3	Med.-technischer Dienst					
4	Funktionsdienst					
5	Klinisches Hauspersonal					
6	Wirtsch.- und Versorg.sdienst					
7	Technischer Dienst [14]					
8	Verwaltungsdienst					
9	Sonderdienste					
10	Sonstiges Personal					
11	Nicht zurechenbare Pers.ko.					
12	Personalkosten insgesamt					
13	Lebensm. u. bezog. Leistungen					
14	Medizinischer Bedarf					
15	Wasser[19], Energie, Brennstoffe					
16	Wirtschaftsbedarf					
17	Verwaltungsbedarf					
18	Zentrale Verwaltgs.dienste					
19	Zentrale Gemeinsch.dienste					
20	Steuern, Abgaben, Vers.					
21	Instandhaltung [20]					
22	Gebrauchsgüter [21]					
23	Sonstiges					
24	Sachkosten insgesamt					
25	Innerbetriebl. Leistungsverr.			+	+	
26	Zinsen für Betr.mittelkredite					
27	Krankenhaus insgesamt					
28	Pers. d. Ausbildungsstätten					
29	Sachko. d. Ausbildungsstätten					
30	Umlagen nach § 9 Abs. 3					
31	Ausbildungsstätten insges. [22]			+	+	
32	**Insgesamt (Nr. 27 u. 31)**					

Anhang 2 · Leistungs- und Kalkulationsaufstellung

K 3 Vereinbarung für den Pflegesatzzeitraum [2)]

Tage insges.[7)]:

lfd. Nr.	Kostenarten	Basispflegesatz nach § 13 Abs. 3	Innerbetriebliche Leistungs- verrechnung 18) - insgesamt -	Abteilungspflege- sätze nach § 13 Abs. 2 Satz 1 und 2 - insgesamt -	Pflegesätze nach § 13 Abs. 2 Satz 3 und 4 sowie Abs. 4 - insgesamt -	DM je Tag [7)] (Sp. 2 - 5)
	1	2	3	4	5	6
1	Ärztlicher Dienst					
2	Pflegedienst					
3	Med.-technischer Dienst					
4	Funktionsdienst					
5	Klinisches Hauspersonal					
6	Wirtsch.- und Versorg.sdienst					
7	Technischer Dienst [14)]					
8	Verwaltungsdienst					
9	Sonderdienste					
10	Sonstiges Personal					
11	Nicht zurechenbare Pers.ko.					
12	Personalkosten insgesamt					
13	Lebensm. u. bezog. Leistungen					
14	Medizinischer Bedarf					
15	Wasser, [19)] Energie, Brennstoffe					
16	Wirtschaftsbedarf					
17	Verwaltungsbedarf					
18	Zentrale Verwaltgs.dienste					
19	Zentrale Gemeinsch.dienste					
20	Steuern, Abgaben, Vers.					
21	Instandhaltung [20)]					
22	Gebrauchsgüter [21)]					
23	Sonstiges					
24	Sachkosten insgesamt					
25	Innerbetriebl. Leistungsverr.			+	+	
26	Zinsen für Betr.mittelkredite					
27	Krankenhaus insgesamt					
28	Pers. d. Ausbildungsstätten					
29	Sachko. d. Ausbildungsstätten					
30	Umlagen § 9 Abs. 3					
31	Ausbildungsstätten insges. [22)]			+	+	
32	**Insgesamt (Nr. 27 u. 31)**					

Leistungs- und Kalkulationsaufstellung · Anhang 2

K 4 Medizinischer Bedarf

Tage insges.[7]:

lfd. Nr.	Medizinischer Bedarf	Vereinbarung für den laufenden Pflegesatzzeitraum	DM je Tag [7]	Pflegesatzzeitraum	
				Forderung	Vereinbarung [2]
1	2	3	4	5	
1	Arzneimittel, (außer Nr. 13 u. 15)				
2	Kosten der Lieferapotheke				
3	Blut, Blutkonserven und Blutplasma				
4	Verband-, Heil- u. Hilfsmittel				
5	Ärztliches und pflegerisches Verbrauchsmaterial, Instrumente				
6	Narkose- und sonstiger OP-Bedarf				
7	Bedarf für Röntgen- u. Nuklearmedizin				
8	Laborbedarf				
9	Untersuchungen in fremden Instituten				
10	Bedarf für EKG, EEG, Sonographie				
11	Bedarf der physikalischen Therapie				
12	Apothekenbedarf, Desinfektionsmaterial				
13	Implantate				
14	Transplantate				
15	Dialysebedarf				
16	Kosten für Krankentransporte (soweit nicht Durchlaufposten)				
17	Sonstiger medizinischer Bedarf				
18	Medizinischer Bedarf insgesamt:				

Anhang 2 · Leistungs- und Kalkulationsaufstellung

K 5 Budget für den Pflegesatzzeitraum

lfd. Nr.	Ermittlung des Budgets	Vereinbarung für den laufenden Pflegesatzzeitraum	Pflegesatzzeitraum Forderung	Pflegesatzzeitraum Vereinbarung [2]
	1	2	3	4
1	Summe Kostenarten (K 1 - K 3, Nr. 27 Sp. 2 und Nr. 32 Sp. 4 u. 5)			
	Abzüge nach § 7 Abs. 2 für:			
2	./. vor-und nachstationäre Behandlung (90 %)			
3	./. nicht abgestimmte Großgeräte			
4	./. belegärztliche Leistungen			
5	./. wahlärztliche Leistungen			
6	./. sonstige ärztliche Leistungen			
7	./. gesondert berechenb.Unterkunft (K 6 Nr.8)			
8	./. sonstige nichtärztliche Wahlleistungen			
9	pflegesatzfähige Kosten			
10	./. Fallpauschalen (§ 12 Abs. 2 o. 3) [23]			
11	./. Sonderentgelte (§ 12 Abs. 2 o. 3) [24]			
12	verbleibende pflegesatzfähige Kosten			
	Ausgleiche und Zuschläge:			
13	Ausgleich nach § 12 Abs. 4 [25]			
14	Berichtigung nach § 12 Abs. 5 [25]			
15	Berichtigung nach § 12 Abs. 6 Satz 2 und 4			
16	Wagniszuschlag nach § 12 Abs. 6 Satz 5			
17	Unterschiedsbetrag nach § 12 Abs. 7			
18	Ausgleich nach § 11 Abs. 8			
19	Ausgleiche nach § 28 Abs. 5 und 6			
20	Ausgleiche u. Zuschläge insges. (Nr. 13 bis 19)			
21	Zuschlag nach § 18b KHG			
22	Vorauskalkuliertes Budget (Nr. 12, 20 und 21)			
23	Investitionskosten nach § 8 (anteilig)			
24	Budget mit Investitionskosten nach § 8			
25	Nachrichtl.: Tagessatz für § 12 Abs. 5 (Nr. 12 : L 1, lfd. Nr. 4)			

Leistungs- und Kalkulationsaufstellung · Anhang 2

K 6 Ermittlung des Basispflegesatzes nach § 13 Abs. 3

lfd. Nr.	Ermittlung des Basispflegesatzes	Vereinbarung für den laufenden Pflegesatzzeitraum	Pflegesatzzeitraum	
			Forderung	Vereinbarung [2]
	1	2	3	4
1	Summe Kostenarten (K 1 - K 3, Nr. 27 Sp. 2)			
	Abzüge nach § 7 Abs. 2 für:			
2	./. vor- und nachstat. Behandlung; 30 % [26]			
3	./. nicht abgestimmte Großgeräte (anteilig)			
4	./. sonstige nichtärztliche Wahlleistungen			
5	pflegesatzfähige Kosten			
6	./. Erlöse aus Fallpauschalen [27]			
7	verbleibende pflegesatzfähige Kosten			
8	./. gesondert berechenbare Unterkunft [28]			
9	Budgetanteil ohne Ausgl. u. Zuschläge			
10	anteilige Ausgl. u. Zuschläge (K 5, Nr. 20) [29]			
11	Zuschlag nach § 18b KHG			
12	Budgetanteil Basispflegesatz			
13	./. Erlöse aus teilstat. Basispflegesatz			
14	Budgetanteil vollstationär			
15	: vollstationäre Tage [30]			
16	= vollstationärer Basispflegesatz			
	Nachrichtlich:			
17	1. Pflegesatz o. Ausgl. u. Zuschläge			
18	2. Bezugsgröße Unterkunft (Nr. 7 : BT nach L 1 Nr. 4)			
19	3. Zu-/Abschlag nach § 21 Abs. 2			
	4. Tage m. gesondert berechenb. Unterkunft			
20	- Einbettzimmer			
21	- Einbettzimmer bei Zweibettzimmer als allgemeine Krankenhausleistung			
22	- Zweibettzimmer			

Anhang 2 · Leistungs- und Kalkulationsaufstellung

K 7 Ermittlung des Abteilungspflegesatzes nach § 13 Abs. 2

Abteilung ☐ besondere Einrichtung ☐ Belegarzt ☐

Bezeichnung:..

lfd. Nr.	Ermittlung des Pflegesatzes (§ 13 Abs. 2 und 4)	Vereinbarung für den laufenden Pflegesatzzeitraum	Pflegesatzzeitraum	
			Forderung	Vereinbarung [2]
	1	2	3	4
	Direkte Kosten für den Pflegesatz (K1-K3) [31]			
1	Ärztlicher Dienst [32]			
2	Pflegedienst			
3	Technischer Dienst [14]			
4	Medizinischer Bedarf			
5	Instandhaltung [20]			
6	Gebrauchsgüter [21]			
	Innerbetriebl. Leistungsverrechnung (K 1 - 3) [33]			
7	Intensiv			
8	OP			
9	Med. Inst.			
10	In der Psychiatrie: Sonstige *)			
11	**Ausbildungsstätten (ant. K 1-3, Sp. 3, Nr. 31)** [22]			
12	**Kosten insgesamt**			
	Abzüge nach § 7 Abs. 2 für:			
13	./. vor- und nachstationäre Behandlung; 70% [34]			
14	./. nicht abgestimmte Großgeräte (anteilig)			
15	./. belegärztliche Leistungen			
16	./. wahlärztliche Leistungen			
17	./. sonstige ärztliche Leistungen			
18	pflegesatzfähige Kosten			
19	./. Fallpauschalen (§ 12 Abs. 2 o. 3) [23]			
20	./. Sonderentgelte (§ 12 abs. 2 o. 3) [24]			
21	verbleibende pflegesatzfähige Kosten			
22	anteilige Ausgl. und Zuschläge von K 5, Nr. 20 [29]			
23	./. Erlöse aus teilstat. Abteilungspflegesatz			
24	Budgetanteil vollstat. Abteilungspflegesatz			
25	: vollstat. gewichtete Berechnungstage [30] [35]			
26	= vollstationärer Abteilungspflegesatz			
	Nachrichtlich:			
	1. Pflegesatz ohne Ausgl. u. Zuschläge [36]			
	2. Zu- / Abschlag nach § 21 Abs. 2			

*) In der Psychiatrie: Ausweis der direkt und indirekt zugeordneten Diplom-Psychologen, Ergo-, Bewegungstherapeuten und Sozialdienst.

Leistungs- und Kalkulationsaufstellung · Anhang 2

K 8 Kostengliederung nach § 12 Abs. 2 und 3 *)

Bezeichnung: ....

Leistung				Kosten für													
Nr.	Fallpauschale	geplante Anzahl	Bel.tage (je Leistg.)	Station			Intensiv			OP/ Anästhesie			Sonst. Med. Institut.		Kosten für Anteil 38) Basispflegesatz (K 6, Nr. 18)	Gesamt- kosten
				Ärztl.D	Pfleged.	Sachmi.	Ärztl.D	Pfleged.	Sachmi.	Ärztl.D	Funkt.d.	MTD 37)	Sachmi.***)	Pers.ko.	Sachko.		
1	2	3	4	5	6	7	8	9	10	11	12	13	14	15	16	17	18

Nr.	Sonderentgelt																

| Gesamt | | | | | | | | | | | | | | | | | |

*) Musterblatt; EDV-Ausdrucke möglich
**) Fallpauschalen: Medizinischer Bedarf, Instandhaltung Medizintechnik und Gebrauchsgüter Medizintechnik
***) Bei den Sonderentgelten für Organtransplantationen sind die Kosten der Einheiten für Intensivmedizin einzubeziehen
****) nur medizinischer Bedarf
*****) in Ausnahmefällen, z.B. für während der Operation angeforderte Leistungen

Anhang 2 · Leistungs- und Kalkulationsaufstellung

Anhang 1
zur Leistungs- und Kalkulationsaufstellung

lfd. Nr.	Bettenführende Fachabteilungen *)
1	Innere Medizin
2	Geriatrie
3	Kardiologie
4	Nephrologie
5	Hämatologie und internistische Onkologie
6	Endokrinologie
7	Gastroenterologie
8	Pneumologie
9	Rheumatologie
10	Pädiatrie
11	Kinderkardiologie
12	Neonatologie
13	Kinderchirurgie
14	Lungen- und Bronchialheilkunde
15	Allgemeine Chirurgie
16	Unfallchirurgie
17	Neurochirurgie
18	Gefäßchirurgie
19	Plastische Chirurgie
20	Thoraxchirurgie
21	Herzchirurgie
22	Urologie
23	Orthopädie
24	Frauenheilkunde und Geburtshilfe
25	davon Geburtshilfe
26	Hals-, Nasen-, Ohrenheilkunde
27	Augenheilkunde
28	Neurologie
29	Allgemeine Psychiatrie
30	Kinder- und Jugendpsychiatrie
31	Psychosomatik/ Psychotherapie
32	Nuklearmedizin
33	Strahlenheilkunde
34	Dermatologie
35	Zahn- und Kieferheilkunde, Mund- und Kieferchirurgie
36	Intensivmedizin

*) Nur Abteilungen, die von einem fachlich nicht weisungsgebundenen Arzt mit entsprechender Fachgebietsbezeichnung geleitet werden und die für dieses Fachgebiet überwiegend genutzt werden.

Anhang 2
zur Leistungs- und Kalkulationsaufstellung

Fußnoten

1) Die DM-Beträge in den Abschnitten V1 laufende Nr. 2 und *4*, V4 und K1–K4 sind in „1.000,00 DM" anzugeben; die Beträge V2, V3, L2 und K5–K7 in „DM".

2) Vom Krankenhaus für die Verhandlung nicht vorzulegen. Die Spalte „Vereinbarung" für den Pflegesatzzeitraum ist Grundlage für den Krankenhausvergleich nach § 5 BPflV. Die für die Pflegesatzvereinbarung wesentlichen Ergebnisse sind von den Vertragsparteien gemeinsam festzulegen; das Krankenhaus nimmt eine sachgerechte Untergliederung vor.

3) Pflegesatzzeitraum; vgl. § 17 Abs. 2.

4) BT = Berechnungstag; Berechnungstage sind die nach § 14 Abs. 2 und 7 BPflV zu berechnenden Tage für die voll- und teilstationäre Behandlung.

5) Gegebenenfalls gesondert nachzuweisen.

6) Entnahme der Nummer des Entgeltes aus den Anlagen 1 und 2 der BPflV.

7) Für die Pflegesatzzeiträume 1995 bis 1998 sind die Berechnungstage für den Budgetbereich und die Belegungstage für den Fallpauschalenbereich zusammenzurechnen.

8) Die Berechnungstage für Patienten mit Sonderentgelten sind für die Korrektur des Abteilungspflegesatzes nach § 14 Abs. 2 Satz 3 BPflV anzugeben.

9) Diese Angaben sind erforderlich im Zusammenhang mit der Berichtigung nach § 12 Abs. 5 BPflV. Belegungstag: Aufnahmetag und jeder weitere Tag des Krankenhausaufenthaltes für Fallpauschalen-Patienten; der Entlassungs- oder Verlegungstag wird nicht gezählt.

10) Die Begriffe „Aufnahme" und „Entlassung" beziehen sich auf die voll- und teilstationäre Behandlung.

11) Fälle (voll- und teilstationär) = (Aufnahme + Entlassung) : 2; siehe Fußnote 10). Ohne interne Verlegungen. Fälle mit nur vorstationärer Behandlung werden nicht berücksichtigt. Bei Beurlaubung sowie bei Wiederaufnahme, bei der nur ein Wochenende zwischen ihr und der vorhergehenden Entlassung liegt, ist nur ein Fall zu zählen.

12) Personal des Krankenhauses für die voll- und teilstationäre sowie die vor- und nachstationäre Behandlung.

13) Teilzeitkräfte sind in Vollzeitkräfte umzurechnen.

14) Technischer Dienst einschließlich Instandhaltung. Bei Abteilungspflegesätzen nach § 13 Abs. 2 BPflV ist nur der Anteil für medizinisch-technische Geräte anzusetzen.

15) Mit internen Verlegungen, ohne Intensiv; im übrigen vgl. Fußnote 11. Besteht eine organisatorisch selbständige Fachabteilung „Intensivmedizin" im Krankenhaus, gilt folgendes: Verlegungen von und aus der Fachabteilung „Intensivmedizin" werden in der Statistik nicht gezählt. Die Patienten und Pflegetage sind in diesen Fällen weiter bei der abgebenden Fachabteilung nachzuweisen. Sofern eine Krankenhausaufnahme von außen direkt in die „Intensivmedizin" erfolgt, sind die Patientendaten einer der aufgeführten Fachabteilungen zuzuordnen.

16) ICD in der Fassung nach § 301 Abs. 2 des Fünften Buches Sozialgesetzbuch.

17) ICPM in der Fassung nach § 301 Abs. 2 des Fünften Buches Sozialgesetzbuch.

18) Innerbetriebliche Leistungsverrechnung für OP, medizinische Institutionen (Kostenstellengruppe 92 sowie Schreibkräfte und sonstiges Personal des medizinisch-technischen Dienstes und Funktionsdienstes) und Intensivmedizin (soweit kein eigener Abteilungspflegesatz). Hier sind Kosten des diesen Bereichen direkt zugeordneten Personals sowie anteilige Kosten des Personals bettenführender Abteilungen, soweit dieses in den zentralisierten Bereichen tätig ist, auszuweisen. Dies gilt auch für entsprechende Leistungsbereiche innerhalb von bettenführenden Abteilungen, die nicht zentralisiert sind. Die Zuordnung zu den einzelnen Abteilungen ist für die in Spalte 3 vorgegebenen Kostenarten auf der Grundlage einer sachgerechten Kosten- und Leistungsrechnung nach § 8 der Krankenhaus-Buchführungsverordnung vorzunehmen. Sachgerechte Vereinfachungen, die der Wirtschaftlichkeit des Verfahrens dienen, sind möglich.

19) Wasser einschließlich Abwasser.

20) Die Instandhaltung als Oberbegriff schließt die Instandsetzung ein. Bei Abteilungspflegesätzen, Pflegesätzen für besondere Einrichtungen und Pflegesätzen für Belegärzte ist nur die Instandhaltung von medizinisch-technischen Geräten einzusetzen.

21) Den Abteilungspflegesätzen, Pflegesätzen für besondere Einrichtungen und Pflegesätzen für Belegpatienten sind nur die Gebrauchsgüter für den medizinischen Bedarf zuzurechnen.

22) Zurechnung des Betrages für Ausbildungsstätten zu den Abteilungspflegesätzen in „DM je BT".

23) Zur Ermittlung der Abteilungspflegesätze sind die Anteile der Fallpauschalen wie folgt auszugliedern:
   a) bei Erlösabzug: (Punktzahl für die Abteilung zuzurechnenden Anteile der Fallpauschalen) x Punktwert x (Anzahl der Fälle) x 95 %;
   b) bei Kostenausgliederung: individuelle Kalkulation der Kosten für die der Abteilung zuzurechnenden Anteile der Fallpauschalen; vgl. K8.

24) Die Sonderentgelte sind wie folgt auszugliedern:
   a) bei Erlösabzug: (Punktzahl für das Sonderentgelt) x Punktwert x (Anzahl der Leistungen) x 95 %;
   b) bei Kostenabzug: individuelle Kalkulation der Kosten.

25) Der Betrag nach § 12 Abs. 5 berichtigt den nach § 12 Abs. 4. Er ist deshalb mit dem entgegengesetzten Vorzeichen zu versehen.

26) Vor- und nachstationäre Behandlung; bei Erlösabzug: 30 % von K5, Nr. 2.

27) Beim Erlösabzug nach § 12 Abs. 2 Satz 1 sind zur Ermittlung des Basispflegesatzes die Anteile der Fallpauschalen wie folgt abzuziehen: (Punktzahl für den Basispflegesatzanteil der Fallpauschale) x Punktwert x (Anzahl der Fälle) x 95 %.
(Hinweis: Bei einer Kostenausgliederung wird der krankenhausindividuelle Basispflegesatz für das ganze Krankenhaus einschließlich der Belegungstage für FP-Patienten ermittelt. Die Kostenausgliederung erfolgt durch den um die Belegungstage erhöhten Divisor und die Nichtberechnung des Basispflegesatzes gegenüber FP-Patienten).

28) *Kostenausgliederung für Ein- und Zweibettzimmer: (Betrag nach laufender Nr. 18) x (BT für Unterkunft) x (entsprechender Vomhundertsatz nach § 7 Absatz 2 Satz 2 Nr. 7 BPflV).*

29) Entsprechend den anteiligen pflegesatzfähigen Kosten.

30) Bei der Ermittlung der Zahl der Tage für den Divisor sind die Berechnungstage für teilstationäre Pflegesätze abzuziehen.
Für Fallpauschalen gilt folgendes:
   a) Bei Erlösabzug sind die Fallpauschalen zuzurechnenden Belegungstage wie folgt von den durchschnittlichen Gesamtbelegung abzuziehen: (Verweildauer nach Anlage 1.1, Spalte 12 und Anlage 1.2, Spalte 15) x (Anzahl der Fälle);

Anhang 2 · Leistungs- und Kalkulationsaufstellung

b) bei Kostenausgliederung ist die voraussichtliche Gesamtbelegung (Berechnungstage und Belegungstage) einzutragen; vgl. den Hinweis in Fußnote 27).

31) Anteilige Beträge von K1 bis K3, Spalte 4 oder 5.

32) Beim Ärztlichen Dienst ist nur das Personal des Stationsdienstes, nicht aber das in den medizinischen Institutionen, im OP oder im Bereich der Intensivmedizin tätige Personal auszuweisen (vgl. Fußnote 18).

33) Anteilige Beträge von K1 bis K3, Nr. 25, Spalte 3.

34) Vor- und nachstationäre Behandlung bei Erlösabzug: 70 % von K5, Nr. 2.

35) BT aus L3 (Nr. 4 abzüglich Nr. 5) + BT aus L3 Nr. 5 x 0,8 = gewichtete Berechnungstage.

36) Ermittlung des vollstationären Abteilungspflegesatzes ohne Ausgleiche und Zuschläge: (laufende Nr. 21 von K7 abzüglich Nr. 23 von K7) : Nr. 25 von K7.

37) MTD: Medizinisch-technischer Dienst.

38) Belegungstage der Fallpauschale (Spalte 4) x Basispflegesatz des Krankenhauses (vgl. den Hinweis auf die Kostenausgliederung in Fußnote 27).

Leistungs- und Kalkulationsaufstellung · Anhang 2

Anlage 4
zu § 17 Abs. 4
der Bundespflegesatzverordnung

Z Ergänzende Kalkulationsaufstellung für nicht oder teilweise geförderte Krankenhäuser

Z 1 Abschreibungen auf Anlagegüter
Z 2 Rücklagen
Z 3 Zinsen für Fremdkapital

Z 4 Zinsen für Eigenkapital
Z 5 Kalkulation des zusätzlichen Budgets und des Basispflegesatzes

Anhang 2 · Leistungs- und Kalkulationsaufstellung

Z   Ergänzende Kalkulationsaufstellung für nicht oder teilweise geförderte Krankenhäuser

Z 1 Abschreibungen auf Anlagegüter *)

lfd. Nr.	Anlagegüter mit einer Nutzungsdauer von mehr als 3 Jahren (Abgelaufenes Geschäftsjahr)	Anschaffungsjahr	Steuerrechtlich zulässiger Wert (§ 8 Abs.1)	Abschreibungssatz	Vereinbarung für den lfd. Pflege-	Abschreibung Pflegesatzzeitraum	
						Forderung	Vereinbarung ***)
	1	2	3	4	5	6	7
	Abschreibungen insgesamt						
	./. Erlöse aus dem Verkauf von Anlagegütern **)						
	./. Abschreibungen § 8 Abs. 4						
Z 1	Berücksichtigungsfähige Abschreibungen insgesamt						

*) Anlagegüter mit einem Wert unter 20.000 DM können zusammengefaßt werden. Ergänzende Angaben auf besonderem Blatt. Pauschale Beträge nach § 8 Abs. 2 sind entsprechend einsetzen.
**) Abzüglich Restbuchwert
***) Vom Krankenhaus für die Verhandlung nicht vorzulegen. Die Spalte "Vereinbarung" für den Pflegesatzzeitraum ist Grundlage für den Krankenhausvergleich nach § 5 BPflV. Die für die Pflegesatzvereinbarung wesentlichen Ergebnisse sind von den Vertragsparteien gemeinsam festzulegen; das Krankenhaus nimmt eine weitere sachgerechte Untergliederung vor.

Z 2   Rücklagen § 8 Abs. 1 Satz 2 Nr. 1

	Rücklagen	Vereinbarung für den lfd. Pflegesatzzeitraum	Pflegesatzzeitraum	
			Forderung	Vereinbarung **)
Z 2	Abschreibungen (Summe Z 1, Spalte 7).................DM x .....v.H.			

Leistungs- und Kalkulationsaufstellung · Anhang 2

Z 3 Zinsen für Fremdkapital *) (§ 8 Abs. 1 Satz 2 Nr. 2)

lfd. Nr.	Kreditaufnahme		Zinssatz % p. a.	Dauer der Laufzeit in Monaten	Darlehensstand am Ende des		Zinsen im Pflegesatzzeitraum	
	am	DM			lfd. Pflegesatzzeitraums	Pflegesatzzeitraums	Forderung	Vereinbarung **)
	1	2	3	4	5	6	7	8
Z 3 Zinsen für Fremdkapital insgesamt								

Z 4 Zinsen für Eigenkapital (§ 8 Abs. 1 Satz 2 Nr. 3)

lfd. Nr.	Eigenkapital am Ende des		Zinssatz im Pflegesatzzeitraum	Vereinbarung für den laufenden Pflegesatzzeitraum	Zinsen Pflegesatzzeitraum	
	lfd. Pflegesatzzeitraums	Pflegesatzzeitraums			Forderung	Vereinbarung **)
	1	2	3	4	5	6
Z 4 Zinsen für Eigenkapital insgesamt						

*) Hier sind nur diejenigen Zinsen zu berücksichtigen, die nicht bereits als Betriebsmittelkreditzinsen in Anlage 3 aufgeführt sind.
) siehe Bemerkung zu *) bei Z 1

Anhang 2 · Leistungs- und Kalkulationsaufstellung

Z 5 Kalkulation des zusätzlichen Budgetsanteils für Investitionskosten

lfd. Nr.		Vereinbarung für den laufenden Pflegesatzzeitraum	Pflegesatzzeitraum	
			Forderung	Vereinbarung *)
1	Abschreibungen (Z 1)			
2	Rücklagen (Z 2)			
3	Zinsen für Fremdkapital (Z 3)			
4	Zinsen für Eigenkapital (Z 4)			
5	= zusätzliche pflegesatzfähigen Kosten nach § 8			
6	./. öffentliche Förderung (§ 8 Abs. 1 Satz 4)			
7	= zusätzlicher Budgetanteil			
	Aufteilung von Nr. 7 auf die Entgeltbereiche:			
8	1. Basispflegesatz			
9	2. Abteilungspflegesätze			
10	3. Sonderentgelte			
11	4. Fallpauschalen			

*) siehe Bemerkung zu ***) bei Z 1

STICHWORTVERZEICHNIS

DRGs 102
Durchschnittsprinzip 19

A

Abteilungspflegesätze 6, 106, 135
Altersversorgung
– Aufwendungen für 33
Ambulanzen 45, 71, 114
Anästhesie 69, 125
Anbauverfahren 82
Anderskosten 10
Anpassung
– intensitätsmäßige 155
– quantitative 155
– zeitliche 154
Äquivalenzziffernkalkulation 92, 100
Arzneimittel 170
Ärztlicher Dienst 131
Aufwendungen 10
– außerordentliche 10
– betriebsfremde 10
– neutrale 10
– periodenfremde 10
Ausgaben 9
Auszahlungen 9

B

Basispflegesatz 6, 106, 135
Bedarfsdeckung 1
Befundrechnung 38
Beihilfen, Aufwendungen für 33
Belegungsdaten 59
Berechnungstage 60
Bereitschaftsdienst 32, 167
Beschäftigungsabweichung 23, 184
Beschäftigungsänderungen 150, 177
Betriebsergebnisrechnung 138
Betriebsabrechnungsbogen 88
Betriebsmittelkredite, Zinsen für 40
Betriebssteuerung 58
Betriebsvergleich 179
Bezugsgrößenkalkulation 99, 116
Budget
– externes 187
– flexibles 188
Budgetplanung 188
Budgetvereinbarung 188

D

Diagnosen 61
Dienstplangestaltung 168
Divisionskalkukation 91
– einstufige 91
– mit Äquivalenzziffern 92

E

Einnahmen 9, 27
Einzahlungen 9, 27
Einzelkosten 12, 25, 155
Endkostenstellen 43, 61
Erfolgsrechnung 11, 24
– kurzfristige (Betriebsergebnisrechnung) 138, 142
Erlös 9
Erlösarten 139
Erlösmethode 100
Externes Budget 187
Externes Rechnungswesen 2

F

Fallpauschalen 6, 24, 103, 109, 135
Fallzahl 61, 149
Finalprinzip 17
Finanzbuchführung 2, 40
Flexible Plankostenrechnung 23
Flexibles Budget 188
Fortschreibungsmethode 39
Funktionsdiagnostik 68

G

Gebührenordnung für Ärzte (GOÄ) 67
Gemeinkosten 12, 155
Gesamtkostenverfahren 142
Gestellungsgelder 33
Gleichungsverfahren 84
Grenzkosten 14
Grenzkostenrechnung 24
Grenzplankostenrechnung 24

H

Hauptkosteneinflußgrößen 147
Haupkostenstellen 43
Hilfskostenstellen 43

I

Identitätsprinzip 18
Innerbetriebliche Leistungsverrechnung 57, 73
Intensitätsmäßige Anpassung 155
Intensivpflege 131, 133
Internes Rechnungswesen 2
Inventurmethode (Befundrechnung) 38
Istkosten 15
Istkostenrechnung 20, 21
Istkostenrechnungssysteme 20

Stichwortverzeichnis

K

Kalkulation der Personalkosten 122
Kalkulationssatz 95
Kausalprinzip 17
Kontenrahmen 27, 191
Kosten 8
– beschäftigungsfixe 13
– fixe 13
– kalkulatorische 10
– sprungfixe 14, 153
– variable 13
Kosten- und Leistungsnachweis 15
Kosten- und Leistungsrechnung
– Aufgaben der 3
– Teilgebiete der 15
Kosten-Kennziffern-Vergleich 180
Kostenabweichungs-Analyse 180
Kostenartenrechnung 15, 27
Kostenauflösung 174
Kostenkontrolle 144, 178
Kostenplanung 144, 145, 155, 174
Kostenstellen 41
Kostenstelleneinzelkosten 12, 133
Kostenstellenkontierung 41, 53
Kostenstellenplan 41, 46
Kostenstellenrechnung 15, 40
Kostentheorie 146
Kostenträgereinzelkosten 12, 94
Kostenträgergemeinkosten 94
Kostenträgerrechnung 15, 87, 88
Kostenträgerstückrechnung
  (Kalkulation) 91
Kostenträgerzeitrechnung 138
Kostentragfähigkeitsprinzip 19
Kostenvergleich 107
Kostenverteilungsschlüssel 80
Krankenhausleistungen, allgemeine 6
Kreißsaal 71
Kuppelkalkulation 99

L

Laboratorien 68
Lebensmittel 169
Leerkosten 152
Leistung 7
Leistungserfassung 72
Leistungsplanung 157
Leistungsprogramm 66, 89
– Analyse des 89
– Planung des 89
– Steuerung des 89
Leistungsrechnung 57
– interne 66
Leistungsstatistik 58, 62, 65
Leistungs- und Kalkulations-
  aufstellung 59, 87, 199
Leistungsverrechnung, innerbetriebliche
  42, 73, 87

M

Marktleistung 4, 101, 158
Medizinischer Bedarf 129
Mengenabweichungen 181

N

Nachkalkulationen 90
Nebenkostenstellen 43, 45
Normalkosten 15, 21
Normalkostenrechnung 20
– flexible 22
– starre 22
Normalkostenrechnungssysteme 20
Nuklearmedizin 68
Nutzkosten 152
Nutzungsgrad 60

O

OP-Bedarf 172
OP-Einrichtungen 70
Operationsleistungen 61, 121

P

Pathologie 68
Personalaufwendungen, sonstige 31, 33
Personalbedarfsrechnung 163
Personaleinsatz 122, 160, 167
Personalkosten 31, 160, 168
– Kalkulation der 122
Personalrechnung 53
Pflegesatz 6, 103
– allgemeiner 106
Pflegetage 60, 157
Physikalische Therapie 69
Planerfolgsrechnung 186
Plankalkulation 90, 185
Plankosten 15, 22
Plankostenrechnung 20, 22
– flexible 22, 174
– starre 22
Plankostenrechnungssysteme 20
Planung der Sachkosten 168
PMCs 102
Preisabweichungen 23, 181
Preisbildung 89, 144
Primärleistung 4, 101
Produktionstheorie 146

Q

Quantitative Anpassung 155

R

Rechnungswesen
– externes 2
– internes 2
Relevanzprinzip 18
Restwertmethode 99

Stichwortverzeichnis

Retrograde Methode 39
Röntgenbedarf 173
Röntgendiagnostik 66
Rückrechnung
 (Retrograde Methode) 39

S

Sachkosten 36, 127
– Planung der 168
Sekundärleistung 4, 101
Selbstkosten 5, 59
Skontrationsmethode
 (Fortschreibungsmethode) 39
Soll-Ist-Vergleich 180
Sonderentgelt 6, 103, 108, 135
Sozialabgaben, gesetzliche 33
Sprungfixe Kosten 153
Strahlentherapie 67
Stufenleiterverfahren 83

T

Tarifabweichung 181
Teilkostenrechnung 24
Teilkostenrechnungssysteme 20

U

Umlagenrechnung 57, 86
Umlagenverrechnung, innerbetriebliche 73
Umsatzkostenverfahren 142
Unterstützungen, Aufwendungen für 33

V

Verbrauchsabweichungen 23, 182, 189
Vergleich, zwischenbetrieblicher 30, 179
Verrechnungssatzkalkulation
 97, 119
Versorgungsleistungen 62
Verteilungsmethode 99
Verweildauer 60, 149, 158
Vollkostenrechnung 24
Vollkostenrechnungssysteme 20
Vorkalkulationen 90
Vorkostenstellen 43, 45

W

Wahlleistungen 6
Wirtschaftlichkeit 3, 137
Wirtschaftlichkeitskontrolle
 24, 58, 89, 98, 191
Wirtschaftlichkeitsprinzip 5

Z

Zeitliche Anpassung 154
Zeitvergleich 179
Zusatzkosten 10
Zuschlagskalkulation 94
– differenzierende 96
– summarische 95
Zweckaufwand 10
Zwischenbetrieblicher Vergleich
 (Betriebsvergleich) 30, 179

FACHVERLAG FÜR KRANKENHAUS UND PFLEGE

Joachim Hentze/Erich Kehres
Buchführung und Jahresabschluß in Krankenhäusern
Methodische Einführung
208 Seiten. Kart. DM 56,–
ISBN 3-17-015392-7

Rechtsgrundlage für Buchführung und Jahresabschluß im Krankenhaus sind Spezialgesetze wie das Krankenhausfinanzierungsgesetz, die Bundespflegesatzverordnung und besonders die Krankenhausbuchführungsverordnung.

Dieses Buch ist eine methodische Einführung, die für alle Praktiker in der Krankenhausverwaltung wie Buchhalter und Controller eine wertvolle Arbeitshilfe darstellt.

Kohlhammer

W. Kohlhammer GmbH · 70549 Stuttgart · Tel. 07 11/78 63 - 2 80

FACHVERLAG FÜR KRANKENHAUS UND PFLEGE

J. Hentze/B. Huch/E. Kehres (Hrsg.)
Krankenhaus-Controlling
Konzepte, Methoden und Erfahrungen
aus der Krankenhauspraxis
1998. 300 Seiten. Kart. DM 56,–
ISBN 3-17-015383-8

Controlling-Konzepte finden zunehmend auch in Krankenhäusern Anwendung. Hier entstehen aber noch oft Probleme bei der praktischen Umsetzung.

22 erfahrene Wissenschaftler und Krankenhaus-Praktiker erläutern im vorliegenden Buch verschiedene Controlling-Konzepte, die auf die Besonderheiten im Krankenhaus zugeschnitten sind. Das Buch gibt wertvolle Anregungen bei der praktischen Umsetzung des Controlling im Krankenhaus.

Kohlhammer

W. Kohlhammer GmbH · 70549 Stuttgart · Tel. 07 11/78 63 - 2 80